# 上海城市治理报告
# （2021—2022）

## 人民城市与“十四五”时期上海城市治理

主　编 / 陶希东

副主编 / 夏江旗　张友庭　苑莉莉

上海社会科学院创新工程（第二轮）

“新发展阶段超大城市治理创新研究”团队成果

《上海城市治理报告（2021—2022）：

人民城市与“十四五”时期上海城市治理》编委会

主　编：陶希东

副主编：夏江旗　张友庭　苑莉莉

编　委：乔延军　钟　颖　陈石灵　曹先艳　田学勤　邓承忱

张虎祥　宗传宏　刘倩玲　刘正强　周　岚　简永清

葛莉莹　李世樑　罗新忠　马汝玉　盛　婕　刘晅之

杨　宗

# 前　言

随着人类经济社会的发展，超大城市已经成为全球经济发展的战略空间，也成为各种风险挑战的重要集聚地、易发地。统筹发展与安全，提高超大城市治理能力和水平，确保城市经济繁荣与社会安全，成为新时代全球超大城市关注的共同议题。上海是中国改革开放的排头兵和创新发展的先行者，党的十八大以来，习近平总书记多次到上海考察调研、出席重要活动，5 次参加十二届全国人大上海代表团审议，作出重要指示，交办重大任务，赋予重大使命，特别是在城市治理方面，总书记要求上海要持续用力、深化探索，践行人民城市新理念，树立全周期管理意识，加快推动城市治理体系和治理能力现代化，努力走出一条符合超大型城市特点和规律的治理新路子。这是习近平总书记对上海城市治理寄予的殷殷嘱托，也为新时代上海率先探索实现超大城市治理体系和治理能力现代化提供了根本遵循。

"十四五"时期是我国全面建成小康社会、实现第一个百年奋斗目标之后，乘势而上开启全面建设社会主义现代化国家新征程、向第二个百年奋斗目标进军的第一个五年，也是上海在新的起点上全面深化"五个中心"建设、加快建设具有世界影响力的社会主义现代化国际大都市的关键五年。2021 年 1 月 27 日上海市第十五届人民代表大会第五次会议批准的《上海市国民经济和社会发展第十四个五年规划和二〇三五年远景目标纲要》明确提出"提高城市治理现代化水平，共建安全韧性城市"的战略任务，并围绕"推动城市管理精细化、筑牢守好城市安全底线、构建多元共治的社会治理格局"三大领域做出了具体的制度安排和行动计划。2022 年 6 月 25 日中国共产党上海市第十二次代表大会上，李强书记所做的题为《弘扬伟大建党精神　践行人民城市理念　加快建设具有世界影响力的社会主义现代化国际大都市》的报告指出：

“上海要把握超大城市生命体、有机体特点和规律,以治理数字化牵引治理现代化,推动城市治理模式创新、治理方式重塑、治理体系重构,全面提升科学化、精细化、智能化水平,探索超大城市治理新路,全面提升城市治理现代化水平。”可见,在巩固已有成果的基础上,牢记总书记嘱托,率先探索实现超大城市治理体系和治理能力现代化的新路径,构筑高效能治理的新格局,是上海奋进新征程、建功新时代的一项重大战略任务。目前呈现在各位读者面前的该研究成果,正是基于上述党情、国情、市情,由上海社会科学院创新工程(第二轮)“新发展阶段超大城市治理创新研究”团队,遵循上海“十四五”规划纲要提出的提高城市治理现代化框架,按照总论(主报告)、分论(“城市管理”“城市安全”“社会治理”)、案例、重要政策四大板块,组织撰写的一批覆盖城市管理标准、数字化转型、应急管理、公共安全、社区安全、社会组织参与社会治理、疫情跨域防控、信访治理等领域的专题报告,旨在反映上海“十三五”以来的最新情况及“十四五”创新发展的新思路、新举措,为上海提高超大城市治理现代化水平提供理论参考和对策建议。其中,前四大篇在总结“十三五”上海城市治理成效经验的基础上,从“人民城市”的理念出发,提出了“十四五”时期上海进一步创新城市治理体系的路径和举措;“案例篇”选择了黄浦、闵行、长宁三区的城市治理、社会治理特色与经验进行了介绍,供基层治理部门交流、学习和借鉴;“重要政策附录”收集了2020年以来上海涉及城市治理、城市安全、社会治理领域的重点政策、最新政策,以便读者集中查阅学习。因受研究能力、研究时间的限制,全书主报告及章节内容,仍有诸多缺点和不足,有待进一步深化研究。希望本成果起到抛砖引玉之功效,让更多专家学者、政府公务员、基层领导、人民群众都来关心、关注和研究上海超大城市的治理问题。

# 目　录

## I　主报告



## II　城市管理篇



## III　城市安全篇



## IV　社会治理篇

## Ⅴ　案例篇



## Ⅵ　重要政策附录

# Ⅰ

# 主　报　告

# 第一章
# 人民城市建设与“十四五”时期上海城市治理新方略

陶希东*

随着我国城市化快速发展,城市治理成为推进国家治理体系和治理能力现代化的重要组成部分。习近平总书记指出,推进国家治理体系和治理能力现代化,必须抓好城市治理体系和治理能力现代化。党的十九届五中全会通过的《中华人民共和国国民经济和社会发展第十四个五年规划和二〇三五年远景目标纲要》提出,坚持党建引领、重心下移、科技赋能,不断提升城市治理科学化精细化智能化水平。上海是党的诞生地和国家经济中心城市,以习近平同志为核心的党中央对上海发展一直高度重视、寄予厚望,特别是党的十九大以来,习近平总书记连续四年亲临上海,出席重大活动,考察指导工作,要求上海“不断提高社会主义现代化国际大都市治理能力和治理水平”,开创人民城市建设新局面,这为上海发展明确了新的时代方位,赋予了新的历史使命。《上海市国民经济和社会发展第十四个五年规划和二〇三五年远景目标纲要》也提出“超大城市治理更加高效”的发展目标。为此,根据把握新发展阶段,贯彻新发展理念,构建新发展格局的总体要求,在系统分析城市治理成效经验的基础上,深刻分析“十四五”时期上海城市治理面临的新要求新趋势新挑战,持续提高超大城市治理能力和水平,是上海加快建设具有世界影响力的社会主义现代化国际大都市的重要战略任务,也是迈向第二个百年奋斗目标、建设社会主义现代化国家的重要保障。

---

* 陶希东,上海社会科学院社会学研究所研究员;研究方向:城市治理、社会治理、区域治理、行政区划等。

## 第一节 “十三五”时期上海城市治理体系建设的主要经验与成效

自“十三五”以来,尤其是自党的十九大以来,上海认真贯彻落实党的十九届中央历次全会精神,立足中华民族伟大复兴的战略全局、世界百年未有之大变局“两个大局”,坚持“四个放在”的政治站位,结合上海超大城市经济社会发展的实际,把贯彻落实习近平总书记考察上海重要讲话精神作为全市工作的鲜明主题和突出主线,坚持遵循超大城市发展规律,不断创新城市治理理念、体制机制和方式方法,努力破解城市治理的堵点、痛点、难点,走出了一条符合超大城市发展规律和特点的城市治理新路子,取得诸多新的成效与经验。总体来看,主要表现为以下五个方面。

### 一、不断更新城市治理理念,重塑符合超大城市规律的治理体系

理念是行动的先导,有什么样的治理理念,就会采取什么样的治理行动,相应就会产生什么样的治理结果。上海作为一座拥有 664 平方千米中心城区、2 400 多万常住人口、经济发达(后工业社会特征十分明显)的超大城市,与国内其他城市相比,率先面临交通拥堵、服务短缺、风险增大等问题,到底“为谁而治、如何治理”是城市治理首先需要回答的价值导向问题。“十三五”以来,上海按照党的十九大精神和习近平总书记考察上海重要讲话精神,首先从全面更新城市治理理念入手,树立了正确的价值目标导向,不断重塑形成符合新时代发展要求和超大城市规律的城市治理体系。实践表明,上海主要遵循了以下三大治理理念:

#### (一)“绣花”一样的精细化管理理念

近年来,习近平总书记提出“城市管理应该像绣花一样精细”“一流城市要有一流治理,要注重在科学化、精细化、智能化上下功夫”“通过绣花般的细心、耐心、巧心提高精细化水平”“在细微处下功夫,在细微处见成效”等指示。为此,2018 年 1 月 31 日,上海正式发布《贯彻落实〈中共上海市委、上海市人

民政府关于加强本市城市管理精细化工作的实施意见〉三年行动计划（2018—2020 年）》，全面确立了“一个核心（以人为本、核心是人）”“三全四化（全覆盖、全过程、全天候；法治化、社会化、智能化、标准化）”“三个美丽（美丽街区、美丽家园、美丽乡村）”的路径，全面实行精细化治理，这在“五违四必”综合整治、交通大整治、垃圾分类、环境治理、社区分类治理、城市大脑建设、旧区改造等领域得到了生动体现。截至 2020 年年底，上海劣Ⅴ类水体基本消除，人均公园绿地面积提高到 8.5 平方米，PM2.5 年平均浓度下降至 32 微克/立方米，垃圾分类成为新时尚，全程分类收运体系基本形成。

### （二）以人民为中心的治理理念

在 2015 年中央城市工作会议上，习近平总书记指出，城市的核心是人，关键是十二个字：衣食出行、生老病死、安居乐业；2019 年 11 月，习近平总书记在上海考察时提出“城市是人民的城市，人民城市为人民”的重要论断，要求上海不断提高社会主义现代化国际大都市治理能力和治理水平。这为新时代推进城市建设与管理指明了努力的方向，也是城市治理的根本遵循和行动指南。上海市委深入贯彻习近平总书记重要指示精神，中国共产党上海市第十一届委员会第九次全体会议审议通过《中共上海市委关于深入贯彻落实“人民城市人民建，人民城市为人民”重要理念，谱写新时代人民城市新篇章的意见》，对加快建设具有世界影响力的社会主义现代化国际大都市进行了全面部署，鲜明提出“人人都有人生出彩机会、人人都能有序参与治理、人人都能享有品质生活、人人都能切实感受温度、人人都能拥有归属认同”的努力方向，坚持以人民为中心，把让人民宜居安居放在首位，把最好的资源留给人民，更好满足人民群众对美好生活的向往。实际上，上海一直以来，深入践行人民城市重要理念，采取多种手段统筹生产、生活、生态三大布局，努力营造人民宜居环境，着力创造高品质生活，不断破解垃圾分类、白领早餐、老旧房屋改造、养老和助残服务、贯通“一江一河”等民生难题，努力使城市变得更美、百姓生活变得更好。

### （三）城市生命有机体理念

2020 年年初，习近平总书记考察武汉时强调，“城市是生命体、有机体，要敬畏城市、善待城市,树立‘全周期管理’意识,努力探索超大城市现代化治理新路子”,这是城市治理的又一重要新思想。超大城市是一个巨型系统,是生命体、有机体,更需要保持各子系统之间的协调发展和整个城市的健康安全运行。因此,近年来上海在城市治理中,特别重视并强调要充分运用系统思维、系统观念谋篇布局,体现系统性、统筹性和协调性,确保超大城市的安全有序和生命活力。这主要体现在近年来实行的土地减量化与大型郊野公园建设;“上海二〇三五总体规划”的“人文之城”理念;“建筑可以阅读,街道可以漫步,公园可以休憩,城市始终是有温度”的城市空间目标;从“拆、改、留”到“留、改、拆”的城市旧区有机更新(涌现了“武康路”“愚园路社区”“承兴里”等一批体现上海城市更新内涵的实践项目);构筑“24 小时×365 天”全天候续航的超大城市智慧“体检”系统等方面,全力维护城市的“呼吸”“脉搏”“体温”等正常安全,促使城市每个细胞都有活力。

## 二、坚持以改善民生为抓手,提升人民生活品质与城市治理温度

党的十九大以来,中央始终强调,为中国人民谋幸福、为中华民族谋复兴,是中国共产党人的初心和使命;带领人民创造幸福生活,是我们党始终不渝的奋斗目标。推进城市治理,根本目的是不断改善民生福祉水平,不断提升人民群众获得感、幸福感、安全感。为此,近年来上海在城市治理中,坚持把不断满足人民群众对美好生活的期盼作为核心任务,聚焦“老小旧远”等民生堵点痛点问题,增加投入,扩大开放,创新方式,不断提升基本公共服务的供给能力,不断提高人民群众的生活品质,市民获得感、幸福感、安全感持续增强。这重点体现在以下三个方面:

### (一) 养老服务体系扩容提质

习近平总书记指出“让老年人老有所养、生活幸福、健康长寿是我们的共同愿望”,这是推进养老工作的精神指南和行动方针。上海作为国内一个率先步入老龄化的城市,第七次人口普查最新数据表明,截至 2020 年,上海“60 岁及以上人口为 581.55 万人,占 23.4%,比 2010 年提高 8.3 个百分点”,因此“老有所养、老有所享、老有所乐”是上海“十三五”时期持续探索的一个重要课

题。近年来,重点围绕推行养老服务市场开放、开展养老服务“长护险”试点、打造一站式养老服务综合体、制定养老服务标准、实行养老服务顾问、推动小区适老化改造(老旧小区加装电梯,解决“悬空老人”问题)、探索智慧养老(如制定《上海市智慧养老应用场景需求清单(2020年版)》;普陀区为社区独居老年人家庭安装“智联普陀居家安全智慧套装”,全年报警2 399例,人工上门处置553例,处置完成率100%;虹口区打造智慧养老“云网端”,集成指挥调度中心、数据中心、健康云等十二大板块,为老年人提供智能化服务[①])等,有效提供多样化、多层次养老服务需求,促进养老服务质量提档升级增效。目前,上海已重点建成集全托、日托、医养结合、助餐等多种功能于一体的“枢纽型”社区综合为老服务中心180家,以短期住养照料为主的长者照护之家也已建成155家。“健康上海行动”深入实施,居民平均预期寿命达到83.66岁。

### (二)托育服务体系加快完善

少子化与老龄化并行,是上海的突出特点。在实现老有所养的同时,努力打造“幼有所育”,也是“十三五”时期上海城市治理的一项根本任务。2017年起,上海把普惠性托育点建设纳入市政府实事项目,每年新增50个普惠性托育点。2018年4月,上海在全国率先出台托育服务“1+2”文件(《关于促进和加强本市3岁以下幼儿托育服务工作的指导意见》《上海市3岁以下幼儿托育机构管理暂行办法》《上海市3岁以下幼儿托育机构设置标准》),2020年发布实施首轮《上海市托育服务三年行动计划(2020—2022年)》,围绕加强普惠性托育资源供给和促进育儿指导“教养医结合”两大领域明确多项举措,建立托育机构管理长效机制,持续增强托育服务供给,完善托育服务体系。

### (三)旧区改造加快推进

习近平总书记指出,在城市建设中,一定要贯彻以人民为中心的发展思想,合理安排生产、生活、生态空间,努力扩大公共空间,让老百姓有休闲、健身、娱乐的地方,让城市成为老百姓宜业宜居的乐园。上海自2017年起,明

---

① 胡洁菲:《上海探索老龄化社会“新基建”》,https://finance.sina.com.cn/jjxw/2021-05-18/doc-ikmyaawc6094201.shtml,2021年5月18日。

确“坚持‘留改拆’并举,深化城市有机更新,进一步改善市民群众居住条件”的总体要求,根据“政府主导、搭建平台、市场运作”原则,推行“市区联手、政企合作、以区为主”改造新模式,上海地产集团加挂“上海市城市更新中心”牌子,启动实施1.1万户“拎马桶”改造,并进一步为城市旧区改造赋权赋能,想方设法加快旧区改造速度,每年为3万余户旧区居民解决最“急难愁盼”的居住问题,不断提升基层治理水平,改善社区环境,扩大公共空间,让人民群众生活有更多的品质,更加幸福。“十三五”期间的五年,累计完成中心城区成片二级旧里以下房屋改造281万平方米,受益居民达14万户。截至2020年年底,上海市剩余成片二级旧里以下房屋约110.7万平方米、居民约5.63万户。

## 三、创新完善城市治理的重大或关键制度,不断增强城市治理的整体效能

城市治理是一项涉及行政管理、经济、社会、文化等多领域的综合性系统工程,更是一项对城市治理体制、机制、方式、流程等进行重建再造的制度创新工程。唯有同步完善相关领域的重大制度体系建设,才会实现资源配置的科学化、治理协同的最优化、提升城市治理整体效能的最大化。以中央给予上海的“三大任务一大平台”等重大任务为导向,顺应现代技术产业革新趋势、超大城市运行规律、人民期待与需求,适时通过制度创新、建章立制和稳步推进,一大批诸如交通违法、食品安全、乱设摊点、非法客运、群租混居、扰乱医疗秩序等城市管理顽症得到有效遏制,制度优势转化为现实治理效能,城市治理的法治化、社会化、专业化、智能化水平显著提升,既保障了城市经济运行的高质量高效率,又促进了社会的安全公平有序活力,这是“十三五”时期上海城市治理的又一重大经验。这主要体现在以下三个方面。

### (一)强化以法治政府为目标的法制体系建设,提升城市治理的法治化水平

近年来,围绕行政执法、交通大整治、垃圾分类、城市更新、营商环境建设、大数据、应急管理等领域,强化立法为先、依法治理、善于运用法治思维和法治

方式解决城市治理顽症难题，努力形成符合超大城市特点的依法管理、依法治市新格局，为上海城市治理提供了重要保障。

1. 依法规制政府公权力运行

如上海市抓住了领导干部这个“关键少数”，要求领导干部带头尊法学法守法用法，将权力关进制度的笼子，减少和约束“有权任性”现象出现，对全社会起到引领和示范作用。为此，上海市出台《上海市重大行政决策程序暂行规定》、修订实施《上海市行政规范性文件制定和备案规定》《上海市城市管理行政执法条例》（2018 年修订）等行政法规；仅 2016 年全市清理了 125 件规章，对其中 15 件分别作出了修改、废止的决定；共办结行政复议案件 8 197 件，纠错率为 4%。2017 年以来，上海市积极探索重大政府规章由法制部门组织起草、重大行政决策目录管理、重大行政执法行为法制审核，以及行政执法全过程记录制度，并推进实现行政处罚裁量权基准制度全覆盖。①

2. 加大城市治理重点领域的立法

围绕超大城市治理中面临的公共服务、交通违法、食品安全、乱设摊点、非法客运、群租混居、扰乱医疗秩序、应急管理等堵点痛点或问题领域，相继新立或修订实施《上海市老年人权益保障条例》（2016 年）、《上海市道路交通管理条例》（2017 年）、《上海市食品安全条例》（2017 年）、《上海市社会信用条例》（2017 年）、《上海市公共场所控制吸烟条例》（2017 年）、《村委会组织法实施办法》（2017 年）、《居委会工作条例》（2017 年）、《街道办事处条例》（2018 年）、《上海市生活垃圾管理条例》（2019 年）、《上海市优化营商环境条例》（2020 年）、《上海市促进中小企业发展条例》（2020 年）、《上海市人大常委会关于全力做好当前新型冠状病毒感染肺炎疫情防控工作的决定》（2020 年）、《上海市公共卫生应急管理条例》（2020 年）、《急救医疗服务条例》（2020 年）、《上海市非机动车安全管理条例》（2021 年）等法规，一大批城市管理顽症得到有效遏制。更为重要的是，这从根本上提升了城市治理的法治化水平，为提高治理效能提供了法制保障。

---

① 余东明：《建设法治昌明的“超大城市” 上海以法治政府建设推动城市治理》，《法制日报》2017 年 4 月 12 日。

**专栏:上海市人大常委会 2020 年度立法计划**

一、继续审议的法规案(4 件)

(一) 消防条例

(二) 会展业条例

(三) 地方金融监督管理条例

(四) 实施《中华人民共和国农民专业合作社法》办法

二、初次审议的项目(15 件)(按初审时间排序)

(一) 关于全力做好当前新型冠状病毒感染肺炎疫情防控工作的决定 2 月

(二) 长江中华鲟保护管理条例(暂定名) 3 月

(三) 促进中小企业发展条例(修改) 5 月

(四) 中医药条例(立新废旧) 5 月

(五) 公路管理条例(修改) 5 月

(六) 关于加强检察机关公益诉讼工作的决定(暂定名) 5 月

(七) 公共文化服务保障与促进条例(暂定名) 9 月

(八) 反不正当竞争条例(修改) 9 月

(九) 不动产登记若干规定(立新废旧) 9 月

(十) 非机动车管理条例(暂定名) 11 月

(十一) 知识产权促进与保护条例(暂定名) 11 月

(十二) 外商投资促进条例(暂定名) 11 月

(十三) 安全生产条例(修改) 12 月

(十四) 中国(上海)自由贸易试验区条例(适时修改)

(十五) 为适应机构改革需要、维护国家法制适时统一开展的立改废释或打包修改项目

三、预备审议项目(8 件)

(一) 养老服务条例(暂定名)

(二) 促进家庭农场发展条例(暂定名)

（三）促进大型科学仪器设施共享规定(修改)

（四）科学技术普及条例(暂定名)

（五）全民阅读保障条例(暂定名)

（六）铁路安全管理条例(暂定名)

（七）多元化解纠纷条例(暂定名)

（八）系统梳理和修改本市疾病防控等常态管理相关的地方性法规

以上项目由有关方面抓紧调研和协调，条件成熟的，视情在2020年下半年适时进入预转正程序并启动审议。

四、重点调研项目(8件)

（一）长三角生态绿色一体化发展示范区授权决定(暂定名)

（二）关于一网通办、一网统管法治保障的决定(暂定名)

（三）慈善条例(暂定名)

（四）预防未成年人犯罪条例(暂定名)

（五）养犬管理条例(修改)

（六）实施《中华人民共和国野生动物保护法》办法(修改)

（七）沿海边防治安管理条例(暂定名)

（八）实施《中华人民共和国反恐怖主义法》办法(暂定名)

以上项目立法条件尚不成熟，由有关方面抓紧调研和起草，加快立法进程，滚动推进立法。

资料来源：上海人大网站，2020年2月20日。

3. 实施“四合一”综合执法体制改革，提高跨部门协同治理能力

深化市场监管综合执法体制改革，打造跨部门综合执法新格局，是上海城市治理体制改革的一项重大创新。2015年6月，上海各区县相继实施“四合一”整合，全部成立区级市场监督管理局，一支队伍统一履行原属工商、质监、食药监、物价等部门的职责。2016年9月5日，《上海市市场监督管理行政处罚程序规定》公布，并于当年11月1日正式实施，从法律层面上统一了全市市场监管部门的行政处罚程序。2017年，上海市市场监管行政处罚信息系统正

式上线,完成了向一支队伍、一个程序、一套文书、一个系统的规范转变,案件办结效率提高一倍,这在全国属首创。①

### (二)信息化驱动下利用改善营商环境撬动城市治理流程的革命性重塑,提升整体性治理效能

高度重视数字化、网络化、智能化对城市发展的引领作用,打造法治化、规范化、便捷化的一流营商环境,是“十三五”时期国家和上海的一项重要工作,上海相继制定出台了营商环境1.0版到4.0版的改革行动方案,②开创了政务服务“一网通办”品牌,这不仅极大地改善了上海的营商环境,更成为撬动城市治理体系改革创新的重要支点,全面提升了城市跨部门、跨层级、跨区域的整体治理效能。主要表现在以下三点:

1. 持续优化便捷高效的政务环境

历经两年改革,“一网通办”总门户个人实名用户数已超过2 921万,法人用户数超过208万,平台接入事项2 341个,累计服务人次超过21.87亿,累计办件量超过6 042万件,“全程网办”能力达到84%,“最多跑一次”能力达到95%。通过专用电子政务云中托管的大数据中心,上海市可以获得来自50个机构的16 000多个数据来源和140亿个数据点,并提供1 000多种电子服务。营商环境4.0版改革方案提出努力实现政务服务可网办能力达到95%以上。目前,上海《关于进一步促进和保障“一网通办”改革的决定(草案)》正在向社会征求意见。

2. 针对部分高频事项,推出“高效办成一件事”

上海以用户为中心,制定出台《上海市人民政府办公厅关于以企业和群众“高效办成一件事”为目标全面推进业务流程革命性再造的指导意见》,通过

① 上海市场监管行政处罚系统“四合一”,案件办结效率提高一倍,澎湃新闻,2017年8月31日。

② 2017年年底,市委、市政府召开上海市优化营商环境推进大会,印发了《上海市着力优化营商环境加快构建开放型经济新体制行动方案》(1.0版),目标是把上海打造成为贸易投资最便利、行政效率最高、服务管理最规范、法治体系最完善的城市。在此基础上,3年多来,上海围绕优化营商环境,2019年出台《上海市进一步优化营商环境实施计划》(2.0版)、2020年出台《上海市全面深化国际一流营商环境建设实施方案》(36条,3.0版)、2021年出台《上海市加强改革系统集成 持续深化国际一流营商环境建设行动方案》(4.0版,共31项任务207条举措)。

跨部门、跨层级、跨区域业务流程再造和数据共享应用，将企业群众眼中具有前后置关系的事项实现“一次办”，类型相似的多个事项实现“一起办”，如医疗付费“一件事”、新能源汽车专用牌照申领“一件事”、小孩出生“一件事”等，从而实现“高效办成一件事”。2020年重点选取的“15件事”已全部按期上线，实现平均减环节69%、减时间54%、减材料75%、减跑动71%。2021年市政府在持续做好“15件事”优化工作的同时，梳理新增信用修复、社会救助、职业健康、居住证办理等重点领域的“12件事”并重点推进，进一步提升企业群众的获得感满意度。营商环境改革4.0版针对部分高频事项，进一步提出“无人干预自动审批”的创新举措。

3. 全面实行“一业一证”改革

2020年11月，国务院批复同意浦东新区开展“一业一证”改革试点。上海浦东新区全面推进首批31个试点行业建立健全行业综合许可和综合监管制度，强化改革系统集成和协同配套。截至2021年4月29日，31个试点行业中，仅涉及地方事权的25个行业已全面落地实施。在积极协调推进国家改革试点任务在浦东新区落地的同时，上海市还启动了浦东新区改革试点经验在全市的复制推广工作。截至2021年5月，上海的松江、静安、徐汇等12个区共办出综合经营许可证74张，涉及超市、商店、药店等13个行业。市场主体凭一张行业综合许可证，即可在上海全市各区开展相关经营活动，实现“一证准营、全市通用”。通过扫描行业综合许可证上的二维码，公众可以查看市场主体获得的许可证信息，监管人员可以核验行业综合许可证集成的许可信息，开展检查执法活动。

（三）推动实施人民参与城市治理的重大制度创新

公众参与是超大城市治理的基本要求和重要环节，也是上海全面践行“人民城市”理念的重要抓手。为此，早在2014年，上海制定了《上海市人民建议征集工作规定》，在市信访办公室下设人民建议征集处，建立健全人民建议征集制度，保障公民的知情权、参与权、表达权、监督权。2020年，上海市政府在“人民建议征集信箱”“市委领导信箱”“市政府领导信箱”“投诉受理信箱”、群众来信、走访反映、12345等征集平台基础上，单独设立“上海市人民建议征集办公室”,全面推动人民建议征集制度转型升级。上海市人民建议征集办公室将着力打破部门壁垒,拓宽建议征集工作界面,通过流程再造形成从征集到落地的闭环管理,推动建议成果转化,更好从政策层面解决问题,从源头环节解决问题。

## 四、坚持党建引领推动社会治理,打造共建共治共享的治理格局

“十三五”以来,上海根据习近平总书记关于“走出一条符合特大城市特点和规律的社会治理新路子”及党的十九大提出社会治理“社会化、法治化、智能化、专业化”要求,充分发挥党领导下多元主体协同治理的功效,不断建立健全城市基层党建、政府购买服务、基层民众自治等相关机制,社会“第三方”在社区服务供给、矛盾纠纷多元化解、特殊人群服务管理、社会心理服务体系等方面作用发挥明显,初步形成了共建共治共享的生动局面。

### (一)强调总体规划,创新社会治理体制

面对进入新时代以来的新情况新问题,2014 年年底,上海市委、市政府发布《关于进一步创新社会治理加强基层建设的意见》等“1+6”文件,在行政化、社会化和专业化等方面提出新的要求。包括深化街道体制改革(取消招商引资的经济职能,全面转向公共服务与治理的社会职能)、组织引导社会力量参与社区治理、试行社区工作者管理办法等;2016 年,上海发布全国首个《社会治理“十三五”规划》,对社会治理的体系及主要任务做了明确界定。这些文件从总体上规划了上海新时代社会治理创新的总体格局,为社会治理新格局的形成提供了框架。截至 2020 年 8 月末,上海全市共有社会组织 17 197 家,其中社会团体 4 311 家、社会服务机构(民办非企业单位)12 365 家、基金会 521 家。2020 年全市志愿者注册率达 21%,创历史新高。

### (二)党建引领,推动社会共建共治共享

区域化党建承担着推动治理创新的重要功能,即通过推动、引导社区公共性的发展,使个体、群体和各类社区组织走出私人领域,关注社区公共问题,在更高水平上推动多元治理、共同建设。其改革目标是要在深层次上解决多元参与持久向心力、社会需求导向和社会主体性以及参与式社会认同如何构建

等深层次问题。2017年，市委发布《关于全面加强城市基层党建工作的意见》，提出到2020年，全区域统筹、多方面联动、各领域融合的城市基层党建格局更加完善，党的组织覆盖和工作覆盖有效扩大，基层党组织的政治功能和服务功能明显增强，党领导和治理城市的能力显著提升，走出一条符合超大城市特点和规律的城市基层党建新路。①截至目前，全市建立了市、区、街镇、居民区四级党建联动责任体系，各区不断深化拓展区域化党建，围绕民生服务供给、旧区改造、电梯加装、疫情常态化防控、社区自治等社会治理领域，推动单位党建、楼宇党建、行业党建、区域党建、滨江党建、邻里党建、毗邻党建等互联互补互动，强化工作联动，以党组织为核心，统筹各方力量，增强社会治理的系统性、整体性和协同性，打造形成多个城市基层党建引领社会共建共治共享的品牌。

## 五、强化风险防范和应急处置能力，开拓平安韧性城市建设新格局

作为一座拥有2 000多万人口的超大城市，城市安全运行是上海始终面临的一个巨大挑战，尤其是2019年年底新冠肺炎疫情的暴发，更考验着城市安全治理的能力和水平。借助新一代信息技术优势，建立健全城市应急治理体系，打造更高质量的平安城市，是“十三五”时期上海城市安全管理的核心工作。2020年疫情期间，习近平总书记在杭州考察时指出：“运用大数据、云计算、区块链、人工智能等前沿技术推动城市管理手段、管理模式、管理理念创新，从数字化到智能化再到智慧化，让城市更聪明一些、更智慧一些，是推动城市治理体系和治理能力现代化的必由之路，前景广阔。”②这是推动城市治理体系和治理能力现代化的必由之路。对此，“十三五”时期上海主要在以下方面取得显著成效：

### （一）全面构筑城市安全运行“一网通管”

在2014年城市网络化信息管理的基础上，上海于2018年设立上海市大数据中心，制定《上海市公共数据和一网通办管理办法》，2020年发布《上海市城市运行“一网通管”建设三年行动计划》，全面搭建了市—区—街镇三级城

① 束赟：《改革开放四十年来上海党的建设历程与经验》，《上海党史与党建》2018年第8期。

② 盘和林：《“让城市更聪明一些、更智慧一些”（人民时评）》，《人民日报》2021年2月3日。

市运行管理中心,探索研发地图服务、气象服务、交通保障、应急处置等六大插件,围绕城市动态、环境、交通、保障供应、基础设施等5个维度直观反映城市运行宏观态势,为跨部门、跨系统联勤联动增效赋能,初步实现“一屏观上海、一网管全城”。当前上海城运系统充分利用智慧公安建设成果和大数据、云计算等技术,整合接入住建、交通、水、电、气、气象、公安、水务、绿化、市容等50个部门、185个业务系统和730个应用,为城市安全运行和应急处置提供最有力的智慧化支撑。

#### (二)健全超大型城市公共卫生安全体系

为应对重大疫情公共突发事件,2020年,上海在全国率先出台了《关于完善重大疫情防控体制机制,健全公共卫生应急管理体系的若干意见》,提出至2025年建设成为全球公共卫生最安全城市之一。与此同时,出台了《关于推进本市疾病预防控制体系现代化建设的实施意见》《上海市加强公共卫生体系建设三年行动计划(2020—2022年)》《关于加强公共卫生人才队伍建设的实施意见》等一系列配套政策,形成“1+N”公共卫生应急管理和疾控体系建设文件、高瞻远瞩的规划蓝图,为日后指导长期工作带来参考与借鉴。

## 第二节 “人民城市”内涵及其对城市治理的新要求

2019年11月,习近平总书记在上海考察时提出“城市是人民的城市,人民城市为人民”的重要论断(本书称为“人民城市”)。回答了新时代“为谁建设城市、建设什么样的城市、如何建设城市”这一根本问题。无疑,在全面建成小康社会、乘势而上开启全面建设社会主义现代化国家新征程之际,“人民城市”新理念的提出具有重大价值和全新意义,是“十四五”时期乃至更长时期上海创新城市治理的根本遵循,对城市治理提出很多崭新要求。

### 一、“人民城市”的内涵与意义

#### (一)建设“人民城市”是中国共产党践行根本宗旨的生动诠释

在西方政治体系中,不同城市由不同政党把持,选举政治下的选票竞争,决定了其执政党无法建设“人民城市”。而在我国，建设“人民城市”的实质，就是中国共产党“全心全意为人民服务”这一根本宗旨在城市当中的整体性体现、全领域落实、全方位贯彻，要求各级城市党政管理者、决策者，要始终坚持以人民为中心，执政为民、立党为公，顺应新时代的民生、民心需求，努力让人民群众过上幸福美好的城市生活，构筑起世界上最紧密干群关系、党群关系、政社关系、群体关系的“铜墙铁壁”，为实现中华民族伟大复兴中国梦打下最坚实的社会基础。

（二）建设“人民城市”是落实联合国新城市议程的中国行动

进入21世纪以来，在资本主义和新自由主义倡导下，西方一些城市处于贫富差距、社会不平等、阶层固化、自然灾害等危机之中，引发了广泛的民粹主义和新市民运动，对城市持续繁荣发展形成挑战。为此，2016年第三次联合国住房和城市可持续发展大会通过的《新城市议程》强调了“所有人的城市”这一基本理念，提出打造人人共享城市的发展愿景，即人人平等使用、享有城市和人类住区，力求促进包容性，并确保今世后代的所有居民，不受任何歧视，都能居住和建设公正、安全、健康、便利、负担得起、有韧性和可持续的城市和人类住区，以促进繁荣，改善所有人的生活质量。从这一点看，“人民城市”理念与联合国“人人共享的城市”两者高度一致、无缝衔接，是落实联合国新城市议程的中国行动。

（三）“人民城市”是对全球多元城市本质论的普适性概括

关于城市的本质，历来是不同城市理论流派力争回答的一个问题，如芝加哥学派把城市视为不同社区竞争和演替的场所。不同时期各种碎片化的城市理论，从经济视角提出众多不同的城市概念，如后现代城市、新自由城市、二元城市、创意城市、全球城市等。也有一些学者注重城市的人本性，如著名城市学家刘易斯·芒福德认为，“城市实质上就是人类的化身”“城市乃是人类之爱的一个器官，因而最优化的城市经济模式应该是关怀人、陶冶人”。美国著名城市规划专家雅各布斯强烈表达了城市规划建设的人本导向。相比较而言，习近平总书记关于“城市属于人民、城市发展为了人民”的“人民城市”，是对全球所有城市本质的普适性答案。不论一个城市的经济发展处于何种水平、政治体制如何构建、社会族群结构如何分布,努力让市民过上美好的城市生活,就是城市所有活动的本质,也唯有将人民群众置于城市发展的核心位置和最高位置,才会带来城市繁荣发展、社会和谐安详的良好局面。

## 二、“人民城市”对城市治理的新要求

城市治理是一项涉及经济、社会、文化、生态等各子系统的复杂系统工程,通过协同性的制度建设,旨在处理好人、地、事、物之间的关系,实现城市的动态平衡和高效安全运行。作为国家治理的重要组成部分,城市治理关乎着市民群众的获得感、安全感和幸福感,更关乎着社会文明程度和城市软实力。“人民城市人民建、人民城市为人民”的人民城市,必将对传统的城市治理模式提出许多新的要求。

### (一) 城市治理理念:人本性和人民中心性

传统的城市治理,更多注重的是对城市道路、桥梁、建筑等硬件设施的规划建设以及物理空间的整治维护,旨在为经济发展创造一流的硬件设施和环境条件,而往往缺乏对人以及不同群体多样化需求的关注,尤其会忽略弱势群体的基本权益,致使城市经济增长与社会发展之间出现不平衡、不协调的格局。实际上,城市不仅仅是建筑群的聚集体,更是由城市人民创造,供人们生活、工作和居住的精神场所,一个真正的城市为其公民提供自由,让他们成为自己渴望成为的人,人才是城市的核心。而“人民城市”对现代城市治理的首要要求就是治理理念的转变与重塑,一方面,要明确城市治理的核心是人,一切从人的需求出发,以人为本,满足所有人的生存和发展需求,为促进人的全面发展创造条件。另一方面,在实现以人为本的基础上,更要确立人民在城市治理中的中心位置,把让人民宜居安居放在首位,把城市最好的资源和空间留给人民,满足人民群众对美好生活的向往,不断提高人民群众的获得感、安全感、幸福感,就是城市建设与治理的方向。

### (二) 城市治理主体:多元共治与人民主体性

任何一座伟大的城市,都是城市居民的集体创造物,人民群众是城市历史的创造者。同样地,一座城市治理的好坏,直接取决于人民群众的主体能动性

和创造性的发挥程度。合理完善的城市治理主体结构，是城市实现善治的基础和前提。在传统的城市治理体系中，往往政府承担着主体性角色，治理结构呈现明显的“强政府、弱社会”结构，主要采取自上而下的治理方式，结果导致社会创造力和活力明显不足，城市治理的效果大打折扣。而“人民城市”理念指导下的城市治理，要促使政府为主的治理结构向政府、市场、社会、民众等多元主体协同参与的共治结构转变，要加大培育社会组织力量，激发社会自治活力，要使有效吸纳民众参与的通道制度化，始终把人民视作城市建设、城市治理依靠的力量，积极调动广大市民的积极性、主动性、创造性，让每位市民既成为城市发展的贡献者又成为城市发展的受益者。

### （三）城市治理过程：全过程民主和全生命周期治理

实现公共决策过程的公开透明、科学化、民主化，实现政府治理和社会自治的有机衔接与互动融合，是城市治理现代化的基本要求。“人民城市”理念导向下的城市治理，要认真对待人民群众的各项基本权利，通过搭建“全过程民主”的运作机制，真正让人民群众高效有序地参与城市治理，确保参与主体的广泛性、参与过程的现实性与规范性，切实保障人民群众的知情权、表达权、参与权和监督权，及时梳理和响应人民群众的诉求和期许。要适应经济高质量发展、高品质生活的要求，注重城市治理制度设计的公平性，注重规则公平、机会公平、结果公平，为实现所有群体走向共同富裕提供公平、公正的社会氛围和环境。同时，要从城市运行规律出发，结合人的生命历程，实现城市规划、建设、运营、治理无缝衔接，良性互动，持续迭代升级，全方位、全人群、全生命周期维护与保障城市和人民群众的健康安全。

### （四）城市治理效果：人民可获得感和精准性

城市治理既是抽象的理念重塑、制度设计和政策建设，也是生活在城市中的每个人都能看得见、摸得着、感受得到的具体化场景和现实转变，可以说，善治的结果一定有明显的治理效果，让城市变得更安全、更有序、更文明。“人民城市”理念要求城市治理要从发展、改革和稳定的大局出发，统筹安全和发展关系，更加突出问题导向、需求导向、效果导向，有效回应人民群众的现实诉求，解决人民群众面临的现实问题，让人民群众切实能够获得城市治理创新的诸多红利,获得感、安全感、幸福感得到稳步提升,进而激发出人民群众积极投入中国特色社会主义伟大事业的不竭精神动力。与此同时,要高度关注人民群众的差异性和个体性,充分利用大数据、人工智能等新一代信息技术,优化治理手段,变原来的“人找政策”为“政策找人”,为困难群众定制个性化“政策包”,提高治理的精准性,不让“沉默的特殊群众”掉队。

(五) 城市治理目标:人民个体的全面发展和社会的全面进步

城市治理的目标体系是一个包括政治高效、经济活力、社会有序、文化繁荣、生态优美“五位一体”的整体框架。但在“人民城市”理念下的城市治理目标,除了注重改善营商环境、提高城市能级、增强核心竞争力外,还要积极构建经济治理、社会治理、城市治理统筹推进和有机衔接的治理体系,努力实现促进人的全面自由发展和社会全面进步的终极目标。既要注重法治、规章等硬性治理,又要采取感化、人性化等情感柔性治理;不仅要让人民群众过上更加幸福美好的物质生活,更要不断满足人民群众日趋增长的精神文化需求,激发人民群众对公平、公正、价值、信仰、良知、道德等更高精神的追求,促使人们走出“小我”,走向具有公共精神、公共意识的“大我”,促进德智体美劳全面自由发展。在此基础上,推动整个城市社会形成理性平和的社会心态、良好顺畅的人际互动、多族群文化的包容共生,锻造独特的城市品格品质,通过社会的全面进步塑造对人类发展有示范引领作用的伟大文明城市。

## 第三节 “十四五”时期上海城市治理面临的新形势新挑战

当今世界正经历百年未有之大变局。“十四五”时期,是我国开启全面建设社会主义现代化国家新征程、向第二个百年奋斗目标进军的第一个五年,也是上海在新的起点上全面深化“五个中心”建设、加快建设具有世界影响力的社会主义现代化国际大都市的关键五年。全面分析和客观判断国内外政治、经济、社会等领域发展的最新形势及其对上海城市治理带来的影响和挑战,是上海找准历史方位和坐标,继续审时度势、开拓创新,走出一条符合超大城市发展规律和特点的城市治理现代化新路、打造中国乃至全球超大城市治理“上海样板”的重要保障。

## 一、主要形势

### （一）后疫情时代世界发展充满更大变数和不确定性

2020年新冠肺炎疫情的全球大暴发，充分表明了相互依存、瞬息万变和错综复杂是塑造当今世界的三大主流特征，经济缓慢恢复、社会艰难重构（不平等会加剧社会动荡，政府的作用会日益凸显，社会契约将会被重新定义）、地缘政治断层割裂（多边主义在混乱中终结，全球治理格局出现真空，各种形式的国家主义不断兴起）、加快环境重构（推动生物多样性、应对气候变化、打造自然友好型社会经济）、加快技术重构与数字化转型成为后疫情时代世界发展的总体特征。①上述每个领域的变化，都有各自的趋势和特点，如在疫情冲击和数字化转型的共同作用下，有可能导致全球制造业向发达经济体回流，全球产业链供应链分散化、多中心化趋势进一步加强，本地化生产网络兴起，全球分工程度下降等，这势必对发展中国家，尤其是对国际化特征十分明显的上海经济发展带来一定的负面影响，从而带来连锁性风险和压力。更为重要的是，当今，疫情还在世界范围内肆虐，疫情短暂冲击可能演变成为持久性冲击。总之，尽管上述几个领域的变化趋势各有特点，但总体上可以明确，在错综复杂的快速变化之中，“十四五”时期世界发展充满着更大的变数和不确定性。充分发挥中国特色社会主义制度的优越性，深化城市治理制度改革创新，以更大的确定性应对外部世界的不确定性，“办好自己的事情”，是“十四五”时期任何一座超大城市治理的重要任务。

### （二）我国仍处于高质量发展的重要战略机遇期

针对当前和今后一个时期我国发展面临的形势，党的十九届五中全会通过的《中共中央关于制定国民经济和社会发展第十四个五年规划和二〇三五年远景目标的建议》从总体上作出了我国仍处于重要战略机遇期、但机遇和挑

---

① ［德］克劳斯·施瓦布、［法］蒂埃里·马勒雷：《后疫情时代：大重构》，世界经济论坛北京代表处译，中信出版集团2020年版，第15页。

战都有新的发展变化的重大判断。更重要的是,我国已经进入贯彻新发展理念、谋求高质量发展(碳达峰、碳中和)、打造高品质生活、重塑新发展格局的新阶段,“十四五”期间,我国城镇化发展将进一步加快,全面建成小康社会以后发展不平衡不充分的问题仍然十分突出,人民日益增长的美好生活需要明显提高,各方面任务十分艰巨而繁重。尤其是互联网深刻改变人类交往方式,社会观念、社会心理、社会行为发生深刻变化。因此,顺应新一轮产业和技术变革新趋势,按照高质量发展、高品质生活的新要求,建立健全城市治理体系和治理能力现代化,塑造相应的高效能治理新格局,努力实现城市更高质量、更有效率、更加公平、更可持续、更为安全的发展,是包括上海在内的超大城市治理创新面临的共同形势和要求。

### (三)上海发展进入突破边界限制的全球城市区域新阶段

当前上海进入了高质量发展的新阶段,面临着“三大任务”“四大功能”“一大平台”“打造虹桥国际开放枢纽”等国家赋予的更大使命、开展先行先试的新机遇,特别是长三角高质量一体化发展战略的快速推动和重大共建项目的稳步实施,使得“十四五”时期的上海已经进入“城市区域一体化”发展的共建“全球城市区域”新阶段,一体化发展,不是简单的物理对接,而是深度的化学融合。因此,上海的城市治理创新,要从“四个放在”的更大视野出发,不仅要顺应数字化转型,贯彻“人民城市”新理念,创新城市治理理念、治理机制、治理方式,解决好城市行政区划边界内抑或自身辖区范围内的“大城市病”问题,解决限制城市发展的痛点堵点难点,营造全球一流的营商环境和生活环境,提高城市能级、核心竞争力和城市软实力,更要关注整个长三角大都市圈或城市群的事情,不断完善跨区域共治共建共享机制,协同打造最富有流动性、连接性、创新活力的“双循环新版图”。

## 二、主要挑战

近年来,习近平总书记高度关注超大城市治理现代化问题,提出了包括人民城市、全周期管理、生命有机体等在内的诸多城市治理新理念、新思想、新要求,为未来超大城市治理创新提供了根本遵循。上海作为国家战略要地,“十四五”时期上海也将在更深层次改革、更高水平开放的格局中，谋求城市经济高质量发展，实现城市治理更加高效的目标。因此，从城市内外经济社会发展的趋势要求来看，“十四五”时期上海城市治理将面临如下挑战：

### （一）更高生活品质要求对公共服务供给能力及城市品质提出挑战

2020 年，上海人均 GDP 达到 2.31 万美元，已经越过发达国家人均 GDP 的门槛；当前上海居民生活品质总体处于国内领先水平。①“十四五”时期，随着上海经济总量和收入水平的持续提高，在“人民城市”理念下，人们对生活品质和城市品质的追求将是一个不以人的意志为转移的必然趋势，尤其随着老龄化、农民工市民化、全球高技能人才集聚等步伐的加快（图 1-1），如何持续加大服务业开放，扩大教育、医疗、养老等公共服务供给和保障水平，提升包括家政服务在内的服务品质，满足人民群众多层次、品质化、个性化需要，落实好智慧服务、良好教育、优质医疗、舒适居住、满意工作、清洁空气、精彩文化等美好生活具体目标，是城市治理面临的首要任务。但目前上海在公共服务方面，一方面，从常住人口的实际需求来看，还面临着服务供给能力不足、均等化不够的问题，如外来流动人口子女还无法在上海上高中、养老服务依然存在

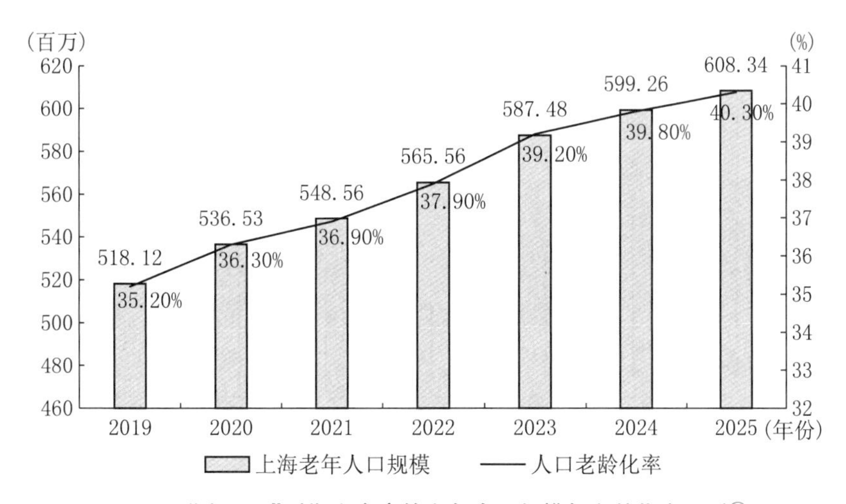


**图 1-1　“十四五”时期上海户籍老年人口规模与老龄化率预测②**

① 洪俊杰：《上海人的生活品质什么水平？报告：国内领先！》，《解放日报》2021 年 6 月 21 日。

② 周海旺等：《上海社会发展报告（2021）》，社会科学文献出版社 2021 年版，第 181 页。

“一床难求”的状况等;另一方面,基本公共服务的城乡不均衡问题依然突出(表 1-1、图 1-2),对同步提高全市人民过上高生活品质还有一定差距。习近平总书记指出:“推进城市治理,根本目的是提升人民群众获得感、幸福感、安全感。”因此,如何从人民至上的理念出发,紧紧抓住与人民群众切身利益高度相关的公共服务,提升公共服务品质,打造高品质生活、高品质城市,不断提升市民的获得感、幸福感、安全感,也是上海“十四五”时期城市治理的核心目标和重大挑战。

**表 1-1　上海城郊基本卫生服务差距(2019 年)**

| | 年末常住人口(万人) | 行政区划面积(平方千米) | 每千人拥有机构数(个) | 每千人拥有床位数(张) | 每千人拥有的卫生技术人员数(个) | 每平方千米拥有的机构数(个) |
|---|---|---|---|---|---|---|
| 7 个中心城区 | 687.14 | 289.42 | 0.27 | 15.21 | 17.62 | 6.41 |
| 9 个郊区 | 1 741 | 6 051.08 | 0.21 | 4.13 | 5.30 | 0.60 |
| 城/郊 | 0.39 | 0.05 | 1.28 | 3.68 | 3.32 | 10.68 |

数据来源:上海市统计局、国家统计局上海调查总队:《2018 上海统计年鉴》,中国统计出版社 2018 年版。

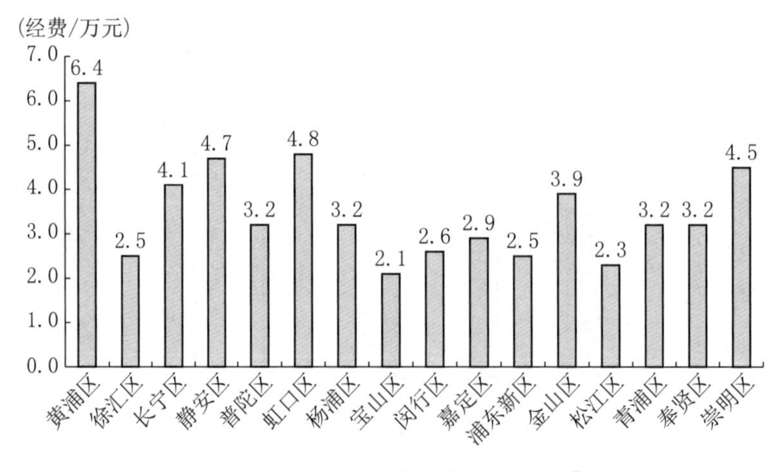


**图 1-2　上海各区生均经费(2018 年)**①

① 张恒龙、宁可:《坚持高质量发展努力实现上海城乡基本公共服务一体化》,《科学发展》2021 年第 4 期。

### （二）综合性复杂性社会风险对城市安全韧性治理的挑战

统筹安全与发展，确保城市安全运行是城市治理的核心任务，也是城市发展的底线。超大城市的高度社会异质性、流动性、复杂性、开放性、集聚性等特征，决定着其比一般区域面临着更严峻的风险挑战和安全压力。上海作为已经基本建成多个国际中心、人口高度密集的现代化国际大都市，常住人口已经超过 2 400 万，市场主体 270 多万家，地铁运营总里程已达 700 千米，地铁日均客流 1 200 万人次，拥有 30 层以上的高层建筑 1 500 多幢，建筑总量 13 亿多平方米，路灯、消防栓等 1 495 万个城市部件，1.4 万多个住宅小区，电梯 24 万余台，水、电、气、油等地下管网设施长度达 12 万多千米，越来越面临着极端气候（热浪、严寒、洪水、海平面上升）、火灾、新技术应用（人工智能、无人驾驶）、重大传染病、恐怖袭击等诸多不确定性（“黑天鹅”）风险的巨大挑战，安全治理的难度进一步加大。上海前后耗时 30 多年、投资数万亿建成的大规模城市基础设施已进入超期服役或超负荷阶段，当前上海正处于城市建设管理的脆弱期。①2020 年新冠肺炎疫情充分暴露出了我国城市医疗卫生体系、社会治理、应急管理等方面诸多短板和问题，将成为“十四五”时期补短板的重点。从城市有机体角度出发，着力统筹好城市的发展和安全，下功夫克服城市的脆弱性，增强城市的整体韧性，确保整个城市能够沉着应对各种内外部突发风险，保持城市功能的正常运行和人民生命财产的安全，是上海“十四五”时期一项具有极端重要性和紧迫性的治理任务。②

### （三）城市数字化转型对政府全方位统筹治理能力的挑战

“十四五”时期，随着大数据、物联网、人工智能、区块链等新一代信息技术的快速发展和深度应用，上海将进入数字化转型的深化阶段，但数字化转型在给城市经济社会注入动力和活力的同时，也将带来数据开放共享、数据隐私保护、数字鸿沟、大数据杀熟、数据平台垄断、数据交易等新挑战，对跨地域、跨层级、跨部门、跨行业的城市治理方式、治理体制机制提出全新的要求。目前，

---

① 张骏：《为了“韧性”二字，上海将做出哪些改变？》，上海城市经济创新研究中心，2021 年 2 月 18 日。

② 陶希东：《上海打造全球韧性城市的四点建议》，《上观新闻》2021 年 5 月 18 日。

尽管上海已经建立了城市政务服务“一网通办”、城市安全运行“一网通管”这两个“牛鼻子”工程,也取得了卓越的治理成效,但在实践中,“两网”建设仍然面临着诸多有待深化改革与进一步创新的空间,如“一网通办”中的部门间条块分割不合作、无衔接现象仍然存在;数据开放共享机制不够顺畅;数据规范化标准化还有待进一步提升;社会认知度不够高等问题。①“一网通管”存在覆盖面有限、顶层设计与基层需求之间脱节、市区街镇数据纵向打通依然困难、基层场景应用便利化不够、基层场景治理的保障性不足等问题和不足。②习近平总书记在浦东新区开发开放30周年庆祝大会上指出,“率先构建经济治理、社会治理、城市治理统筹推进和有机衔接的治理体系”“三个治理协同和有机衔接”是未来城市治理体系建设的重要方向。因此,在现有基础上,按照数字化转型的要求,如何全方位形成“统筹、衔接”的治理体制和运行机制,探索城市数字化、智慧化治理的升级版,是未来上海城市治理体制机制重组改革的重大任务,也是重要挑战。

(四)城市空间转型升级对大都市治理体制重塑的挑战

空间治理是城市治理的重要方面,也是提高治理效能的重要途径。根据上海“十四五”规划,未来5年,要加快构建“中心辐射、两翼齐飞、新城发力、南北转型”的空间新格局,嘉定、青浦、松江、奉贤、南汇五大新城将打造成独立的综合性节点城市。同时,2021年年初,国家发布了《虹桥国际开放枢纽建设总体方案》,围绕“一核两带”而形成的“大虹桥”,正式上升为跨省市的国家战略空间,助推长三角高质量一体化发展走向更高水平。城市内部外空间结构的重新调整,势必对上海的跨区域治理效能、中心城区更新治理、基层社区的共治、城市精细化管理、新城综合治理等提出诸多新挑战。因此,在新发展格局引领下,统筹好城市内部空间与外部空间的关系,加快城市治理体制的创新与重塑步伐,处理好市与区之间、区与新城之间、新城与新城之间关系,深化上海与周边省市之间的合作水平,打造更加精细化、更加智慧化、更加高效的公

① 周俊洋、王晓灵、陈笑语等:《“网购式”政务服务何以可能——以上海市“一网通办”改革为例》,《科学发展》2021年第6期。

② 郭琳琳:《“一网统管”基层场景应用瓶颈问题亟待解决》,《社会科学报》第1759期第3版。

共空间治理、街区治理、城区治理、市域治理、跨域治理新体系，是上海“十四五”时期城市治理需要重点解决的一个重大任务。

（五）新技术新业态新模式发展对社会治理带来挑战

未来，大数据、互联网、物联网、人工智能等新技术的快速迭代和深度应用，将对上海全市经济发展、市场运行和社会心理等带来巨大而深刻的影响，跨界融合发展成为社会经济发展的主要趋势，在线新经济、在线娱乐（饭圈）、直播电商、数字人民币、共享经济、共享餐厅、共享厨房等新业态、新消费、新模式将层出不穷，根据美团点评大数据显示，目前上海的密室、室内游乐场、轰趴、文化艺术、DIY 手工坊、新奇体验等多个新兴玩乐品类的商户数量已位居全国第一；撸鸭馆、冲浪馆、蹦床馆、汉服体验馆等一批全新业态也在上海如雨后春笋般发展壮大。①虽然这些新业态对扩大城市就业和年轻人消费带来了一定的好处，但在“法无禁止皆可为”的情况下，目前政府对一些新型行业的监管面临“无法可依”的困境，法制建设滞后、管理主体不清、线下线上监管困难，有些行业已对社会安全与精神文明建设带来了一些负面影响。如何实现审慎包容治理和经济发展之间的平衡，是未来上海社会治理面临的一个显著挑战。

## 第四节　“十四五”时期上海创新城市治理的路径及策略

“十四五”时期是我国开启全面建设社会主义现代化国家新征程、向第二个百年奋斗目标进军的第一个五年，也是上海在新的起点上全面深化“五个中心”建设，加快建设具有世界影响力的社会主义现代化国际大都市的关键五年。2019 年习近平总书记提出的“人民城市人民建，人民城市为人民”重要理念，赋予了上海建设新时代人民城市的新使命。2020 年，上海提出了建设“人人都有人生出彩机会的城市、人人都能有序参与治理的城市、人人都能享有品质生活的城市、人人都能切实感受温度的城市、人人都能拥有归属认同的城

---

① 许婧、周圣洁：《“新就业形态”茁壮成长　上海年轻人“玩转”新消费新职业》，http://k.sina.com.cn/article_1784473157_6a5ce64502001w3cf.html，2020 年 6 月 9 日。

市”。《上海市国民经济和社会发展第十四个五年规划和二〇三五年远景目标纲要》明确提出,要着力提高城市治理现代化水平,共建安全韧性城市,到2025年时,实现超大城市治理更加高效的治理目标。为此,以贯彻落实习近平总书记在中国共产党成立100周年大会上的重要讲话精神为契机,按照“人民城市”新理念,以城市软实力为引领,结合城市数字化转型,对标国际最高标准、最好水平,深化推动城市治理模式创新、治理方式重塑、治理体系重构,开拓全球人民城市“善治”新境界,形成超大城市治理的上海样本、中国方案、全球标杆,是全面推动国家治理体系和治理能力现代化的重要保障,也是加快建设具有世界影响力的社会主义现代化国际大都市的重要任务。本报告在借鉴近年来全球城市治理体系建设趋势经验的基础上,就上海“十四五”时期的城市治理体系创新提出如下基本思路和基本战略:

## 一、基本思路

### (一)治理理念:以“人民城市”为引领,全方位践行开放、包容、公平、共享的人本治理新理念

近年来,纽约、巴黎、首尔等世界城市的城市战略规划都提出了包容开放、以人为本的治理理念。在市场竞争不断加剧、移民数量不断增长的城市化进程中,种族隔阂、贫富差距等社会问题日益突出,从封闭保守走向开放包容、从物本主义走向人本主义是世界城市治理理念的新趋势。先进的价值理念,是提高城市治理有效性的行动依据和思想基础。因此,在城市治理理念上,上海要全面发挥“海纳百川、追求卓越、开明睿智、大气谦和”的城市精神和“开放、创新、包容”的城市品格优势,从“四个放在”的视野出发,紧紧扣住发展不平衡、不充分的主要矛盾,将“人民城市”新理念全面融入城市建设、规划、管理、服务的全过程,从人的全生命周期规律出发,设计更加开放、更加包容、更加公平的治理制度体系,形成公共利益的“最大公约数”和多元共治的“最大朋友圈”,尤其是要全面维护和保障好外来人口、低收入群体、老年人、儿童、残疾人等特殊群体的基本合法权益,让全体市民都能共享城市经济增长和改革成果,更加顺畅地参与城市公共事务的治理过程,更加明显地体验到城市治理的温度,稳步提升所有市民的获得

感、幸福感、安全感，让老年人拥有幸福的晚年、让成年人减少后顾之忧、让孩子们快乐健康成长，让人们在积极理性平和的心态下生成更加自觉奋斗的内在动力，努力打造真正共同富裕、人人出彩的全球公平城市、包容城市、幸福城市。

### （二）治理目标：以城市软实力为引领，从问题—需求导向向提升城市综合能级导向转变

随着经济全球化的深入推进，在跨国公司的主导下，国际劳动分工发生显著变化，在此宏观背景下，国际著名学者弗里德曼提出了“世界城市假说”，将世界体系、国际劳动分工、城市化和经济全球化的概念结合起来，阐述了世界城市具有全球经济体系的连接点、全球资本的汇聚地等四大功能特征。因此，各国学者普遍认为全球城市不应只以城市市民的需求为治理导向，而需要同时兼顾全球城市的四大功能特征建设：(1) 全球主要金融商务聚集地；(2) 全球网络平台及流量配置枢纽；(3) 全球科技创新中心；(4) 诱人的全球声望。其中，“诱人的全球声望”，实际上就是城市的软实力所在。未来的城市竞争归根结底就是包括价值观、文化、制度、政策、治理等在内的软实力的竞争。对此，2021 年 6 月，上海制定《中共上海市委关于厚植城市精神彰显城市品格全面提升上海城市软实力的意见》，对软实力建设提出了全面战略部署。可见，未来上海在不断提升城市经济总量、金融交易规模、科技创新实力、基础设施现代化等硬实力的同时，更注重文化、制度、治理等软实力建设，而激发多元治理主体积极性创造性，优化协同高效的善治状态，则是软实力的重要组成部分。因此，“十四五”时期，上海的城市治理创新，以城市软实力为引领，不仅要注重问题导向、需求导向和效果导向，更要站在全面强化和提升上海全球资源配置、科技创新策源、高端产业引领和开放枢纽门户“四大核心功能”的高度出发，打造系统整体、协同高效、法治规范、智慧精准的城市现代化治理体系，推动经济治理、社会治理、城市治理的有机衔接，打造全球一流的城市治理品牌，增强城市的影响力、吸引力和竞争力，全面提高上海的全球城市声望。

### （三）治理体制：以数字化转型为支撑，从部门碎片化治理走向深度跨部门整体性治理

当今世界，特大或超大城市治理普遍面临权力结构、供给方式等多领域的

治理碎片化问题。超大城市作为一个多要素、多系统组成的复杂巨系统,全方位“互联网+”引发的数字经济、数字社会中,经济的跨界融合发展、社会的跨界流动成为大趋势,因此,依托数字化技术,强调城市治理的系统性、集成性、整体性,改革重塑城市治理体制,实施多部门共同参与、集体行动的跨部门整体性治理或平台治理,增强治理合力,是当下全球城市治理体制变革的共同选择。为此,“十四五”时期,上海的城市治理创新,要从“城市是生命体、有机体”的全局出发,顺应数字经济、数字社会的发展,以企业和市民为中心,进一步深化城市“两网”的升级融合,深化数字治理场景开发建设,推进治理数字化转型,以数字化、智能化推动跨部门、跨层级、跨区域的业务协同、资源整合、数据共享、联勤联动,全面提高治理制度的集成创新能力、一站式数字化服务能力、城市风险的动态感知与应急防控能力、事前预防事中事后监管能力,努力建设全球数字治理之都,提高整体治理效能,提升城市韧性。

(四)治理机制:以市域治理为统领,从单中心—等级化—结构化治理走向多中心—网络化—过程性治理

全球发达城市在过去几十年的城市治理以政府为主导,等级化和结构化治理为主,导致了体制僵化、城市应急能力弱、区域韧性差等问题。尤其在新冠肺炎疫情暴发后,全球城市更为注重共享共治、市民参与的城市建设机制。在全球化脚步不断向前的今天,世界城市的治理机制已经从从单中心—等级化—结构化治理走向多中心—网络化—过程性治理。对上海而言,这也是“十四五”时期推动城市治理机制重塑、流程再造的重要方向。要从全市域出发,一方面,要围绕五大新城建设综合性节点城市的要求,加快市、区、重点开发区域之间的权力关系重塑,加大对自贸区临港新片区、五大新城、大虹桥国际枢纽等重点开发区域赋权、赋能,形成多中心治理格局,为“中心辐射、两翼齐飞、新城发力、南北转型”提供治理动力。另一方面,要从城市全周期管理、全过程民主的要求出发,加大城市新区建设、旧区改造更新、历史文化保护以及城市规划、建设、管理、运营等多方面、多环节的统筹协调,无缝对接,切实加大各类市民群体对城市治理的全方位、全过程参与,确保城市长期繁荣、安全运行、社会公平。

（五）治理单元：以都市圈、城市群为引领，推动从大都市治理走向大都市圈、城市群跨界协同治理

当超大城市集聚到一定程度、同城化发展强劲的时候，大都市圈、城市群就会成为城市化发展的新形态、新载体，这时如何突破行政区划边界的约束，与周边城市一道重构治理空间尺度，构筑跨区域的大都市圈协同治理，就成为超大城市深化和创新治理体系的必然选择，纽约、伦敦、东京、巴黎等全球城市，都已经成功跨越边界而形成了各有特色的跨区域治理体系。上海作为长三角城市群的核心城市，近年来在长三角高质量一体化发展国家战略的推动下，以长三角生态绿色一体化发展示范区为支点，在上海大都市圈、长三角城市群层面的跨界治理方面取得了显著成效，但与国家对长三角高质量、一体化的发展要求来看，还有很大差距和改革创新的巨大潜力。为此，在“十四五”时期，上海要按照服务构建新发展格局的国家任务出发，以更大的勇气和决心，持续深化长三角城市群制度一体化进程，围绕基础设施互联互通、数据共联共享、生态环境共治共保、产业互补协同、区域法治共建、危机联合应对等重大领域，构筑政府、市场、社会三轮协同驱动的“不破行政隶属、打破行政边界”的跨区域治理“中国样板”，打造具有全球影响力的世界级城市群。

## 二、基本战略

（一）实施满足人民群众对美好生活向往的高品质服务供给战略，打造人人拥有品质生活的幸福城市

践行“人民城市”“城市让生活更美好”新理念，把握“人民城市”的人本价值，并将其贯穿城市规划、建设、管理和生产、生活、生态各环节各方面。一手抓高质量发展，一手抓高品质生活，继续跟踪城市人口数量、结构的变化趋势，聚焦市民群众关心的教育、卫生、就业、养老、住房、文化体育和助困帮扶等基本公共服务，政府、市场、社会共同合作，不断提升底线民生的均衡性、基本民生的精确性、质量民生的多元性，优质均衡便利的公共服务体系更趋完善，以更好、更优、更有品质的服务供给满足人民需求，用最好的资源服务人民，更好满足人民群众对美好生活的向往，让每个人都能过上“健康、平安、舒适、向

上”的高品质幸福生活,依然是“十四五”时期上海城市治理的出发点和落脚点,也是衡量城市治理水平的重要标尺。

1. 完善政府购买服务机制,提高公共服务供给能力和质量

一方面,围绕教育、养老、幼托、医疗、健康、环保、文化、体育等重点民生服务领域,不断加大对民营资本、外资的制度性开放,放宽准入限制,促进消除行政壁垒,下放审批权限,完善监管体系,着眼于高等级公共服务供给,更好满足群众多样化、品质化、个性化需要,提升供给质量和效率,提升全市民生服务的国际竞争力和整体发展水平。另一方面,持续完善和优化政府购买服务的制度体系建设,建立信息充分、多方参与、使用便捷、全市统一的政府购买社会组织服务供需对接平台,重点解决购买主体和承接主体信息不对称、相互难对接等问题,在养老服务、残疾人服务、妇女儿童服务、社区治理、社区服务、医疗卫生、劳动就业、文体活动、扶贫济困、志愿服务、专业支持、防灾减灾、专业调处等业务领域,加大政府购买力度,支持和规范社会组织健康发展,促进社会组织在社会治理、城市治理创新中发挥更大作用。

2. 加快城市户籍制度改革,继续推进基本公共服务均等化

上海是一座典型的移民城市,保障外来人口平等享有获得基本公共服务的机会是政府的重要职责,也是城市治理的重要内容。党的十九届五中全会明确到2035年实现基本公共服务均等化战略目标,健全覆盖全民、统筹城乡、公平统一、可持续的多层次社会保障体系。一方面,要深化户籍制度改革,优化落户积分制度,扩大基本公共服务对外来人口的开放度,尤其是在外来人口子女教育、住房保障等领域,进一步深化改革创新,实现常住人口全覆盖。另一方面,在长三角层面,总结长三角生态绿色功能区一体化的有益经验,加大公共服务的跨区域协同共建共享,为适应人口的跨城流动和经济社会的同城化、一体化发展提供坚实的公共服务均等化、一体化保障。

3. 深化城市政务“一网通办”改革创新,提升数字化服务水平

“一网通办”在数字化服务方面取得了显著成效。“十四五”期间,上海应在拓展和深化“高效办成一件事”范围的基础上,继续推动“一网通办”的边界,从政务领域向教育、出行、医疗等公共服务领域拓展,推动线下政务服

务向公共场所拓展，针对不同阶段老百姓办事过程当中的痛点、堵点采取有针对性的措施，全面提升服务的数字化水平、便利化程度，让老百姓更有获得感。

4. 加大公共服务资源均衡配置，打造新城有吸引力的高品质服务体系

从 2021 年开始，上海市在嘉定、青浦、松江、奉贤、南汇五大新城建设方面加快发力，打造综合性节点城市。这就要求在“十四五”时期，上海要合理划分市、区之间的财权事权，全市层面加大公共服务的统筹力度，围绕交通、医疗、教育、文化、体育、住房等领域，中心城区优质服务资源向新城进行疏解和集聚，高起点、高规格、均衡化配套建设服务设施，把新城打造成高品质服务新高地，为产业集聚、人才集聚提供基础和保障。

### （二）实施数字技术驱动的城市精细化管理战略，打造符合城市生命有机体规律的安全韧性城市

城市是生命体、有机体，上海作为超大城市，人口总量和建筑规模更庞大，生命体征更复杂。城市治理要把握人民城市的生命体征，牢固树立全生命周期意识，敬畏城市、善待城市，以数字化技术、系统性思维强化整体协同，要如临深渊、如履薄冰，更用心、更精细、更科学地进行治理，守牢安全底线，走出一条符合超大城市特点和规律的安全韧性治理现代化新路子。

1. 实施生命线补短板工程，提高基础设施韧性程度

拥有高韧性的城市生命线系统和基础设施体系，是打造韧性城市的基础和前提。对此，要在全市范围内，对所有存量生命线工程系统（城市供排水、供气系统、通信系统和电力系统）进行全方位大排查，形成统一的风险隐患清单，找准脆弱点，针对存在破损、陈旧、低标准的设施管线、防洪设施等，开展“补短板、强弱项”专项行动计划，特别是要结合城市旧区改造和老旧小区综合改造，统筹规划设计，全面更新升级老旧的水、电、煤等地下管网系统，及时消除各类风险隐患，全面提升城市生命线系统对城市发展的承载力和对不确定性风险的抵御力。在此基础上，开发设计城市生命线系统的数字感知、预测预警系统，第一时间获得动态运行中的风险点，进行及时维护维修，防患于未然。

2. 推动城市规划设计创新,重构分布式组团式发展模式

城市规划设计是韧性城市建设的重要支撑和关键所在,韧性城市必将对传统的城市规划设计范式提出诸多新要求、新挑战。虽然上海 2035 总体规划中提出了“韧性城市”的要求,但关键还是要在大量市政服务设施的规划设计中加以具体的贯彻落实,特别是在污水处理厂、危险化学品仓储、供水供电、垃圾处理、批发市场等设施规划布局方面,要求主管部门和规划设计单位,树立并采取增强韧性的新设计理念、新技术方法,克服传统的“大规模、集中化、单一化”规划布局模式,要突出分布式、组团式发展的规划思路,通过“分片区、分组团”的相对独立运行,阻断一些重大不确定风险“牵一发而动全身”的连带效应,增强城市的韧性程度。另外,在会展体育、商务宾馆、学校医院等公共空间的单体规划设计与更新改造中,要充分考虑空间功能的多样性、可转换性,同时要推行“规划留白”,当面临重大疫情等风险时,能够实现快速新建或存量空间的功能快速转换,以公共空间韧性保障城市安全度过危机状态。

3. 实施“两网”赋能战略,打造城市数字化应急指挥平台

政务服务“一网通办”、城市运行“一网统管”正成为上海这座超大城市运行高效感知、高速响应的最强“牵引”,这也是打造韧性城市的最强数据支撑平台。下一步,要结合城市数字化转型战略,进一步加大对“两网”的赋权赋能力度,在强化“高效办成一件事”“高效处置一件事”服务功能、治理功能的基础上,要深度分析挖掘“两网”海量大数据的价值,强化对市民幸福感数据、城市安全状态数据的分析、研判、预测、预警功能,努力把威胁城市安全的内外部风险消灭在萌芽中。尤其是城市运行“一网统管”,一方面,要更大力度整合涉及城市危机管理的跨部门资源和力量,健全城市风险应对的“无缝高效联动、数据瞬时共享”机制,搭载数字化智能化应急指挥平台,建成城市数字化应急治理的“核心枢纽和平台”;另一方面,要更好发挥对所有城市部件、事件的动态感知、监测和预警功能,成为更加智慧、更加聪明的“城市大脑、运算中心”,实现对城市运行状态的全领域、全周期、全时段、全生命过程的健康安全体检,为城市安全运行托底,为韧性城市提供强有力的信息化支撑,推动“物联数联智联”的城市数字化转型。

#### 4. 实施社会认知与参与战略，形成自救互救、共治共享的社会风险治理文化

具备强有力的社会韧性，是韧性城市的重要组成部分和基础保障。这次新冠肺炎疫情也暴露了在“黑天鹅”风险的防范中，我们的社会韧性还存在社会组织能力欠佳、社会成员守法意识欠缺等问题和不足。实际上，重大风险的防范应对，离不开社会民众应有的认知水平和参与协同。这一点日本的经验值得我们学习借鉴。一方面，要扎实有效地推进风险防范知识进家庭、进社区、进单位、进学校，全面提高市民群众对不确定性风险的防范技能，积极主动地化解家庭和身边的各类潜在安全隐患和风险；另一方面，要加大力度对安全风险防范类社会组织、应急救援志愿组织、平安志愿者等社会力量的培育和扶持，努力提高专业化水平，完善社会组织有效参与重大风险应对的渠道和机制，在全社会创造一种自救互救、互帮互助、共治共享的风险社会治理文化，以强有力的社会韧性助推韧性城市高质量发展。

### （三）实施全过程民主战略，打造人人都能有序参与的公平包容城市

#### 1. 建立健全人人参与城市治理的基本法规和制度体系

平等、有序的公众参与，是保障市民知情权、监督权和参与权的一项基础工作，更是一项包括制度、资源、技术、步骤等要素在内的系统工程。建立健全公众参与治理的法规与制度体系，是实现“人人都能有序参与治理”的前提。首先，在城市层面制定出台有关公众参与城市治理的法规，对不同参与主体（社会组织、单位、团体、个人等）参与城市治理的权利和义务、参与方式、参与方法、参与流程、响应机制、激励约束等总体性原则方针作出明晰的规定，确保参与机会的公平、参与方式的有序，依法保障城市治理秩序和活力的有机统一。与此同时，围绕信访、垃圾分类、志愿服务、环境保护等领域，制定公众参与的专业法规。其次，以基层社区为基础，围绕停车难、文明养宠、高空抛物、老公房加装电梯、疫情防控等家门口的社区治理难题，建立健全以“社区居民代表大会”“居民议事厅”以及社区政工师、社区规划师、社区健康师参与社区规划为代表的共建、共治制度安排，构建“家门口”参与体系，构筑共建共治共享的社区生活共同体。

2. 积极搭建人人参与城市治理的多元平台和载体渠道

首先,完善线下民众参与机制。进一步强化基层立法联系点建设,不断扩大联系点范围,规范运作流程,收集社区、楼宇、园区里的群众“原汁原味”的意见建议,在城市立法中扩大民众参与的范围。区、街镇等积极探索“两代表一委员”(人大代表、政协委员和党代表)下社区联合接待群众机制,主动听取群众呼声,汲取民间的治理智慧,提高精细化治理水平。其次,不断开辟包括电视(民生访谈、矛盾调解类)、电话(12345、民生督办类电台等)、网络(市委、区委、街镇领导信箱,官方两微一端,各类 App 如社区通/随申办等、一网通办、一网统管等)等多元化参与渠道,不断完善人民建议征集制度,为民众建言献策、参与公共治理畅通数字化渠道,建好数字化平台,从渠道上最大程度地保障“人人都能参与城市治理”,在城市治理中最大程度地吸收人民群众的“金点子”“妙招高招”。

3. 努力提高人人参与城市治理的民众能力和素养

在充分发挥专业技术团体、决策智库机构、各民主党派、大型企事业单位参与城市治理优势和效能的基础上,在不同层面、不同领域,要积极倡导“人人参与城市治理”的良好社会氛围,依法消除不同群体参与城市治理的“数字鸿沟”,加大基层民众有效参与社区治理、社会治理和城市治理的方法、技能的培训,稳步提高民众参与城市治理的能力和素养,让“市民参与”成为上海城市繁荣发展的精神品质和文化性格,让“既关注小家又关注公家”的家国情怀成为现代国际大都市市民的内在特质和行动自觉。

(四)实施高质量城市基层党建引领战略,打造基层共商共建共治的共享城市

“十四五”时期,要把加强基层党的建设、巩固党的执政基础作为贯穿社会治理和基层建设的一条红线,围绕“家门口”服务体系建设和街镇体制改革,增强党组织的政治引领、价值引领、组织引领、能力引领能力,积极探索党建引领基层治理的有效路径,形成全面共建共治共享的基层治理新格局,不断提高居民对自身社区的参与度、感受度和认同度,打造更具公共精神的共享城市。

1. 深化街道内设机构改革，优化机构岗位职责与事权的匹配度

可探索设立物业办，全面负责物业管理的相关职能，指导和监督业委会、物业公司依法履行职责；建立全市统一的以自下而上为导向、以居民群众满意度为主要内容的街道社区治理工作综合考评体系和居委工作评价体系；落实居委会减负增能，完善居委会依法协助行政事项的清单和准入机制，让居委会更多地发挥居民自治和民主协商功能，在全市全面推广“三会制度”的落实；通过建章立制进一步规范业委会运行，研究制定业委会规范管理的实施细则，对业委会筹备、选举、运作、任职期限等作出明确规定，完善业委会成员任前、任中培训制度和承诺备案制度，把对业委会日常运作管理和业主大会建设纳入基层社会治理的重要内容。

2. 深化城市基层党建创新，增强党建引领基层自治的能力

街道社区党委和社区委员会要做实做强，提高开展协商共治的意识和整合社会资源的力度。夯实居民区党组织对住宅小区物业治理的责任，探索实行居民区书记总体责任观，在园区、大居、城中村、保障房社区等治理资源明显不足的地方，重点推广党建作为“第一推动力”的治理模式和机制。为居民区党组织赋权增能，给予居民区党组织更多的领导权、话语权和参与权。充分调动离退休党员干部、在职党员、流动党员、村民党员、入党积极分子等各种党的人力资源，深入推进“交叉任职”和“红色物业”等工作，落实党员参与社区治理的长效工作机制路径。以“书记工作室”和“班长工程”等为牵引，切实提高年轻化、专业化社区工作者的群众工作能力短板。

### （五）实施人性化柔性化的情感治理战略，打造有温度、有情怀的神圣文明城市

城市治理的核心是人，习近平总书记指出：“推进城市治理，根本目的是提升人民群众获得感、幸福感、安全感。”李克强总理提出：“新型城镇化要处处体现以人为核心，提高柔性化治理、精细化服务水平，让城市更加宜居，更具包容和人文关怀。”上海作为经济发达的超大城市，在“十四五”时期，除了注重法治、尽力满足人民群众对美好生活的需要外，更要强调城市精神、核心价值观、信仰、责任等文化软实力，从人的全生命周期出发，实施更具人性化、柔性

的情感治理,激发人们自觉遵守规则、热爱城市、崇德向善、互帮互助、承担责任、讲究道义、奉献社会的内在动力,从而全面提升人民群众的道德素质和城市文明程度,是促进社会秩序和活力有机统一的根本之策,也是超大城市治理体系和治理能力现代化的终极目标。

1. 注重开发情感资源,加大力度实施情感治理

在城市旧区改造、城市更新、空间改造升级过程中,要加大城市历史遗存和城市文脉的保护,要充分照顾普通百姓的情感结构和心理感受,将情感要素纳入城市改造和空间重构,建立多元化、多渠道的群众情感联结机制,要用真心联系群众、真诚感动群众、真情服务群众,时刻关注不同收入群体的情感感受,防止资本的疯狂逐利、行政权力的滥用、社会行为的暴虐等,真正打造美丽、有人情味的城区、街区、古镇、新城,①让所有居民对自己生活和居住的场所充满归属感、认同感和凝聚力,都能感受到城市治理的温度。

2. 注重城市柔性化执法,提高城市管理的人文关怀

上海作为经济发达、文化多元、信息高度发达、居民整体素质较高的现代化国际大都市,依靠“命令—服从”的强制方式对公共事务实施单一向度的排他性管理,已很难适应新时代城市治理的需要,因此,在“十四五”时期,上海在城市管理执法中,既要强调法治的强制性,更要注重秉持以人为本、平等自主、公平正义的基本理念,通过采取坦诚沟通、相互体谅、说服劝导、舆论引导、协同合作等非强制手段来规范社会行为、协调交往关系、形成一致意见、促进一致行动,②构建一种多元参与、友好合作、协同共治的包容性治理新格局,最大程度地提高城市治理的人文关怀。

3. 注重社会教育和德治等软力量建设,全面提升城市文明程度

在中国文化背景和“人民城市”理念指引下,充分发挥人民群众的自觉性、能动性、主体性,依靠企业家和普通百姓的强大道德自律,重塑神圣、敬畏、文明之城,是城市治理的最高境界。高效能的城市治理离不开广大人民群众的配合和支持。因此,“十四五”时期,上海的城市治理,要正确处理好教育和

---

① 何雪松:《城市文脉、市场化遭遇与情感治理》,《探索与争鸣》2017 年第 9 期。

② 陈朋:《柔性化治理——现代城市治理的新趋向》,《中国社会科学报》2021 年 2 月 17 日。

管理的关系，遵循“人人都是软实力”的基本要求，结合培育和践行社会主义核心价值观、创建文明城市（城区）等战略任务，进一步加大对各类市民群体的教育引导，持续强化社会公德、职业道德、家庭美德、个人私德建设，健全社会文明规范体系，健全基层社区德治机制，让自觉、自律成为每一个市民的基本行动准则和内在素养，努力打造一座全球化、中国化、地方化结合的全球文明城市。

# Ⅱ

# 城市管理篇

# 第二章
# 上海构建城市管理标准体系的成效、问题和对策

乔延军　钟　颖*

标准，是为了在一定的范围内获得最佳秩序，经协商一致制定并由公认机构批准，共同使用和重复使用的一种规范性文件。城市管理标准，作为城市管理的规范性文件，对城市管理工作发挥着引导、约束和支撑的重要功能。构建城市管理标准体系，形成一套可操作、可量化、可考核、可监督的城市管理规范，既是城市管理法规体系的有力补充，同时，作为一套公开发布的管理规范，市民易感知、易理解，也是发挥市民参与城市管理作用的重要载体，有利于提升全体市民对城市管理的参与感和获得感。总之，城市综合管理标准体系的构建和实施，对提高城市管理成效，实现城市管理精细化、规范化、长效化目标，具有重要现实意义。

2015 年中央城市工作会议召开之后，中共中央、国务院提出加快制定修订一批城市管理方面的标准，形成完备的标准体系，到 2020 年城市管理法律法规和标准体系基本完善、现代城市治理体系初步形成的要求。上海“十四五”规划明确提出对标世界一流大城市、全面提升城市综合管理水平、加快构建与上海超大城市特点相适应的城市综合管理标准体系的目标任务。因此，在全面梳理和分析城市管理有关标准规范及其推进实施情况的基础上，借鉴国内外先进经验，以城市管理短板问题有效解决为导向，提出上海城市管理标准体系建设的目标、体系框架和政策路径，也就具有了重要实践意义。

---

* 乔延军，上海城市建设和管理研究所所长，博士；研究方向：城市管理。钟颖，上海城市建设和管理研究所研究室主任，博士；研究方向：城乡管理。

## 第一节 上海城市管理标准体系建设的主要成效

2010年上海世博会举办以来,尤其是在“十三五”时期,在市、区相关单位的共同努力下,上海城市管理标准化建设取得了一定成绩,在多个方面取得了比较明显的进展。

### 一、行业和区级管理标准初步建立

#### (一)基本实现了行业管理的全覆盖

从房屋管理、交通管理、市容绿化管理、水务管理、建筑施工管理到村镇管理和地下空间管理,在执行国家标准和行业标准的基础上,都制定发布了若干相关标准文件,现行标准规范在数量上达到了一定的规模(初步统计达到700多项),许多成为地方标准(初步统计达到400多项)。

#### (二)一些行业形成了初步的管理标准体系框架

如交通运输管理方面,形成汇编约2 030个标准规范的《上海交通运输标准体系(2015版)》,其中已发布现行标准规范898个(包含国家标准366个、行业标准422个、地方标准62个、工程建设规范19个、委内技术规范29个)。绿化园林方面,形成3个大类131项标准的综合管理体系,完成了《绿化市容标准国际化研究》调研工作。市容环卫方面,持续完善了《上海市容环卫标准体系》;2018年,新制定和实施地方标准《城市容貌规范》。

#### (三)一些区丰富了区域特色和差别化管理标准

如黄浦区,注重综合性、全覆盖,突出差别化管理原则,结合区级标准化试点工作,持续推进,先后编制了2016版、2018版、2020版三个版本的区级城市管理标准体系,目前已发布实施20余个城市管理区级标准化指导性技术文件。如闵行区,出台《闵行区关于全面提升市容环境工作指导意见》,将全区的城市管理按照城市化、城镇化、农村化3类区域标准进行划分。并基于“大联动”平台,形成城市管理“1+2+5”治理模式,形成发现问题、整改问题、取得成效的闭合管理机制。

（四）一些标准体现了多主体治理的理念

在一些管理标准中，增加了市民群众和社会力量参与管理的内容。如工地管理方面，从2010年开始，市文明办、市建设交通文明委、市文明施工整治办联合成立了“上海市建设工程文明施工测评工作领导小组”，制定了《上海市建设工程文明施工指数测评标准及办法》，聚焦工地“门、墙、网”等环境要素和施工“声、光、尘”等扰民因素，对7个类别共16个项目确定不同等级的分值标准。该办法明确，聘请市民巡访团成员作为第三方，每月随机抽样对每个区（县）的5个工地进行打分和分数排名，并由《新民晚报》向社会公布。再如，黄浦区在住宅小区环境管理标准中，设立了区域化党建引领下的社区共治和业主居民自治的条款；在风景区、公园绿地管理标准中，增加了政府购买专业化社会服务、相关企事业单位协同联动、志愿服务、游客自律等规定；在沿街单位责任区管理、“五个周边”环境治理方面，强调了沿街单位的自律义务，提出了沿街单位参与区域联勤联动的要求；在无证照设摊经营、违法建筑管控方面，将违法和不文明行为纳入社会诚信系统，明确信用奖惩措施。

## 二、管理标准实施环境不断改善

（一）标准意识不断增强

近10年来，行业标准化的价值认同日益普及，得到行业各方面的重视，已逐步融入全行业各个专业领域和管理环节。在梳理政府部门权力、责任、负面清单以及修订机关事业单位“三定”方案中，赋予了相关单位的行业标准化管理法定职责权限。

（二）保障条件不断改善

一是加强政策法规支撑力度。如为促进上海市文明施工相关标准的实施，上海市出台了相关法律、规范性文件《上海市建设工程文明施工管理规定》《上海市扬尘污染防治管理办法》，明确了文明施工管理的职责及管理运行模式。二是将标准化融入了行业科技、建设、管理以及养护作业等业务工作管理和市场化改革文件。三是增加标准化项目经费支持，建立由行业内外标准化专家构成的标准化专家库。如市绿化市容管理部门组建了上海市园林绿化、林业、市容环卫3个地标委,成立了4个标准质量检测机构。

(三)推进机制不断优化

一是完善标准实施推进机制,发布重要标准,逐步向同步出台标准实施方案和释义方向转型,组织好标准宣传推广工作。推进并规范标准化试点示范项目,提高试点示范项目的质量和效益。二是强化政府在标准实施中的作用,在制定政策措施时积极引用标准,运用标准化手段规范自身管理,提高公共服务效能。如上海城市网格化综合管理正逐步在村居一级设置工作站,定期组织人员进行巡查,并根据《上海城市网格化综合管理标准》对村居内公共设施、环卫市容、环保等各类部件事件进行监督发现和指挥处置。再如上海市美丽乡村建设工作领导小组办公室从2014年开始依照本市标准,开展美丽乡村示范村评选工作。每年评选15个左右的美丽乡村市级示范村,至2020年,累计评选100个左右的美丽乡村市级示范村,形成示范效应,带动面上美丽乡村建设工作。

(四)监督手段不断丰富

组织开展标准制定修订及评价工作,开展标准制定修订项目的申报程序和实施评价监督等工作;提出强制性标准或推荐性标准的建议以及符合性征询意见和技术性审查;对相关国际标准进行收集,启动国际标准的采标工作;对已颁布标准的实施情况进行检查分析和绩效评估工作等。另外,实施信息化监测手段,如工地管理方面,实时监测施工现场噪声、扬尘污染状况。

(五)服务平台不断充实

开展标准化咨询和信息服务。建立本部门地标委标准化情报信息数据库平台,将本行业有关的标准体系研究成果、已发布的标准,在研的标准化项目及时公布,建立与有关标准化信息的网络连接,开展标准化在线咨询。

## 第二节　上海城市管理标准体系建设存在的主要问题

目前,上海城市管理标准建设及实施方面还存在一些比较突出的短板问题。主要有:

## 一、“缺”:综合管理标准缺失,尚没有形成可感知可评价的综合管理标准体系

### (一) 缺少跨部门综合性的管理标准

上海作为国际化超大型城市,在飞速发展的同时,城市管理不断面临新情况、新问题,最显著表现是跨部门、综合性问题不断产生,城市管理和社会管理领域相互交织,如近年来市建设交通部门聚焦的“8+2+2”城市顽症难题,尤其典型。这些问题矛盾集中,错综复杂,有些问题长期难以解决,形成顽症难题,恶性循环,对上海城市发展和人民生活影响很大,迫切需要对症下药,系统施策,综合管理。上海城市管理行业标准(包括法规规范、工作手册、技术标准等)不少,但缺少针对上述城市综合管理问题的标准,影响了管理的成效。

### (二) 缺少基于空间的可感知可评价的管理标准体系

现有的行业规范和各种管理标准,出发点在于行业工作,技术性较强,较少从广大市民可理解、可感知、可评价的角度考虑标准的制定实施。尤其是受行业管理局限,不能从市民生活空间整体感知角度,制定系统化的综合管理标准体系。另外,一些标准主要侧重于管理工作的原则性要求和效果标准,基本没有编制工作规范和工作流程类的内容,对部门权责关系、具体操作流程、工作绩效评价均尚未做出明确清晰的规定,距离标准可评议、可考核的要求还有一定的差距。同时,一些标准没有根据管理的实际情况,进行合理的分类分级,体现管理的差别化,也使得标准实施缺少针对性。

## 二、“散”:管理标准分散,尚缺少有力的集成和整合

众多管理标准散落在技术规范、规范性文件或工作手册中,整合工作还有待推进,对区域和行业标准的集成还有待加强。

### (一) 房屋管理方面

物业管理法律规范相对比较齐全,但涉及面比较广,政出多门,如公安消防部门、卫生部门、特种设备管理部门、质量监督管理部门、环保部门、安全生产管理监督部门等。

（二）交通管理方面

市政交通设施管理类标准“散落多处”,包括法律法规、政府规章、交通委规范性文件以及部分技术标准中。

（三）水务管理方面

在经常应用的147项水务管理标准中,正规上海市地方标准只有8部,其余标准名称类型多种多样,包括条例、管理办法、规定、规程、规范、定额、导则、指南、细则、意见、实施意见、指导意见、办法、工作手册、通知等,虽然都在作为市水务行业管理标准在使用,但有的根本不像标准,层次也低,影响执行效力。

（四）城市景观管理方面

市容景观、户外广告、景观灯光等标准散落在上海市容环境卫生、上海市工程建设等标准体系之中,管理、服务、信息化及执法配套细则等标准缺失,并且存在边界不清问题,导致出现多头管理或管理缺位现象。

## 三、“低”:管理标准定位不高,尚难以对标国际一流

对照打造国际一流城市管理的目标,对标国外城市管理标准建设的先进经验和发展趋势,上海的管理标准仍有一定差距。

（一）城市景观方面,尚不能适应“美丽上海”品质城市建设要求

与北欧国家强调市政设施等公共空间全部实现景观化相比,上海管理标准的关注点还停留在保持整洁完好或统一规范设置等较低层次;中西欧国家在城市管理中大力推广在阳台、窗台、楼顶等处进行立体绿化,提倡在城市中心区域低碳出行,日本则已普遍推行生活垃圾分类收集和减量化,上海在这方面仍处于探索阶段;西方不少城市在景区和大型活动安全管理上推行游客意外险、公共责任险制度,通过市场化方式分散了应对大客流等公共安全风险的压力,上海仍欠缺这方面的管理标准。

（二）区域管理方面,尚不能适应国际化大都市安全舒适管理的要求

区域管理,涉及市政设施维护、人居环境、交通运行、社会秩序等多方面,上海现有管理标准,体现区域管理的较少,尚没有实现区域内各种管理资源的有效整合,而国外一些先进城市,已经制定了信息共享、设施整合、管理协同的

目标标准，树立了便利、安全、舒适宜人的世界一流区域发展标杆。

（三）交通运输管理方面，尚不能适应超大城市综合交通管理的要求

上海的城市交通运输管理标准，基本在国家、行业标准的基础上增加一些地方性规范要求，缺乏高度和引领性，不适应特大型城市综合交通体系构建的要求，尤其对多种交通工具和方式的协同、对公共交通优先、对静态交通的推进、对车辆停放管理等方面，尚不能体现科学有序和人性化的要求。

（四）管理和执法方面，尚不能适应现代城市高效及时的要求

上海现有的城市管理标准，对管理和执法的及时性规定较少，许多规定偏于原则，弹性较大，体现法规规范的严谨性和严肃性不够。国外先进城市管理标准非常严格，许多以法规的形式存在，执行标准和考核监督都非常严厉。

## 四、"弱"：管理标准执行与考核脱节，尚不能充分发挥管理成效

（一）执行部门责任落实难

目前，上海各政府部门之间、部门与区及街镇之间，还存在着责任不清、工作机制不顺畅等问题。例如：(1)工地管理方面，相关标准中，很多标准的执行主体、责任主体不明确。环境问题的执行主体主要为政府环境保护部门，然而负责建设施工的主要是政府建设部门，这就对工地管理工作带来了难度。(2)地下空间管理方面，责任机制亟须理顺，地下空间管理标准制定及实施涉及众多管理部门和管理主体，但目前来看，各级各类地下空间管理部门和主体之间尚未形成一整套明晰有效的责任体系。(3)水务管理方面，存在着"有标准不执行，有标准不知谁执行，有标准但分工不明无法执行"等情况，使得部分管理标准制定发布后就搁浅了，没有发挥出应有的管理效能。(4)市容绿化方面，街道办事处、各地城管对辖区城市管理负总责的地位不突出，赋予的管理权限和财权不统一，力量相对不足，管理工作存在死角。一些标准涉及跨部门、跨行业、跨专业、跨地区问题，相关方立场和利益不一致，协调难度大。

（二）量化考核内容不足

例如：(1)市政交通设施管理方面，管理标准考核机制有待完善，现行管理类标准多以定性要求为主，技术类标准中的可量化、可考核、可感知的定量

指标尚未转化为管理类标准规范。(2)水务管理方面,管理标准执行考核机制跟不上,管理标准的落地实施,需要严格的奖惩考核机制促使其良性循环和持续发展,然而在水务行业管理标准实施的现实中,受制于标准制定时量化不足等客观条件,使得水务行业管理标准落地实施的保障机制,因缺少量化考核,做不到严格奖惩,在某种程度上沦为一种形式,不能很好保障标准执行的效果。

## 第三节 国内外城市管理标准体系建设的经验和启示

### 一、国外经验

发达国家城市管理是以保障公共利益和提高服务质量为目的的公共管理,政府部门对外的城市管理主要是为大众提供公共服务,保障公共利益,对内的管理主要是改进服务质量,提高办事效率。城市管理标准建设方面的特点主要有:

(一)标准与法规紧密结合,共同推进管理精细化目标

发达国家和城市大多通过立法,对“谁来管理、如何管理”做出详细的规定。比如日本1958年制定的《轻犯罪法》就规定,乱买卖、乱停靠、公共场合插队、违法建筑等34项属于轻犯罪行为,警察可以依法处理。日本的《轻犯罪法》和《食品卫生法》《道路交通法》等共同构成了详尽的城市管理法律体系。又如美国纽约市为加强城市管理,处理摊贩问题,专门制定了《纽约市摊贩管理条例》等,明确规定摊贩的营业许可条件,许可的营业项目、营业时间、营业地点、摊位结构、食品卫生要求及操作规范、相关责任与义务、收费与处罚依据,使摊贩和执法警察均有法可依。

(二)城市管理职责明确,整合协调有力

发达国家城市管理部门职责法定,具体明确,协同有力。如新加坡涉及城市管理的国家发展部等行政部门之间职责是法定的,有关部门下属的多个法定机构,均有议会授权设立。为加强城市管理协调,成立了“花园城市行动委

员会”，在拟定政策、综合协调有关城市园林绿化建设和城市管理方面发挥了重要作用。再如日本东京，城市基础设施建设管理由东京基础设施整备局进行统筹，按照统一标准整合充实各类公共服务设施的设计、建设和管理工作。在管理实施中划分责任区，明确各类服务机构、企业和个人相应责任和义务。实行政府、社区自治组织、企业、群众团体和城市市民协同配合，积极参与的城市管理制度。另外，就管理执法来讲，国外履行“城管”职责的，几乎都是警察。

（三）考评监督制度非常严格，体现法律的威严

发达国家法制环境健全，城市管理法制化水平较高，建立了一套切合实际、操作性强、没有回旋余地的法律体系，立法严密，执法严正。如新加坡城市管理目标考评项目非常体系化，对每项指标都有十分具体的评分标准，相关管理及执法非常严格，充分体现法律之内人人自由，法律之外没有特权，法律之上没有权威。

（四）通过标准实施推动社会福祉

例如日本东京，伴随社会老龄化和少子化加剧，城市基础设施建设管理不断出现新问题，为提高市民社会福祉水平，建设安心、安全、舒适的世界第一国际大都市，先后于 2000 年和 2010 年修改颁布《东京福祉城市建设和管理条例及其实施细则》，提出了信息共享、城市设施整合、车辆住宅设备管理以及城市治理推进协议会建设等方面的管理目标和标准，其基本理念是：公平公正、简单便利、安心安全、功能完备和舒适宜人。

## 二、国内经验

近年来，国内许多城市开展了城市管理标准化的研究和实践，一些城市在推行精细化城市管理的过程中，将标准化作为精细化管理的重要抓手，使城市管理从突击型、临时性向长效型、规范型转变，切实提高了城市管理成效。

（一）实现标准的系统整合，结合重大活动推进管理标准建设

例如北京市积极开展标准体系规划研究，对市政市容领域标准进行调查梳理和补充更新，共梳理出标准 2 783 项，从中提炼出常用标准 487 项，这些标

准和市政市容实际工作联系密切,较好促进了各项业务工作的开展。另外,2008年,北京结合奥运会的举办,形成奥运标准体系(共954项标准),对城市管理标准建设,进行了先行先试的探索。

(二)突出分类管理,尤其是重点区域管理

例如北京市西城区尝试新的管理模式,将区域按商业、政务、居住等七大类用途进行分层分类管理,结合功能、人口情况,以街道为单元,再按环境、秩序、执法等分类,条与块管理结合。青岛市提出打造“标准立市”目标,2012年制定《青岛市城市管理工作标准》,该标准共分28章,内容涵盖市政设施、园林绿化、环境卫生、市容秩序等行业,同时对窗口地区、海水浴场、城市广场等重点区域制定更高管理标准。

(三)注重标准的实施和考核

例如青岛市,对每项城市管理任务工作,都明确了行业主管部门、管理责任主体、管理依据、管理标准、管理流程、管理要求,构成一个完整的作业流程。又如杭州市在管理标准建设方面,提出了“城市管理标准化、标准管理定额化、定额管理考核化、考核管理经常化”的目标。目前形成了城市道路、建筑立面、城市家居、照明、绿化景观等5个大类27项标准。其目标是:设施完善,功能齐全,交通通畅,市民有获得感。杭州还建立了城市综合管理数字化平台,并形成了自己的数字化管理标准。

## 第四节 上海城市管理标准体系的框架和构建策略

### 一、确定城市管理标准体系框架的原则

(一)以管理空间为主进行分类

城市综合管理标准,可以依据条线分类,也可以依据管理空间分类。我们建议主要以管理空间进行分类,原因是:

第一,管理空间与市民生活空间一致,有利于提升市民的整体感知度。

第二,具体管理标准差别主要是因空间分布而不同。比如中心城区和郊

区、城镇和乡村、核心功能区和一般区域,管理要求不一样,要体现差别。

第三,国内外实践证明,有效的综合管理是科学的空间管理。如北京、青岛的实践,都突出不同管理区域、不同管理标准。

当然,以空间为主,也需兼顾条线,兼顾突出问题,体现科技支撑。

(二)处理好三对关系

第一,处理好专业与综合的关系。如果管理对象有非常明确的管理主体,且体系相对闭合,如轨道交通,相关专业内容可不在城市综合管理标准中出现,当然涉及与公众出行相关的部分管理要求可以纳入城市综合管理的范畴。如果管理对象的管理处于相对开放的状况,如道路交通,则应该把与各类受众主体行为相关的标准纳入综合管理范畴。

第二,处理好统一和差别的关系。相关管理标准和要求应体现统一的价值取向和发展理念,即按照中央城市工作会议的精神,强调安全、整洁、有序、高效、法治等城市管理要求。同时也要根据不同管理对象的功能区位、发展定位、发展现状制定差别化的具体标准,如由高到低,分为A类标准、B类标准和C类标准,同时,建议在有必要的管理事项中增加特别标准即T类标准。

第三,处理好现状与发展的关系。管理体系框架应该尽量全面地覆盖既有管理内容,无遗漏,但应预留未来发展新增管理要求的空间。

## 二、上海城市管理标准体系的构成框架

以城市管理空间为主,结合城市顽症治理和数字化管理的实践,初步提出“8+1+1”的总体框架结构:“8”,即工地管理、房屋建筑管理、地下空间管理、市政交通设施管理、交通运行管理、城乡河道管理、城市景观空间管理、村镇管理等。“1+1”,即数字化管理+其他管理。具体是:

(一)工地管理类

(1)工地噪声控制。如工地噪声控制方式、时段要求等。

(2)工地光污染控制。如工地光源要求等。

(3)工地扬尘控制。如工地围挡、网罩要求等。

(4)工地周边环境影响。如工地渣土出土管理、生活用水排水管理、工地

保洁、周边道路管理等。

（二）房屋建筑管理类

(1) 小区公共区域秩序维护。如门岗值守、巡逻等。

(2) 小区公共区域绿化养护。如小区草坪和树木修剪、防虫害、占绿毁绿管理等。

(3) 小区公共区域清洁卫生。如小区生活和建筑垃圾收集堆放、清运,楼道和公共场地清扫、建筑物外立面清洗等。

(4) 小区公用设施设备养护。如小区公用设施设备日常养护、维修等。

(5) 小区机动车停放管理。如小区停车收费规范、新能源车充电桩设置、擅自安装地桩锁处置等。

(6) 小区电梯运行管理。如小区电梯日常保养、检测、维修、运行管理等。

(7) 非居住物业公共区域秩序维护。如门岗值守、巡逻等。

(8) 非居住物业电梯运行管理。如自动扶梯、垂直电梯日常保养、检测、维修、运行管理等。

(9) 非居住物业外立面维护管理。如外立面清洗、幕墙安全、定期粉刷等。

(10) 非居住物业机动车停放管理。如错时停车、收费管理、秩序管理、新能源车充电桩设置等。另:建议进一步研究公共建筑物业管理组织运行规范。

（三）地下空间管理类

(1) 民防防护设施管理。民防工程结构、表面、内防护密闭门、金属件维护,废水排放,废弃物倾倒管理等。

(2) 民防日常运行设施管理。如民防工程消防、防汛、设施维护管理,安全生产管理,卫生管理等。

(3) 普通地下室消防设施管理。如工程消防审核验收,设备自控,设施器材无遮拦,安全出口无上锁、遮挡或堵塞,疏散通道安全出口指示标志、应急照明,电器安全管理,生产、使用、销售销毁易燃易爆品,违章使用明火等。

(4) 普通地下室防汛设施管理。如出入口设置防汛挡板、沙袋,排风井、进风井、采光窗挡水高度设置,电梯或连通口设置,自管区排水管道,排水与集水井匹配,防汛责任制、日常管理、值班、巡查,应急处置等。

（5）普通地下室环境卫生管理。如地下空间积水、杂物、空气通畅,卫生许可,从业人员健康,消毒设施等。

（6）普通地下室社会安全管理。如娱乐休闲场所管理,地下空间旅馆治安,悬挂、喷涂、张贴、抛洒非法传单管理,大量人员聚集、乞讨等应对管理。

（7）地下管线管理。如覆盖地下的电力管线、电信管线、自来水管线、污水管线、雨水管线、有线电视管线、燃气管线等安全维护管理,包括施工影响、地面沉降、设施巡视检修等。

（8）地下人行道管理。如使用功能保障,安全通行,通道铺砌装饰维护,自动扶梯操作维护,防水排水设施,商业经营通道消防设施,出入口、交叉口导向标志,通道应急灯、应急电话、应急物资准备等。

（9）地下公共交通车站管理。如轨道交通和综合交通枢纽地下车站综合管理,包括售检票、扶梯、公厕、通风照明、废弃物收集设施,报警、灭火、逃生、防汛、防爆、防护监视、紧急疏散设施,导向和服务标志,无障碍设施,广告设置,用电用水通信保证,以及市容环卫责任区落实,安全保护区日常巡查等。另:建议研究普通地下室通风和电力照明设施管理、综合管廊管理相关标准规范。

（四）市政交通设施管理类

（1）路桥设施养护管理。如路基路面、安全防护、标志标线、照明排水通信等设施监测、养护、维护等的管理。

（2）路桥设施使用管理。如车行道临时占用、开挖修复、超限超载车辆通行、桥下空间使用等的管理。

（3）人行道秩序管理。如城市家具管理,临街设摊、便民服务点、社会活动,人行道停车等。

（4）道路绿化保洁管理。如绿化带、车行道、人行道绿化护理、道路洒水、保洁等。

（五）交通运行管理类

（1）公共客运服务管理。如轨道交通、地面公交、出租、轮渡等运营服务时间、运力配置保障、车容车貌、车厢整洁、车厢温度、运输治安、公交到站信息获取等。

（2）公共交通站点秩序管理。如站厅内外衔接、区域人流秩序管理、站点外换乘配套设施及交通组织管理、外部换乘诱导标志管理等。

（3）公共客运应急管理。如事故、停运等应急联动体制机制、预案、乘客补偿及请假保障等。

（4）城市货运服务管理。如货运车辆通行时间空间规则、车容车貌、技术性能、标识系统、安全监管，临时装卸货点规范管理，快递配送网点标准等。

（5）停车服务管理。如路内停车场、停车场库内车位共享、咪表设置、新能源充电桩、收费人员管理等。

（六）城乡河道管理类

（1）河面水岸管理。如土堤塌陷、混凝土岸线墙体开裂、防汛通道损坏、河道绿化枯死、景观设施破损、河面漂浮物堵塞、河道污染等。

（2）水闸管理。如水闸破损、泥沙堆积、靠船设施损坏、安全标牌损坏、节制闸及时开闭、调度指令预告等。

（3）堤防海塘管理。如海塘堤岸损坏、保滩保岸块石脱落、穿堤跨堤建筑不均匀沉降、防汛墙破坏、防汛闸门失控、河水溢出等。

（4）农田水利管理。如引水设施破坏、河床淤积、混凝土建筑沉降损坏、高压电器设备问题等。

（5）自来水管理。如水压、水量、水质，水表及附属阀门损坏、水表更换、计量不准、防冻，停水、降压通知，抄表和账单，断水和爆管处理，报修响应等。

（6）排水管理。如污水厂臭气排放、尾水不达标，路面积水，排水管道破损造成路面塌陷，井盖缺失损坏，污水粪便冒溢等。

（7）防汛预警预报信息发布。如发布时间要求、方式、渠道等。

（七）城市景观空间管理类

（1）建（构）筑物景观管理。如新建、扩建、改建建（构）筑物的容貌管理，城市文物古迹、历史文化建筑和街区、历史文化名城、名镇、名村的容貌管理，城市雕塑和各种街景小品规范设置，城市各类工地的外部环境管理等。

（2）城乡道路景观管理。如道路两侧、坡道、盲道、人行天桥、地下通道出入口景观维护等的管理。

（3）园林绿化景观管理。如城市公共绿地的养护管理，公园的管理，古树名木、行道树等景观要素的管理，湿地和保护区保护的管理等。

（4）公共设施景观管理。如电力井盖、路灯井盖等各类井盖设施，电力杆、电信立杆等各类立杆，书报亭、电话亭等各类亭子，电力设施、景观灯光设施、健身设施等各类公共设施等的景观管理。

（5）广告设施与标识景观管理。如户外广告、户外招牌的管理。

（6）城乡照明景观管理。如景观照明设施养护等的管理，以及灯杆、灯具、配电柜等照明设备和器材的管理。

（7）公共场所景观管理。如机动车停车场、非机动车停放点（亭、棚）的管理，公共场所及其周边环境的管理、集贸市场内的经营设施等的管理等、公共厕所的景观管理等。

（8）城乡水域景观管理。如水面清洁、水体卫生的管理，岸坡、亲水平台等的管理，各类船舶、码头等临水建筑的景观管理等。

（八）村镇管理类

（1）农村公共设施使用管理。如文化设施、体育设施、农田水利设施有序管理。

（2）村容整洁。如家禽牲畜粪便不得乱排放。保持房前屋后整洁，无污水流溢，无散落垃圾，不得乱堆物，生活、生产用品集中有序存放等。

（3）农村污染控制。如无出现成批死亡禽畜的情况，无擅自丢弃、处理成批死亡畜禽的情况；推广植物病虫害防治，不得使用明令禁止的高毒高残留农药；及时处理农药瓶、废弃塑料薄膜、育秧盘等农业生产废弃物；无在农田焚烧秸秆等情况。无擅自养殖并造成环境污染情况。

（4）乡风文明准则。如组织开展爱国主义、精神文明、社会主义核心价值观、道德、法制、形势政策等宣传教育；制定并实施村规民约、倡导崇善向上、勤劳致富、邻里和睦、尊老爱幼、诚信友善等文明乡风；开展移风易俗，引导村民摒弃陋习，培养健康、文明、生态的生活方式和行为习惯。

(5) 农村传统风貌保护。如保护农村传统风貌建筑,不得破坏建筑空间和景观,不得私自占用、损坏农村传统风貌建筑等。

(九) 数字化管理类

(1) 网格化综合管理。如城市网格化综合管理标准等。

(2) 服务热线管理。包括12345市民热线、12319城建服务热线、962121物业服务热线等城市管理相关服务热线的服务规范。

(十) 其他类标准

暂时难以归类的托底管理标准。

## 三、完善标准颁布与实施的制度环境

### (一) 综合统筹,实施共治

标准化是一种较为科学、先进的城市综合管理手段与方式,是城市管理的基础性工作,但城市管理的成效还必须紧紧依靠合理的管理体制、良好的运作机制及完善的制度保障。只有建立了科学合理的行政管理体制,城市管理标准化工作才能真正落地。

*1. 要建立高效权威的标准化综合统筹协调机制,提升管理层级,推动城市综合管理标准的实施落地*

城市综合管理标准的制定与实施,是将上海建成为世界城市的重要举措之一,意义重大,应当纳入市、区综合管理领导小组的工作来统一协调推进。纳入领导小组的工作有利于健全多部门合作协调机制,有效解决城市管理标准化制定与实施中遇到的问题,有利于充分发挥街道、乡镇、社区优势,理顺相关部门职责,进一步强化管理地位,调动各区及基层单位共同参与标准化工作的积极性,以标准化促进城市管理长效机制的建设。

建议领导小组由分管市领导牵头,相关部门作为成员单位,代表市政府对工地、房屋建筑、城下空间、城乡道路、交通运输、河道、景观、村镇、数字化等重大城市管理工作进行协调、推进、监督。成员单位分工负责,定时召开联席会议,及时研究解决重大问题,并提出加强与改进的意见,有效推进工作落实。下设办公室负责日常推进工作,具体开展指导、监督、协调工作。

2. 推进城市综合管理标准化工作，应坚持协同参与，加快形成共治共享格局

在城市管理中强调社会协同、公众参与，就是要在保持市场和社会有序的同时增强市场和社会活力。必须建立具体、明确、系统、权威的社会规范，为社会协同共治提供遵循，为社会主体自我约束、自我管理及化解矛盾、促进和谐提供规范。应整合各方力量，建立政府引导、协会主导、企业支撑、社会参与的新模式，促进形成社会共治的良好局面。鼓励非政府组织在规范化、合法化的要求下，积极参与城市管理，使其成为政府管理的好帮手、好参谋。特别要提高社区基层参与城市管理的程度。城市管理的好坏与生活在其中的各类组织单位及全体市民密切相关。人人都有责任和义务参与城市管理。要统筹协调各区、街镇、社区、企事业单位等各方力量参与城市管理工作，还要引导企事业单位自觉履行城市管理职责义务，建立企事业单位参与城市管理的工作机制；发动社会志愿者组织和广大居民投入城市管理工作，真正实现城市的"共建、共享、共治"。

（二）循序渐进，逐步覆盖

城市综合管理标准化建设是一项基础性、系统性、长期性的工作，其涉及面广、量大、单位及人员多，每个管理标准所处的环境都不一样，涉及的责任主体、实施单位也不一样，而且处于不断发展更新的过程中，需要根据管理范围的变化、管理要求的提高不断修订完善。现有的标准会出现不适应未来管理需要的情况，需要不断进行调整。为此，循序渐进是推进标准化工作的基本要求，不能企图一口吃成个胖子，一步达到管理标准化的程度。第一，应推行制度化。要建立较为全面的制度体系。第二，应采取系统化的措施，逐步实施，不能操之过急。标准化是一个长期的过程，不能搞临时突击，要打好持久战。第三，应长远目标与近期目标相结合。要建成具有上海特色的城市综合管理标准体系，刚过去的"十三五"是布局起步期，"十四五"则是关键进展期，应下大力气推进。按五年、十年目标制订实施近、远期计划，并细化工作任务分阶段逐步完成。对于暂时不具备出台条件的标准，要做好研究储备，作为中期目标，力争在"十四五"期间完成制定，真正实现城市管理标准化，标准管理定额

化,定额管理考核化,考核管理长期化。第四,应加强主体、经费和评估工作。加强市和区两级监督检查职责,加强考核指标、方法和奖惩措施的落实。第五,应明确发布方式。按照“成熟一批、发布一批、实施一批”的原则,第一批标准以市政府名义转发,此后,由市政府授权,以市住建委名义发布。

### (三)启动立法,提高站位

城市综合管理是一项复杂的社会系统工程,涉及城市社会生活的方方面面,必须有完善的法制保障。随着上海城市建设的高速发展,对综合管理要求的不断提高,法治化已逐渐成为城市综合管理工作的根本出发点,而管理标准化正是城市管理法治化的重要体现。标准化是法律体系向具体化、精细化方向的延伸,能使城市管理的各个细分领域和各个环节都遵循一定的标准,有序和谐运行,为实现全面依法治市奠定扎实基础。为此,应切实加强标准体系建设的法规政策保障。目前,本市法规建设还有不足之处,城市综合管理方面,特别是标准化建设方面的立法明显欠缺,如小区管理、地下空间管理等还存在空白,难以满足城市综合管理标准化的要求,尚未形成一套完整的城市管理立法体系,城市管理队伍的性质仍处于相对模糊的状态,给城市管理带来了不少困难。同时,还存在上位法规定笼统、地方法规定模糊、可操作性不强的问题,法律依据明显滞后,层次不高、强制性弱。城市管理法律适用还需进一步加强,特别在标准化建设方面。另外,加强立法,还需同步加强制度建设。各级政府之间、政府各部门之间的权责关系的划定需要有效的制度保障。目前,各政府部门主要靠相互协商,甚至靠熟人面子协调,易于造成“权力重叠”和“权力真空”地带,需要建立良好的制度保障。为此,城市综合管理标准的制定应在全面梳理各类规范标准的基础上,不断补充和完善各类标准,建立健全城市管理标准体系,逐步形成以地方法规和行业条例为基础,以政府规章为补充,以配套政策为辅助的城市管理法规体系。包括健全城市管理的法规体系、完善城管执法队伍的法律培训制度、加强城市管理标准的长效化编研机制建设。

### (四)广而告之,推动自治

发动社会力量和人民群众参与城市管理标准化建设,让广大群众充分认识城市管理标准化的重要性和紧迫感,是实现城市长效管理的基础性工程。

深化城市管理标准化建设,应坚持居民自治,充分发挥市民在城市管理中的主体作用,激发全体市民参与城市管理的积极性、主动性。把加强宣传教育作为城市管理标准化的一项长期性、基础性的工作,多方位开展城市管理标准化教育培训,加深各类人员对城市管理标准化知识的了解和掌握;广泛利用电视和网络等宣传媒体,开展具有针对性的城市管理标准化宣传活动,加深广大市民对标准化管理的认识,增强社会支持和参与的积极性。通过采取表彰、激励、参与评价等多种手段,提倡和鼓励广大市民对标准化从实施、监督到检验的全过程参与。一是推行政务公开,聘请人大代表、政协委员及社会人士等担任监督员,提高广大市民关心、参与和支持城市管理的积极性和主动性,充分体现居民自治精神和参与意识。二是拓展现有的居民区听证会、协调会、评议会等三会制度的应用范围,将住宅小区综合治理等贴近居民的城市管理事务带入三会制度的实践运作之中。三是利用现有的社区文明志愿者队伍网络,广泛开展文明评议、文明劝导活动。

# 第三章
# 上海城市建设和管理数字化转型路径研究

上海市城建领域全面推进数字化转型调研课题组*

为深入贯彻习近平总书记关于网络强国、数字中国、智慧社会的战略部署，践行“人民城市人民建、人民城市为人民”重要理念，巩固提升城市能级和核心竞争力，构筑上海未来新的战略优势，2020年年底，上海市委、市政府公布了《关于全面推进上海城市数字化转型的意见》（以下简称《意见》），明确指出，全面推进数字化转型是面向未来塑造城市核心竞争力的关键之举，是超大城市治理体系和治理能力现代化的必然要求，要坚持整体性转变、全方位赋能、革命性重塑。

上海城建领域落实“人民城市”重要理念，聚焦城市治理三大领域，推动整体性转变；重点关注城建领域管理和服务对象的痛点、堵点、难点，发现问题、发掘需求，围绕数据要素流动、新技术应用、城市数字底座三大基础体系，推动全方位赋能；深入研究城市数字化转型的基本框架和实施路径，以数字化转型，推动流程再造、规则重构，推动革命性重塑。

## 第一节　上海城市建设和管理数字化发展现状

21世纪初以来，上海城建领域积极应用和发展数字化（信息化、智能化）技术，加强政府监管、行业服务、企业发展、服务民生工作，建设相关基础平台（系统），推进相关法规、政策、标准建设等，为数字化转型工作打下了良好的发展基础。

---

* 本章主撰稿人为乔延军，上海城市建设和管理研究所所长，博士；研究方向：城市管理。

## 一、城市治理方面

### （一）注重系统整合和整体设计，打造信息化管理平台

1. 建设跨部门跨行业综合平台

2015年7月建成上海市城市管理综合共享交换平台，平台依托市电子政务云，运用云计算技术建立了空间地理信息云计算环境，汇集了两委六局城市规划、建设、管理、交通、水务、环保、绿化市容、测绘等行业现有基础空间地理数据，建立了集中与分布式相结合的共享数据库，形成了城市管理领域政务云的框架，向全市政府部门开放，实现了委局间跨行业、跨平台数据共享服务与应用示范。

2. 建设上海市建设市场管理信息平台

以工程建设项目全生命周期管理为主线，企业、人员、建材管理为辅线，将建设工程管理相关的信息系统全部整合到建设市场管理信息平台，形成了政务服务对接"一网通办"、监督管理对接"一网统管"的覆盖全市工程建设行政管理业务的系统，实现了项目全覆盖、管理全过程、部门全参与、服务全方位的监管目标。

3. 建设上海地下空间信息基础平台

汇聚了本市约12万千米的地下综合管线和以交通类基础设施为主的地下构筑物数据，并补充完善了地质数据，平台涵盖了地下空间数据生产、管理、维护和服务的各个方面，初步形成对上海城市重要地下设施安全运行、安全监控的信息支撑，为上海地下空间开发利用和城市地下设施安全运行提供了信息服务。

4. 建设绿化市容行业数字化框架

整合各条线空间数据，基本完成绿化市容行业"一张图"建设；推动绿化、市容、环卫、林业条线齐头并进，行业管理信息化基本实现全覆盖；实现行业数据大集中，安全体系初步建立；数据整合，共享协同初见成效；协同共享式电子政务技术框架体系逐步形成。

5. 建设水务监控系统

建设完成取水（地表水、地下水）水量监控系统，同时接入了年取水30万立方米以上的地表水取水口水量监测点数据；实现全市原水、38座水厂、约

1 040 个供水监测点水压水质的全覆盖在线监测;建成居民住宅二次供水设施监管系统,建立居民住宅二次供水设施健康档案,全市布局二次供水监测点356 个。开展大用水户水量在线监测,同时接入市城投水务自建的 136 个国家级大用水户用水监测点。

6. 建设生态环境信息化监控系统

加强整合生态环境监控网络数据,已对 55 个常规空气质量监测点、7 个交通空气监测站、3 084 个工地扬尘监测点、70 个重点产业园区大气在线监测点、186 个地表水监测站、259 个地表水手工监测断面、496 个噪声监测点、220 个土壤手工监测点、11 个辐射环境监测点,以及 70 余个高风险移动放射源、790 家污染源的 2 200 个排口进行监控。

7. 建设智慧城管体系

“1 套体系+3 大数据库+N 个业务系统”初具规模:“1 套体系”是指城管执法市、区、街镇三级指挥体系,“3 大数据库”是指内部库、外部库、音视频库三大数据库,“N 个业务系统”是指网上办案、网上勤务、网上督察、网上考核、诉件处置、管执联动等 N 个城管执法业务系统。

(二)着力推进“一网通办”“一网统管”

1. 开展综合信息管理平台建设

根据社会治理“一张网”、城市运行“一网统管”的工作要求开展平台建设,强化城市综合管理信息数据场景应用建设。该平台聚焦规划、土地、房屋、交通、环保、建筑、水务、民防等重点领域,通过云计算、大数据、人工智能等科技手段,全面汇聚本市城市管理领域相关数据信息并及时分析研判,发挥信息化、智能化在改进城市公共服务管理、提升治理能力水平方面的支撑作用。平台完成了市、区、街镇三级标准基础平台的原型系统开发,在市电子政务云进行了集中部署,通过政务外网实现调用和共享;并开发完成违法建筑治理、历史建筑保护、燃气安全、群租治理、深基坑安全、玻璃幕墙管理、架空线入地、房屋修缮监管、进博会保障等 9 个应用场景。

2. 推进建设工程联审平台建设

全市社会投资项目从土地取得到竣工验收及不动产登记全流程实现了一

次申报、一口受理、一次发证、一网通办；截至2019年年底，进入平台办理的项目包括：3 276个新改扩项目，1 187个装饰装修项目，30个交通工程项目。配套办理的市政接入服务510个，已建工程市政接入服务办理1 334个。

3. 推进智慧综合杆建设

市住建部门自2018年开始开展架空线入地和综合杆建设以来，按照共建共享的原则，建设的综合杆成为城市道路各类设施设备的搭载平台，不仅搭载了传统的道路照明灯、交通信号灯、标志标牌、公共监控等设备，还逐步接入了住建、交通、公安、通信、水务、生态环境、绿化市容、城管执法等行业的智能感知设备，构建了综合杆感知体系。架空线入地，不仅体现了城市风貌管理的“绣花”精神，更大大提升了城市安全。

## 二、民生服务方面

### （一）智慧社区建设提升社区综合服务品质

2012年年初，为积极推进智慧社区建设，上海启动了智慧社区试点示范工作，并于2019年9月组织开展了首批智慧社区建设示范点评选，评选出11个智慧社区建设示范点。经过最近两年的示范建设，首批试点街道结合各自的管理特点，以居民需求为导向，利用各种智能技术和方式，整合现有的各类服务资源，围绕信息基础设施、社区生活服务、社区管理与公共服务、智能小区和智能家居等方面开展试点，探索出了各具特色的智慧社区应用示范。

### （二）智慧燃气提高供气质量和安全保障

燃气管理部门依托“一网通办”平台，推广线上和线下一口受理服务，实现“0123”目标，即用户0跑腿、1件申请材料、定型接入2个环节，非定型接入3个环节。天然气用户安装接入和用气成本降低，业务办理周期和手续大幅缩减。智能管网、智能调度、智能服务同步推进。主干管网监控率达到100%，输配管网监控率大于80%，终端智能计量覆盖率达到80%，线上业务办理率超过40%。

### （三）气象服务提高城市风险防控能力

气象服务赋能城市数字治理和数字减灾，构建立体化的防灾减灾第一道防线;气象服务融入产业数字供应链,赋能新兴产业提质增效;气象服务融合数字化感知,建立基于用户画像的实时与泛在的“定制+推送”服务新模式;数字气象服务赋能生态环境保护、建设生态文明气象保障。

## 第二节　上海城市建设和管理数字化存在的不足

对标国内外先进城市和地区,对标人民城市建设的新要求,上海城建领域数字化工作,在融合发展、资源共享、系统集成、制度支撑等方面,尚存在许多不足。

### 一、数字化发展站位不够高

信息化应用平台设计,尚缺少经济、民生和城市治理的整体性考虑,不能有效推进行业监管、民生服务和产业发展的整体性转变。原因有三个方面:一是对数字化转型的意义和价值的理解及认识不足,一些部门还停留在信息系统建设的认知层面,没有把数字化看成行业发展的变革性力量,还没有从全局的高度来认识和推进信息化工作,重视不到位、部署不到位、推进不到位;二是一些行业数字化建设基础依然薄弱,一些行业内部系统性整合尚未完成,一些行业业务条线涉及多个领域,每个条线的管理及服务内容差异较大,信息化处理机制及流程很难简化通用;三是一些跨部门系统间缺乏互联互通,业务流程难以贯通,“信息孤岛”现象依然存在,全过程管理体系尚难建立。

### 二、共享融合的技术基础比较薄弱

城建领域部门、行业内部以及部门、行业之间,缺少系统性关联,“信息孤岛”“系统孤岛”较多,缺少统一的空间数字底座。随着各行业各部门的深入应用,需要空间底座能够提供更加精细、更加全面的空间服务能力,如城市地理信息的智能化查询与分析、二维平面和三维立体的可视化呈现、基于物联网的城市虚拟与现实的集合,形成能够智能化识别和管理城市空间实体的深度应用。需要解决好“最先一公里”智能感知数据动态积累和“最后一公里”按需服务的问题，构建由汇聚、处理和管理三大数据区构成的时空信息大数据，统一各类结构化和非结构化数据的汇聚、存储、处理、融合和服务化。

### 三、应用场景建设数量少、应用性不强

民生需求强烈的服务场景仍然不多。建成场景服务能力有待提升。如市民供水服务场景无法满足市民及时获取用水量、水费信息等需求。燃气安全保障与优质服务等应用场景有待进一步深挖。气象服务方面，为保障上海超大城市安全运行，还需不断深挖城市运行保障场景化需求，将气象数据与城市运行保障相结合，使气象服务深入各个细分服务领域，在精准场景中发挥作用。

### 四、社会和市场主体参与数字化发展的动力不足

技术支持、政策环境、公司治理传统、成本以及人才储备等方面原因使社会主体参与渠道少，市场主体主动性不足。企业层面针对数字化业务的独立部门机构陆续成立，在技术实施层面已取得初步进展。然而，新技术未必能立竿见影带来效率提升和成本下降，甚至在部分场景中增加了企业的资金和人力投入，加大了成本负担，这直接导致了部分市场主体对数字化转型内生动力不足。

## 第三节　国内外城市数字化转型的经验和启示

国内外发达地区和城市把握信息技术发展的历史机遇，通过城市数字化转型，实现城市管理精细化、公共服务便捷化、生活环境宜居化、基础设施智能化、产业发展智慧化。

### 一、顶层设计，以数字化改革撬动社会整体变革

浙江省于 2021 年 2 月 18 日召开全省数字化改革大会，发布了《浙江省数字化改革总体方案》，全面启动浙江数字化改革。方案指出，未来 5 年内，浙江将以数字化改革撬动各领域各方面改革，运用数字化技术、数字化思维、数字

化认知对省域治理的体制机制、组织架构、方式流程、手段工具进行全方位系统性重塑,推动各地各部门流程再造、数字赋能、高效协同、整体智治,整体推动质量变革、效率变革、动力变革,高水平推进省域治理体系和治理能力现代化,争创社会主义现代化先行省。

## 二、整体协同,以数字化大力提升城市综合治理能力

### (一)助力规划管理

一是建立国家空间数据基础设施。美国在地理信息数据基础设施支柱要素的得分位列世界第一,拥有完备的国家空间数据基础设施及地形、地籍、交通、公用事业、农业、灾害管理、水温、建筑与基础设施等专题图层。美国还建立了星基增强系统、广域增强系统及高效的大地测量基础设施,在数据基础设施与治理机制上为其他国家树立了榜样。二是建设“空间智治”数字化平台。杭州市将在2021年年底前,依托全省统一的网络、数据、安全等基础支撑体系,搭建形成杭州市“空间智治”数字化平台“4 X”框架体系。三是建设城市信息模型(CIM)平台。厦门市搭建国土空间基础信息平台,定位为城市大脑的数字空间底座,其核心在于将各类城市数据汇聚至统一空间进行赋能。平台现已形成数据汇聚共享、技术赋能协同管理、知识沉淀复用、可视化全场景应用四大能力,赋能城市治理。

### (二)助力城市综合治理

杭州市运用大数据、云计算、区块链、人工智能等前沿技术推动城市管理手段、管理模式、管理理念创新,不断探索城市治理现代化工作,深化党建引领,将“城市大脑”建设、“最多跑一次”改革、基层减负增效等工作有机结合起来,不断提升基层治理现代化水平,走出了一条具有杭州特色的城市治理现代化之路。通过“数字治堵”“数字治城”“数字治疫”等应用展示,强化交通、文旅、卫健等系统治理能力,精准解决“慢、等、烦、合”等各类痛点和难点,为老百姓的城市生活提供更便捷的服务。

### (三)推动环境智慧监测

福建省按照“大平台、大整合、高共享”的集约化思路,建立全国首个省级

生态环境大数据平台，汇聚了来自省、市、县三级环保系统及部分相关厅局的业务数据，初步构建环境监测、环境监管和公众服务三大信息化体系，汇聚生态环境业务数据、物联网监测数据、互联网数据、遥感数据和数值模型计算数据五大类型数据，完善了“一企一档”，对污染源进行全过程监管。

## 三、高效便捷，以数字化大力提高民生服务水平

### （一）助力安居宜居

新冠肺炎疫情期间，为了进一步方便群众办事“零跑腿”，杭州住保房管部门适时推出了一系列“互联网+政务服务”场景应用，比如，在全国首创买房卖房“云签约”，获住建部点名推广；物业企业疫情防控补助资金上线亲清在线，实现“申请零材料、填报零字段、审批零人工、领证零上门、存档零纸件”智能“秒办”，累计兑付物业企业补助约 2.4 亿元。另外，在全国首推公租房“公证云选房”，实现了“一网发布、一端认证、一键选房、一平台协同、一体化服务”，已完成 3 481 套房源的分配等。

### （二）实现用水保障精细化

北京针对水务系统的信息化建设起步较早，建立了水务应急指挥管理平台、水务资源信息交换平台等信息化支撑手段。平台将自主研发的物联网通信芯片嵌入水表，无须人力上门，就能把用水的一切数据通过物联网传输，居民能够第一时间获取用水量、水费等信息，为居民提供了更便捷的服务。通过水务服务平台，管理人员能够实时了解居民的用水习惯，减少水费纠纷，提供更好更优质的服务；还能在发现居民家中用水异常时，进行远程阀门控制，及时止损。

### （三）提高防灾预警能级

随着大数据、云计算等技术迅猛发展，气象信息化基础设施建设不断加快，气象服务与信息化技术的快速融合，气象防灾减灾服务不断向数字化、智慧化、融入化以及基于影响的决策支持发展，气象服务平台不断向智能化“云”端化方向发展，气象服务传播渠道不断向立体化、分众化、多样化发展。美国推出了“天气就绪国家”（Weather-Ready Nation，WRN）战略构想，实施基

于影响的决策支持服务(IDSS),同步实施人工智能战略,开展基于人工智能技术的气象服务产品升级。

## 第四节　上海城市建设和管理数字化转型的路径策略

未来阶段尤其是“十四五”时期,上海要坚持以“人民城市人民建,人民城市为人民”理念为指导,把握数字化时代带来的新趋势新机遇,以数字化思维统领城市建设和治理全周期管理,以数字化方式统筹再造城建领域工作流程,以数字化技术赋能城建领域标杆及各类场景应用,形成超大城市建设和治理新路子,营造人民城市美好生活新范式,努力打造我国城市数字治理样板,向世界展现“中国之治”新境界。现就上海城市建设和管理数字化转型的路径策略提出以下初步思考。

### 一、建设基于空间地理数据的城市 CIM 底座

依托全市空间地理数据“一张图”,叠加城建领域基础数据,形成城建领域数据共享畅通的基础底座。以数字底座为支撑,全面赋能城市建设和管理复杂巨系统,强化系统集成、整体提升。

(一) 依托空间地理数据“一张图”

打造三维立体自然资源一张图,整合、集成和规范各类数据库,构建“陆地海洋相连、地上地下一体”的自然资源“一张图”数据体系。

(二) 打造城建领域 CIM 底座

基于全市统一的空间基础地理数据底图,叠加城乡建设、城市管理、房屋管理等二、三维空间数据以及相关建筑信息模型 BIM 数据,研发数据处理、转换、融合、分析和管理等关键技术,表达和管理城市三维空间;支撑城建领域业务应用,将传统城市增强为可感知的、实时动态的、虚实交互的数字孪生城市。

### 二、升级迭代城市精细化综合管理服务平台

深化融合“两张网”管理效能,建设城市精细化管理和服务平台。以

“云网端边安”一体化数据资源服务平台为载体，形成“一网通办”“一网统管”互为表里、相辅相成、融合创新的发展格局，推动管理流程革命性重塑，实现智慧城市自我学习、自我发现和自我修正的能力，维护城市整体运行安全有序。

（一）拓展“一网通办”建设

围绕企业、群众实际需求，深化“高效办成一件事”，实现“一件事”基本覆盖高频事项，构建全方位、全覆盖服务体系。升级“一网通办”平台，构建城建领域规建管一体化联审服务平台，探索建设管理领域“一件事”。建设更多“不见面”办事场景，主动服务民生和企业发展。

（二）深化“一网统管”建设

连接全市城市运行“一网统管”，以城市网格化综合管理信息平台为基础，打通跨部门跨层级指挥管理系统，升级迭代以新基建、数据、系统三大基座为基础，线上“云、数、网、端”一体贯通、线下管理流程再造的城市精细化综合管理平台。其作为城市运行“一网统管”的重要组成，助力“高效处置一件事”，到“高效管理一领域，高效管理一区域”，为城市管理数字化转型工作提供管理工具。坚持问题导向，聚焦领域高频多发、市民群众反映强烈的城市管理难点、痛点、堵点，在已有应用场景基础上，研发新的数字化解决方案，规范事件处置流程和基层管理手势，推进城市管理精细化工作向纵深发展。

（三）夯实行业“两张网”融合建设

作为精细化管理服务平台的基础支撑，加快补齐各行业系统建设现实短板，夯实行业“两张网”服务功能，建设行业管理服务中台。

## 三、打造实用、管用、好用的应用场景、系统与示范项目

着眼提升政府治理服务能力、解决民生高频急难，抓紧建设一批实用、管用、好用的应用场景、系统以及示范项目。

（一）围绕精细化治理，形成数字治理新范式

推动城市治理数字化转型，提高现代化治理效能，打造科学化、精细化、智能化的超大城市数字治理新范式。围绕城市基础设施运维、风险防控等城市

管理突出难题,建设一批跨行业、跨区域、跨部门的实战管用的应用场景,实现闭环式解决“一件事”的精细化精准化目标,形成具有城建领域特色的“场景工厂”和“算法仓”。

1. 规划管理场景

主要有:(1)自然资源三维立体一张图场景。依据数字孪生城市的建设要求,采用新型测绘技术采集相关地理信息数据,建设核心区、重点区域三维空间地理信息库,实现全区域全息、高清结构化城市信息模型。整合、规范、扩展相关数据标准,融合基础地理、规划、土地、测调、地质、登记等各类自然资源和国土空间数据,构建地上地下、陆海相连的自然资源大数据体系。初步建立空间地理数字底座标准、规范体系,包含数字底座的服务标准、数据交换标准、数据更新标准等。(2)“智慧城市与建筑”应用场景。聚焦规划资源管理重点领域,集成规划、土地、权属三个维度数据,动态反映城市与建筑的空间结构、布局形态、强化规划在城市建设中的引导作用,为推动“多规合一”“三维规划审批”“风貌建筑保护”提供支撑。

2. 行业监管场景

主要有:(1)建筑幕墙管理场景。建立“一楼一档”数据库,实现业主自查、市区巡查、定期检查鉴定和高坠隐患应急避险等闭环流程的网格化派单处置;推送疑似隐患和重要楼宇清单,为分级管理和恶劣天气应急预警提供辅助决策;开展无人机巡检、擦窗机器人辅助检查和受力感应器等智能设备在“一玻一档”和全生命周期管理中的试点运用。(2)“厂站网户”一体化排水运管场景。针对排水设施运行中存在的放江、溢流、冒溢等问题,整合排水监测、管理和运行相关信息,打造“厂、站、网、户”一体化排水运管平台,建立健全运行监管机制,保障排水设施安全高效运行,提高政府监管、协调和应急处置能力。(3)苏州河堤防风险管控场景。选择苏州河中心城区段作为实施地点,针对堤防渗漏、漫溢风险管控,着力提升视频智能监控、物联网监测感知、水位趋势分析预警等智能感知能力,实现堤防与水文、泵闸、排水等业务系统的数据交互和流程协同,建立完善的防汛墙渗漏风险防控链,实现风险管控常态化管理。(4)生活垃圾分类品质监管场景。该场景将在原有上海市垃圾分类全程监管平台1.0版的基础上，深化生活垃圾分类品质监管场景，2021年完成生活垃圾分类品质监管场景1.0版的建设。通过中转站卸车泊位的视频设备，智能识别生活垃圾分类品质。同时，结合车牌识别等技术，实现对生活垃圾分类品质的溯源管理，提高监管实效。(5)土壤污染防治监管"一网统管"应用场景。基于本市"一网统管"平台，开展土壤污染防治监管应用场景建设，实现建设用地地块土壤污染状况调查、风险评估、风险管控和修复效果评估评审工作的全过程管控，强化建设用地土壤污染风险管控。同时，通过GIS等技术加强对地块的空间分析，使建设用地污染地块数据在污染防治、城乡规划、土地利用等工作中发挥作用，并为各级规划和自然资源主管部门规划土地用途提供决策支撑，等等。

3. 行业协同场景

主要有：(1)智慧气象保障城市交通安全运行应用场景。交警和气象部门联合建设公路交通气象保障场景，受降水、大雾、大风等天气影响，公路交通事故发生率发生很大变化，继而对公路通行安全以及通行效率产生一系列影响，在这样的情况下，利用IDPS系统交通通行数据，针对影响交通出行的高影响天气，分析其影响特征，分析不同高影响天气对公路交通安全事故的影响分析，建立对应的高影响天气下公路交通安全风险预警模型，实现公路交通高影响天气监测、高影响天气风险预警、气象交通安全风险预警研判等功能，从而提升风险路段安全通行能力，实现警力、物力的科学调度。(2)智慧气象保障城市网格化管理智能应用场景。提升气象服务精细度、精准度以匹配网格化管理，开发网格巡查事件分析预测模型，一是针对城市基础设施中对温度、雨雪等气候因素敏感的部件，应用大数据分析等手段预知预警，如对暴雨来袭的雨水井盖、防汛墙，寒潮来袭的消防栓，大风来袭的广告牌、建筑附属构建等，加强巡查发现；二是针对城市环境中易受气候影响的事件，如高温天气的暴露垃圾、跨门营业、餐饮油烟扰民，大风天气的架空线坠落，寒潮天气的自来水破裂等情况，强化及时处置。辅助网格各类人员上报、缩短处置问题时间。

4. 提高管理成效场景

主要有：城管"非现场执法"场景。以"非现场执法"为突破点，在街面环境治理、建设工地管理等执法领域中开展试点探索,在此基础上全力打通智能发现、证据锁定、身份确认、整改告知、处罚决定、文书送达、罚款缴纳的全过程和各环节,不断拓展“非现场执法”覆盖执法事项,重塑执法工作流程,大力推动执法方式由人力密集型向人机交互型转变,由经验判断型向数据分析型转变,由被动处置型向主动发现型转变,形成“非现场执法”完整闭环。

5. 相关系统

主要有:(1)城市地下市政基础设施综合管理信息系统。开展城市地下市政基础设施数据库、隐患信息库、基础地理信息数据库三大数据库建设,完成地下基础设施、地下基础设施隐患、地下基础设施监测三个“一张图”等平台基础建设,建成地下市政基础设施综合管理信息平台。与CIM平台深度融合,加快推进掘路相关行政审批“一件事”,实现审批联动和信息共享,实现城市地下市政基础设施数据实时动态管理。深化地下管线、地下空间等设施数据的应用,基本满足设施规划建设、运行服务、应急救灾等工作需要。(2)建筑工地智慧监管系统。实现人员管理、安全管理、施工机械设备管理、基坑监测管理、环境监测管理和视频监控;与联审平台、建设市场管理平台、上海建工智慧工地系统等数据打通,实时获取建筑工地相关信息,全方位精细化再造工地质量安全和文明施工管控流程,为处置执法提供全过程证据,为分级管理和信用管理提供大数据分析。(3)路面塌陷风险防控预警系统。完成城市道路路面塌陷隐患风险评估,建立道路路面塌陷风险防控预警业务平台,进行城市道路路面塌陷隐患调查,城市道路路面塌陷隐患监测,预警处置结果反馈,形成道路路面塌陷风险管控的闭环管理,构建本市城市道路路面塌陷风险防控体系。(4)排污口数字化管理系统。开展入河排污口普查,建立排污口数字化身份证,开展精细化管理,同时,建立本市入海排污口和与海联通水系监管,利用GIS、5G等技术实现对本市入海排污口和与海联通水系水环境的监管,等等。

### (二)围绕“乐居上海”,塑造数字生活新生态

以场景建设为着力点,聚焦市民群众生活居住在小区所碰到的日常事、急难事、烦心事,构建完整的“一件事”服务场景,满足市民对美好生活的向往,

打造智能便捷的数字化公共服务体系，加强政府、企业、社会等各类信息系统的业务协同、数据联动。通过数字化技术，提高居住便捷度、公共服务人性化以及环境安全感。

1. 住房保障申请供应服务场景

将住房保障基础数据（存量数据）接入市精细化管理服务平台，通过平台与各区街镇服务平台对接，方便对违规行为的发现和处置；将住房保障对象数据对接孤老、残疾、重大病、失业、丧劳等特定人员信息，深入了解和掌握保障家庭情况，更好关怀服务保障家庭。

2. 小区健康度画像

综合多方数据来源，从房屋属性、房屋各主体结构、房屋附属设施等维度描述物业安全全貌。开展物业服务质量场景建设，从行业督查情况、物业服务规范、公共资金管理、物业服务“四保一态度”（保安、保洁、保绿、保修及物业服务态度）等多个维度对住宅小区服务质量进行刻画，进行时间、空间的对比分析，精准问题定位，进而达到推动物业服务质量提升的目标。

3. 加梯“一件事”应用场景

围绕既有多层住宅加装电梯“民心工程”，立足“为群众办实事”，切实解决多层住宅老人出行难题，基于“一网通办”“一网统管”智能物联服务平台，开发可应用、可推广的加梯应用场景。场景以群众高效办成加梯“一件事”为目标，以数字征询、工程建设、运维管理三个顺序流程构成电梯全生命周期管理体系，整体性完成加梯“一件事”。

## 四、提升规建管协同的城市服务能力

进一步完善城建领域各行业、各部门和各类主体协同共治的机制，提高城市运行全周期和一体化治理能级，实现超大城市的协同治理。体现上海法治政府体制机制和制度建设优势，树立上海城市数字治理样板意义。

### （一）实现城市规划管理可观可控

通过在数字孪生城市模型上仿真试错，提前了解城市特性，评估规划和建设后果，以更低的成本快速推动城市规划建设落地。以数字孪生模型为底板，构建城市虚拟化数字实体，打造规划、建设和管理全过程可视化、可模拟、可分析能力，赋能城市管理、土地规划、工程建设等“规建管”应用场景，全面提升城市规划与建设管理数字化、智能化水平，实现城市规划自动修正，城市建设全程可控，城市运行精准呈现。

### （二）实现社区综合事务处置内外联动

推动社区物业系统与城市网格化综合管理平台联动，及时互通住宅小区各项监管要求，实现信息互联互通，如住宅小区及物业管理企业的基本情况、防冻保暖、高空抛物、消防通道占用、消防龙头水压监测、防汛防台等极端天气期间的预防准备工作和灾情处置情况、行业动态巡查及其整改情况、诚信记分情况及相关数据统计等。深入了解和掌握孤老、残疾、重大病、失业、丧劳等保障家庭情况，更主动关怀和服务好弱势群体及困难家庭，全面提升社区安全性、便捷性、智慧性、共享性和居民的获得感、幸福感。

### （三）完善环境综合管理服务

第一，深化绿化市容服务，借助大数据中心赋能，围绕高频数据需求，逐项确定责任部门、数据源头、更新机制、质量标准等基本属性，提供权威高效的数据服务。完善大数据资源平台，开展行业数据资源深度梳理，不断提升数据组织的有序和健康度。第二，整合水务管理服务，以业务需求为导向，以场景应用为抓手，聚焦水务海洋行业的公司运行和行业管理的切实需求和难点，构建全要素数据体系，实现管理对象的数字化、运行状态的数字化、业务运行及流程的数字化，监管的数字化，通过数字化的转型提升整体治理水平。第三，提升生态环境监测能力，升级生态环境“神经元”感知系统建设，利用5G、大数据和智能感知传感器技术和科学观测站平台推进生态环境监测设施设备模块化发展，建立科学有效的环境质量自动监测体系，有效提高智能监测运行效率，降低对现场运维人员的能力要求和人力运行成本。

### （四）强化城市安全韧性建设

建立城建领域风险防控和应急联动机制，整体提升基础设施运行维护水平。第一，加强城市景观安全监管。基于景观招牌智能化综合管理系统，着手户外招牌监管场景开发研究，对接行政审批系统，夯实基础信息收集，提高区、街镇管理部门问题发现的及时率，对接网格化平台，强化条块整合、管执联动，提高问题处置率。第二，加强生态环境监测。强化水源地等重点领域生态环境监测，拓展生态遥感监测技术应用，培育开发遥测、无人机、无人船等新感知终端使用，不断提升对生态环境安全问题的感知发现和快速处置能力。第三，加强智慧气象保障。积极建设上海公安信息化新一代基础设施以及交警气象部门联合保障公路交通安全运行的智能场景。建立城市精细化管理气象先知系统，将气象大数据与城市管理事件数据深度融合，以大数据分析建模等信息技术和现代气象影响预报风险预警能力为基础支撑，建立气象与城市运行态势之间的大数据分析模型。开展智慧气象保障智慧城市建设各重要领域服务产品的开发，主要包括智慧气象保障城市网格化管理、智慧气象保障城市建设等智能场景应用。第四，加强民防重点服务。以应用场景建设和管理流程再造为抓手，推进重点项目建设，深化民防治理相关 BIM 模型应用和系统整合、退出民防序列的老旧工程安全管理、身边的民防工程地图查询应用、民防工程全生命周期管理等工作。

## 五、完善与数字化转型相适应的政策与制度环境

把制度建设与机制创新作为上海数字化转型重要的发力点之一。重构数字时代的管理规则，推动管理手段、管理模式、管理理念变革，加强相关制度建设。积极梳理法律法规与相关标准，探索完成已有制度的调整、完善和创新工作。

### （一）形成城建领域全面推进数字化转型的实施方案

明确转型工作推进的指导思想、基本原则、主要任务以及责任主体，提出实施的时间表和路线图以及保障措施。根据不同区域（如中心城区、九个城市副中心、五个新城等）的规划及产业特点，基于“一区一特”的原则定制布局数字化转型的内容和目标。

### （二）研究制定精细化治理法规标准和技术导则

进一步完善精细化管理标准体系，加强跨领域、跨部门、跨行业、跨层级的

协调联动,实现“线上”和“线下”的相辅相成。完善城市建设数字底座基础性功能平台以及底层数据代码的共享机制,在保证数字化信息安全的前提下,方便政府、社会、企业、市民数据信息的获取。建立数据标准化体系,提高数据开放程度,通过代码开源减轻各方在系统开发资金方面的重复投入。示范引领,研究编制五大新城等重点区域数字化转型导则,先行先试。

### (三)以政策创新引导企业实现基于数据的“决策革命”

以明确的政策化解复杂市场环境的不确定性,优化资源配置效率,构筑新型数字化能力和竞争优势。重点实施包容审慎、支持创新的监管制度,试点监管沙箱等创新支持机制,着力消除数字化转型过程中新技术、新业态、新模式发展的政策性门槛,为千行百业的数字化转型提供制度保障。

### (四)围绕数据安全、网络安全制度建设构建大安全格局

完善安全制度,制定统一的安全标准、完善的安全等级测评制度,确保信息安全工作做到全面防御、重点防护。建立健全安全检查、安全演练制度,提升安全隐患的发现能力和安全事故应急处置能力。加强数据信息资源隐私保护能力建设,强化数据加密、脱敏、封锁的规则制定和技术应用,为数据信息资源的开放利用营造良好的安全基础。

# Ⅲ

# 城市安全篇

# 第四章
# 上海市“十四五”时期应急管理体系和能力现代化建设策略

陈石灵　曹先艳*

“十三五”期间上海市坚决贯彻习近平总书记“以人为本,安全发展”的重要思想,切实加强城市安全运行,强化责任落实,创新监管模式,深化宣传教育,全面推进安全改革发展各项工作,有效防范和坚决遏制重特大事故发生,全市安全形势持续稳定好转。

2018 年 11 月 23 日,上海市应急管理局正式挂牌成立,开启了上海城市应急管理新的里程。上海市应急管理工作按照“四个放在”的要求,牢牢把握战略主动,坚持问题导向,坚持底线思维,增强忧患意识,以防范化解重大安全风险作为首要任务,围绕“改革发展持续深入,责任体系不断完善,重大风险有效防控,城市发展更加安全,安全基础扎实牢固”五项重点任务,推进应急管理体系和能力建设。

## 第一节　上海市安全生产防范治理进展与成效

### 一、上海市安全生产发展水平现状

2002 年,我国颁布《中华人民共和国安全生产法》,标志着安全生产工作进入全面规范发展时代。2006 年,国务院办公厅印发《安全生产“十一五”规划》,这是从国家层面组织编制的第一部安全生产专项规划,同年我国建立了以控制死亡人数为导向的全国生产安全事故控制指标体系并落实相关的配套

---

* 陈石灵,上海市安全生产科学研究所副所长、高级工程师,博士。曹先艳,上海市安全生产科学研究所高级工程师,博士。

政策。这一系列政策的出台对预防和减少生产安全事故发挥了重要作用。

上海市人民政府在 2006 年 8 月发布《上海市安全生产“十一五”规划》,后续又发布了“十二五”“十三五”安全生产规划。经过 2006—2020 年 3 个安全生产 5 年规划周期,上海市有效遏制生产安全事故发生,提升了安全生产总体水平,三类生产安全事故死亡总人数从 2006 年的 1 799 人下降至 2020 年的 501 人(见图 4-1),下降了 72.2%。三类生产安全事故指标呈现稳定下降的态势。2020 年上海市三类生产安全事故 457 起,事故死亡总人数 501 人(见图 4-2)。

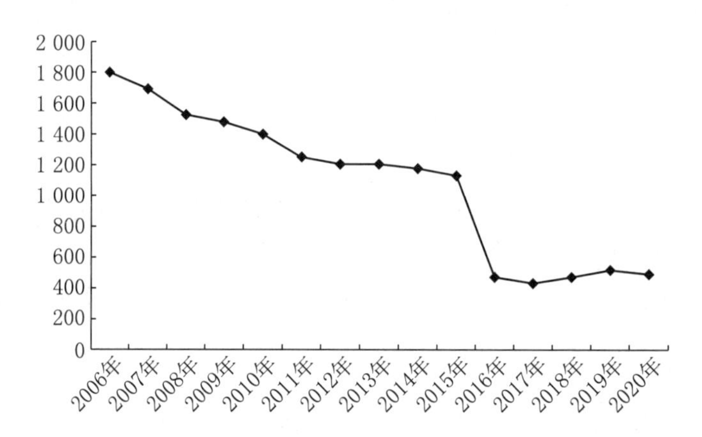


**图 4-1　2006—2020 年上海市三类生产安全事故死亡总人数统计**

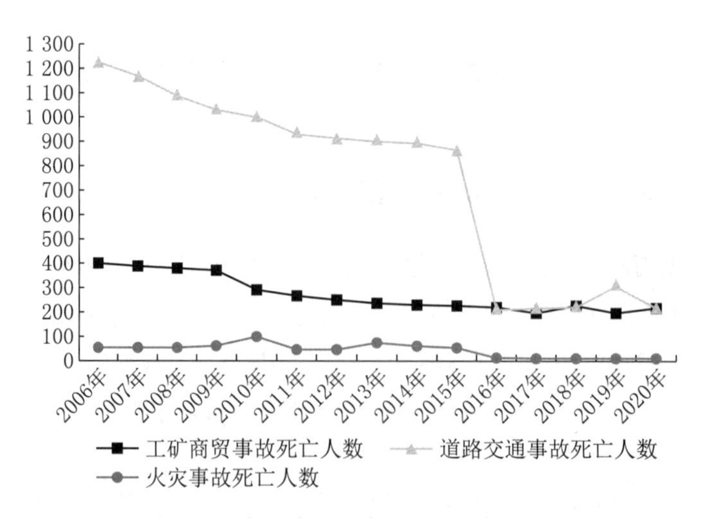


**图 4-2　2006—2020 年上海市三类生产安全事故死亡人数统计**

2006 年,上海市首次把安全生产重要指标(包括单位生产总值生产安全事故死亡人数、工矿商贸企业从业人员 10 万人死亡率)纳入了本市总体社会经济发展考核和统计指标体系中。2006—2020 年,单位生产总值生产安全事故死亡人数呈现下降趋势,从 2006 年的 0.175 下降至 2020 年的 0.013,下降了 92.6%(见图 4-3),工矿商贸企业从业人员 10 万人死亡率呈现波浪下降的趋势,从 2007 年的 3.75 下降至 2020 年的 1.625,下降了 56.7%,从图 4-4 可见,“十三五”期间,该项指标呈现波浪式下降时有微升的态势。

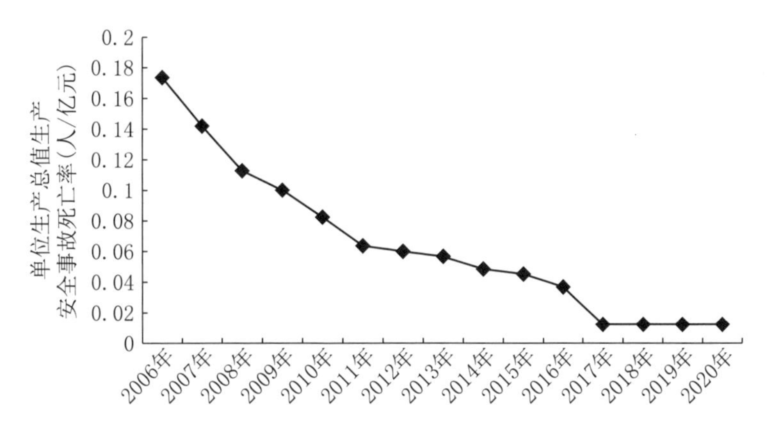


**图 4-3　上海市单位生产总值生产安全事故死亡率统计**

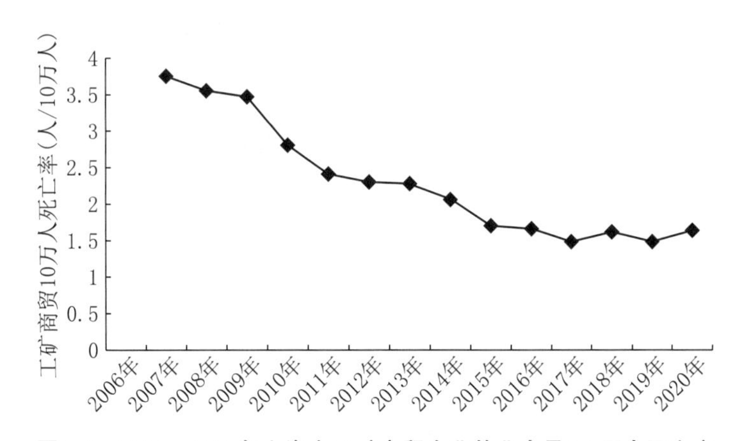


**图 4-4　2006—2020 年上海市工矿商贸企业从业人员 10 万人死亡率**

经统计,上海市生产安全事故死亡人数主要集中于工矿商贸事故、道路交通事故和火灾事故,这三种事故导致的死亡人数占全市生产安全事故死亡总人数的95%—97%。其中,工矿商贸事故死亡人数,“十二五”时期相对于“十一五”时期,均值下降了34.1%,“十三五”时期相对于“十二五”时期,均值下降了12.4%,下降幅度降低且在“十三五”时期呈现较大波动性。道路交通事故死亡人数,“十二五”时期相对于“十一五”时期,均值下降了18.2%,“十三五”时期,由于道路交通事故统计口径发生了变化,导致数据变化较大,“十三五”时期生产经营性道路交通事故死亡人数均值为241.4人。火灾事故死亡人数,“十二五”时期相对于“十一五”时期,均值下降了13.6%, 2016年该指标统计口径发生改变,导致数据变化较大,在“十三五”时期,生产经营性火灾事故死亡人数均值为9.6人。

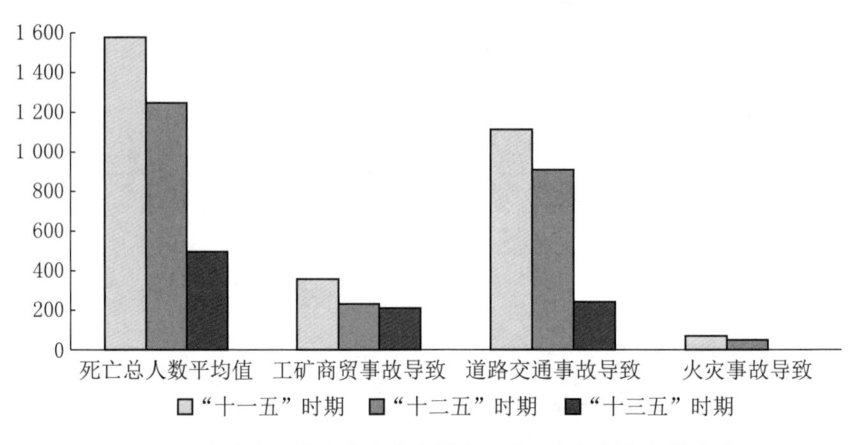


**图4-5 上海市三类生产安全事故在三个五年规划期间的变化**

从统计数据可以看出,2006—2020年上海市的安全生产形势持续稳定向好,各项指标均呈现下降趋势,但“十三五”时期,下降的趋势收窄。

## 二、“十三五”时期上海市安全生产水平

从图4-6和图4-7可以看出,上海市安全生产水平基本处于波动性平稳发展阶段,2019年生产安全事故起数和死亡人数是“十三五”时期的峰值,主要由两方面造成,一是2019年发生了重特大事故,造成死亡人数增加;二是2018

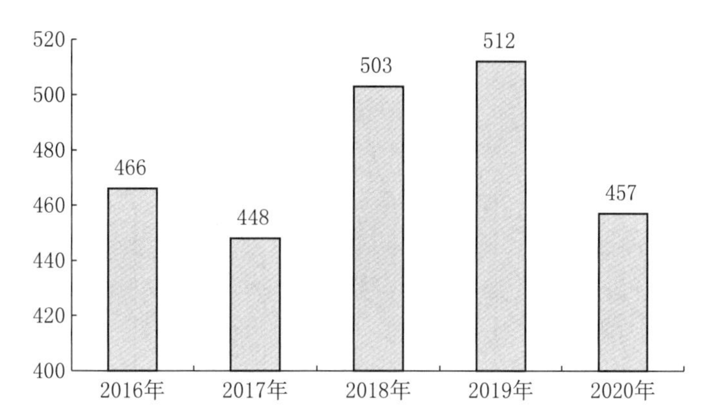


**图 4-6　“十三五”时期上海市生产安全事故起数**

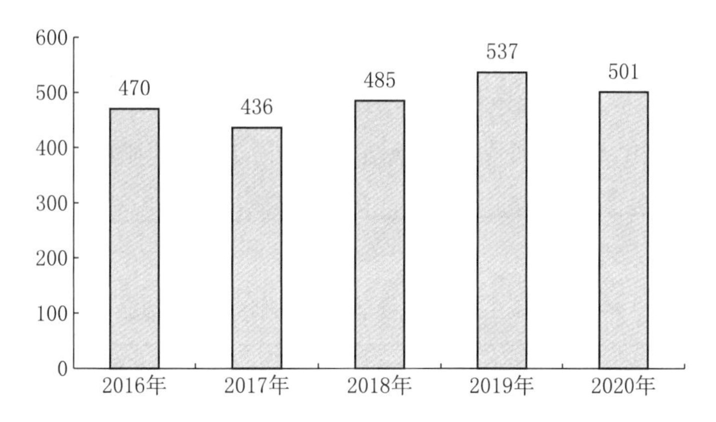


**图 4-7　“十三五”时期上海市生产安全事故死亡人数**

年起生产经营性道路交通事故统计口径扩大范围，事故起数和死亡人数相应增加。

图 4-8 数据显示工矿商贸生产安全事故死亡人数控制在 192—220 人，5 年均值约为 210 人，说明上海市工矿商贸生产安全事故控制到达瓶颈期，波动幅度相对较大，有必要深入分析工矿商贸事故产生的根源，创新探索符合新阶段发展目标的监管模式和控制方法，更好地统筹好发展和安全。

生产经营性道路交通事故死亡人数 2016—2018 年基本在 220 人/年，2018 年统计口径变化后，导致 2019 年和 2020 年该指标数发生突变，一是由于统计口径的变化；二是随着外卖和快递业务的增加，以非机动车作为工作工具

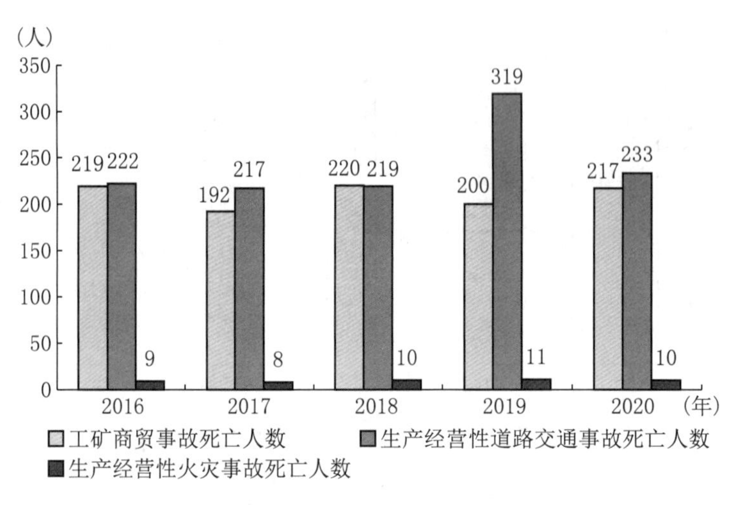


**图 4-8 “十三五”时期上海市三类生产安全事故死亡人数**

的外卖员、快递员,时常因争抢时间出现违反交通规则的行为,造成相关的非机动车事故频出,非机动车事故隐患凸显;此外,上海作为国际经济、金融、贸易、航运中心,往来上海的非本地运营车辆逐渐增多,给上海市的道路交通运营安全带来很大挑战。

**表 4-1 “十三五”时期安全生产规划指标完成情况①**

| 序号 | 指标名称 | 指标单位 | 2015 年数值 | 2016 年②数值 | 2017 年数值 | 2018 年数值 | 2019 年③数值 | 2020 年数值 | 2020 年目标 |
|---|---|---|---|---|---|---|---|---|---|
| 1 | 单位生产总值生产安全事故死亡人数 | 人/亿元 | 0.046 | 0.038 | 0.031 | 0.014 | 0.014 | 0.013 | 0.017 |
| 2 | 工矿商贸就业人员10 万人生产安全事故死亡率 | 人/10 万人 | 1.711 | 1.655 | 1.454 | 1.653 | 1.498 | 1.625 | 1.454 |
| 3 | 道路交通万车死亡率 | 人/万车 | 2.60 | 2.11 | 1.73 | 1.5 | — | 1.84 | 2.63 |

① 数据来自上海统计局网站,http://tjj.sh.gov.cn。

② 自 2016 年起,作为安全生产领域改革的重要内容之一,原安监总局对生产安全事故统计口径做出调整,例如,对以往纳入统计的非生产经营性道路交通和火灾事故(例如私家车辆间发生的道路交通事故、民居火灾等)不再纳入统计。但上海市的统计口径是从 2017 年开始调整的,2016 年仍采用原有统计口径。

③ 2018 年起,交通事故统计口径扩大范围,包含走简易程序处理的事故,以前只包含走一般程序处理的事故,因此生产经营性交通事故起数和死亡人数有较大上升。

生产经营性火灾事故造成的死亡人数基本控制在10人/年，主要发生在城市综合体、易燃易爆危险场所、“三合一”场所等。2018年全市消防大排查大整治行动中，累计排查发现“三合一”场所2.88万处，量大面广且形式多样。并且，随着电商、零售业的快速发展，导致以冷冻物流仓库、大型洁净电子厂房为代表的大跨度厂库房建筑快速增长，带动出现了“办公+仓储+住宿”的新“三合一”和库房改性出租等现象，给消防前段管控和末端处置都带来新挑战。

从统计数据可以看出，上海市目前安全生产工作仍然处于爬坡期、过坎期，虽然生产安全事故总体上呈现下降趋势，但已开始进入瓶颈期、平台期，稍有疏忽不慎，事故数量和死亡人数就存在波动的风险。

因此，“十三五”期间，随着城市快速发展，上海城市人口密度大、车辆保有量增多、城市高层建筑、轨道交通等基础设施体量大，危险性行业规模庞大，客观存在安全事故的诱因，城市安全生产形势仍较为严峻。截至2020年，上海市GDP总额达3.87万亿元，人均GDP接近16万元（折合2.47万美元），表明上海市已进入后工业化发展阶段，并逐渐过渡到信息化经济社会发展阶段，安全生产状况处于平缓发展的瓶颈期阶段，亟须研究出台新政策促使安全生产水平再上台阶。

## 三、“十三五”期间提升安全生产水平的举措

### （一）推动安全风险防控关口前移和重心下移

#### 1. 优化安全生产责任体系建设

充分发挥市安委会综合监管作用。2016年2月修订印发的《上海市安全生产委员会关于印发成员单位安全生产工作职责分工规定的通知》（沪安委会〔2016〕1号），明晰细化各单位职责。针对不同行业、领域、对象、事项的特点，由负有安全监管职责的职能部门严格实施分类监管。

督促企业落实主体责任。组织开展涉爆粉尘、危险化学品综合治理等“3+8”安全专项整治，督促企业从严规范安全生产管理。2020年2月印发《关于进一步落实企业安全生产主体责任的意见》（沪应急行规〔2020〕2号），进一步落实企业安全生产主体责任，持续加大安全生产投入，夯实安全生产基础，有效防范遏制各类生产安全事故发生，持续推进安全生产治理体系和治理

能力建设，促进上海市安全生产形势持续稳定好转。

2019年4月，市应急局会同市交通委、市住建委、市农业农村委、上海银保监局、市财政局和市地方金融监管局等部门联合印发《上海市全面推行安全生产责任保险制度工作的实施意见》（沪应急行规〔2019〕1号），充分发挥商业保险在安全生产工作中的积极作用，提升企业安全生产风险管理和技术防范水平，有效预防和减少生产安全事故的发生。

2. 推进安全生产领域改革

根据《中共中央　国务院关于推进安全生产领域改革发展意见》，2017年9月18日发布《中共上海市委　上海市人民政府关于本市深化安全生产领域改革发展的实施意见》（沪委发〔2017〕21号），从“健全落实安全生产责任体系，理顺安全监管体制，提升安全生产治理能力，建立安全预防控制体系，健全社会化服务体系，加强基础保障能力建设”六个方面，提出了上海市安全生产领域全面改革发展各项举措细化落实的要求。

推进双重预防机制建设，根据国务院安委会标本兼治遏制重特大事故的工作指南，落实把安全风险管控挺在隐患前面、把隐患排查治理挺在事故前面的文件精神，2019年5月，上海市印发《上海市企业安全风险分级管控实施指南》（沪应急行规〔2019〕2号），全面推进安全生产防控体系建设，不断提升企业安全管理水平和自主管理能力。

3. 推进“安全发展示范城市”创建

2019年，上海市印发《上海市推进城市安全发展的工作措施》，将城市安全发展纳入巡查考核和督查督办的重要内容，鼓励引导社会服务机构、公益组织和志愿者参与推进城市安全发展。2020年，组织黄浦区、徐汇区、闵行区、松江区四个区创建国家安全发展示范城市。

4. 开展安全生产专项整治三年行动

2020年，根据《上海市安全生产专项整治三年行动实施方案》，组建工作专班，构建“1+2+9+N”动态方案体系。完善和落实安全生产责任和管理制度，健全落实党政同责、一岗双责、齐抓共管、失职追责的安全生产责任制，强化党委、政府领导责任、部门监管责任和企业主体责任；建立公共安全隐患排查和安全预防控制体系，推进安全生产由企业被动接受监管向主动加强管理转变、安全风险管控由政府推动为主向企业自主开展转变、隐患排查治理由部门行政执法为主向企业日常自查自纠转变；完善安全生产体制机制法制，推进安全生产和城市运行安全领域“一网统管”“一网通办”工程，大力推动科技创新，持续加强基础建设，全面提升本质安全水平。重点分 2 个专题和 9 个行业领域深入推动实施。

（二）完善安全生产政策法规体系

2016—2020 年，上海市不断通过政策法规对安全生产进行规范引导，加强市安全生产管理工作的顶层设计，提升风险防控能力。

**表 4-2　“十三五”时期安全生产方面的政策法规**

| 序号 | 名　　称 | 时　间 | 要　　点 |
|---|---|---|---|
| 1 | 《上海市禁止、限制和控制危险化学品目录（第三批第一版）》 | 2016 年 6 月 20 日 | 落实危险化学品的安全监管职责 |
| 2 | 《上海市轨道交通运营安全管理规定》 | 2016 年 6 月 21 日 | 从注重道路交通安全管理转变为道路交通管理和执法的整体设计，强化轨道交通运营的安全保障和安全运营管理，推进综合治理 |
| 3 | 《上海市道路交通管理条例》 | 2016 年 7 月 24 日 | |
| 4 | 《上海市危险化学品安全管理办法》 | 2016 年 9 月 5 日 | 加强危险化学品的安全管理 |
| 5 | 《上海市危险化学品安全综合治理实施方案》 | 2017 年 4 月 5 日 | 推动有效落实危险化学品企业安全生产主体责任，遏制重特大事故 |
| 6 | 《关于本市深化安全生产领域改革发展的实施意见》 | 2017 年 9 月 18 日 | 从 6 个方面全面提出本市安全生产领域改革发展举措和各项措施细化落实的要求 |
| 7 | 《上海市实施〈生产安全事故报告和调查处理条例〉的若干规定》 | 2018 年 5 月 2 日 | 明确了上海市生产安全事故调查处理的具体分工和程序 |
| 8 | 《上海市全面推行安全生产责任保险制度工作的实施意见》 | 2019 年 2 月 25 日 | 充分发挥商业保险在安全生产工作中的积极作用 |
| 9 | 《上海市企业安全风险分级管控实施指南》 | 2019 年 5 月 24 日 | 推进企业安全风险防控体系建设 |
| 10 | 《关于进一步全面落实企业安全生产主体责任的意见》 | 2020 年 2 月 9 日 | 持续推进落实企业的主体责任 |
| 11 | 《上海市危险化学品和工贸行业领域安全生产责任保险实施办法》 | 2020 年 2 月 21 日 | 进一步推广安全生产责任保险在安全生产领域的使用 |
| 12 | 《上海市消防条例》 | 2020 年 3 月 19 日 | 鼓励消防科学技术研究和创新，明确消防工作的责任主体 |

### (三) 完善安全生产应急预案体系

应急预案编制是应急管理体系建设的起点。应急预案是有力、有序、有效应对突发事件的工作方案,其针对性、有效性直接影响应对处置突发事件的成效。2006年,上海市编制了《上海市处置突发公共事件总体应急预案》,建立横向到边、纵向到底、网格化、全覆盖的应急预案体系。上海市现有市级应急预案66项,其中总体应急预案1项,专项应急预案59项,应急管理单元应急预案6项。2019年7月11日,应急管理部公布《应急管理部关于修改〈生产安全事故应急预案管理办法〉的决定》,对应急预案的编制和修订提出了新的要求。

“十三五”期间以“突出实战,服务时效”为工作思路,积极推进预案修订完善工作,共修订预案14项,并积极推进预案数字化建设,确保应急预案的结构合理、权责明晰、运行顺畅。上海市安全生产类市级专项应急预案共23项,其中已修订的安全生产类应急预案见表4-3。

**表4-3 “十三五”时期修订的安全生产类应急预案**

| 序号 | 应急预案名称 | 文　号 |
|---|---|---|
| 1 | 上海市生产安全事故灾难专项应急预案 | 沪府办〔2017〕70号 |
| 2 | 上海市处置危险化学品事故应急预案 | 沪府办〔2017〕78号 |
| 3 | 上海市处置森林火灾应急预案 | 沪森防指〔2021〕1号 |
| 4 | 上海市处置轨道交通运营突发事件应急预案 | 沪交轨〔2020〕109号 |
| 5 | 本市建立轨道交通车站应对大客流“四长联动”应急处置机制方案 | 沪府办〔2017〕2号 |
| 6 | 上海市处置桥梁隧道运行事故应急预案 | 沪府办〔2016〕34号 |
| 7 | 上海市处置燃气事故应急预案 | 沪府办〔2016〕71号 |
| 8 | 上海市处置建设工程事故应急预案 | 沪府办〔2018〕56号 |
| 9 | 上海市地下空间突发事件应急预案 | 沪府办〔2017〕68号 |
| 10 | 上海市石油天然气管道突发事件应急预案 | 沪府办〔2017〕42号 |
| 11 | 上海市处置道路交通事故应急预案 | 沪府办〔2016〕14号 |
| 12 | 上海市大面积停电事件应急预案 | 沪府办〔2017〕48号 |
| 13 | 上海海上船舶污染事故专项应急预案 | 沪府办〔2017〕63号 |
| 14 | 上海市突发环境事件应急预案 | 沪府办〔2016〕95号 |

《上海市突发事件总体应急预案》也启动了相关修订工作,计划2021年年底完成修订。

# 第二节　上海自然灾害防范治理成效进展

## 一、上海市的自然灾害种类

上海地处太平洋西岸、亚洲大陆东沿，属于亚热带季风气候，受冷暖空气交替作用明显，容易遭受自然灾害的侵袭。随着全球气候持续变暖和城市化进程加快，有可能引发狂风、暴雨、天文大潮等自然灾害叠加出现的“三碰头”现象，这对海拔低、排水强度受限的上海来说，将对城市的运行、安全生产造成巨大威胁。

据上海市气象局统计，上海市气象灾害占自然灾害总量的90%以上。近年来，气象灾害主要表现为台风频发，潮位趋高、暴雨极化、上游水位抬升等特征，而且伴随着风、暴、潮、洪叠加的多发性特征。作为台风高发区，上海每年都会受到台风登陆的间接影响，也有过几次直接侵袭，台风可谓是上海地区威胁最大的最常见自然灾害。另外，暴雨多发也是上海的气候特征之一。随着厄尔尼诺、拉尼娜、全球变暖因素的叠加影响，上海暴雨呈突发性、强降雨、局部性、历时短等特征，降雨量在100毫米左右的暴雨并不少见。上海主要自然灾害类型见表4-4。

**表4-4　上海市自然灾害种类简介**

| 序号 | 自然灾害 | 简　　介 |
| --- | --- | --- |
| 1 | 台风 | 受太平洋热带气旋的影响，台风是上海地区最大的自然灾害威胁 |
| 2 | 暴雨 | 上海市年均降雨量超过1 000毫米，由于地势低洼，易造成内涝、田地被淹等 |
| 3 | 风暴潮 | 台风引起的风暴潮，对海塘、堤坝和内河防汛等造成严重破坏 |
| 4 | 赤潮 | 多发于长江口附近海域，严重破坏海洋生物资源，威胁人体健康和生命安全 |
| 5 | 浓雾 | 受城市热岛效应和大气环境等因素影响，浓雾天气有增多趋势，影响交通运输安全 |
| 6 | 高温 | 上海高温天气年均9天左右，影响城市供水、供电、室外作业、市民生活和农业生产 |
| 7 | 地质灾害 | 地面沉降为主，目前年均沉降控制在6毫米内，需特别关注施工区域的防止沉降的措施 |

## 二、“十三五”期间上海市的自然灾害状况①

2016 年上海市暴雨天数为 5 天,造成上海两大机场 900 多个航班延误、取消或备降其他机场。9 月 15 日的台风“莫兰蒂”,风力达到 15 级,致使全市 4 579 人受灾,农作物受灾面积 31.1 平方千米,绝收面积 6.3 平方千米,直接经济损失 2 389 万元。

2017 年上海市暴雨天数为 3 天,造成 19 人受灾,紧急转移安置 15 人,直接经济损失 14 万元,道路积水最深处超过 120 毫米。9 月 14 日的台风“泰利”,风力 10 级,造成 3 辆轿车被砸,有树木被刮倒影响车道通行。

2018 年上海市暴雨天数为 4 天,造成 70 多条马路、80 多处房屋、10 多个小区积水。7 月的台风“安比”“玛莉亚”,8 月的台风“云雀”“摩羯”“温比亚”和 9 月的台风“康妮”,登陆时风力分别为 10 级、14 级、13 级、10 级、9 级和 11 级,共造成 391 026 人受灾,直接经济损失超过 9 000 万元。

2019 年上海市暴雨天数为 7 天,主要出现在汛期(6 月 1 日—9 月 30 日)。2019 年的“利奇马”台风是当年登陆中国最强的台风,路上滞留时间长,在中国陆上强度维持在热带风暴及以上级别的滞留时间长达 44 小时,滞留时间长度为自 1949 年以来的第六位。另外,其风雨强度大、影响范围广、灾害影响重。全城普降暴雨到大暴雨,过程雨量大部分地区为 150—250 毫米,主要集中在奉贤、闵行、金山、浦东等区域。造成 24 平方千米农田受淹,3.2 万株树木倒伏,485 条/段道路积水,70 处下立交积水,603 个小区积水,194 条电力线路中断,70 个店铺招牌坠落。

2020 年上海市暴雨天数共 6 天,主要出现在 6 月初至 7 月中旬。暴雨导致 410 余处房屋进水、164 余个小区积水、380 余处道路积水、210 余辆车抛锚进水、农田受淹 57.33 平方千米。2020 年的“黑格比”台风,上海局部地区遭受超强降雨,积水最深的达 120 厘米,部分交通受到影响。

从统计受到台风影响的设施和损失来看,随着城市化进程的不断发展,基

---

① 孙建平主编:《上海城市运行安全发展报告(2019—2020 年)》,同济大学出版社 2021 年版。

础建设设施增加，交通枢纽的客运人次增多，港口吞吐量上升，道路面积扩大，机动车保有量增加，城市在面对台风等自然灾害时的动态风险客观上有所升高。

## 三、“十三五”期间的重点灾害和损失

2016—2020 年，气象水文灾害对上海市造成不小的直接经济损失。如 2016 年的台风“莫兰蒂”，2018 年的台风“安比”“云雀”“温比亚”和“摩羯”，2019 年的台风“利奇马”和 2020 年的台风“黑格比”等（详见表 4-5）。统计表明，2016—2020 年，气象灾害造成的直接经济损失和受灾人数整体呈现上升趋势。值得一提的是，虽然近几年台风造成的影响增大，受灾人口增多，但总体经济损失在减少，表明上海市气象灾害防治工作卓有成效（详见图 4-9）。

**表 4-5　“十三五”期间上海市由台风造成的灾害情况**

<table>
<tr><th colspan="2">时　间</th><th>台风名称</th><th>影　响</th></tr>
<tr><td>2016 年</td><td>9 月 15 日</td><td>莫兰蒂</td><td>上海市受灾人数为 4 579 人，倒塌房屋 3 间，农作物受灾面积达 31.1 平方千米，绝收面积为 6.3 平方千米，直接经济损失为2 389 万元</td></tr>
<tr><td>2017 年</td><td>9 月 14 日</td><td>泰利</td><td>大风造成 3 辆轿车被砸，1 棵大树被刮倒，影响 2 根车道通行</td></tr>
<tr><td rowspan="4">2018 年</td><td>7 月 21 日</td><td>安比</td><td rowspan="4">共计造成 391 026 人受灾，紧急转移安置 369 976 人，农作物受灾面积达 73.814 平方千米，其中成灾面积为 29.788 平方千米，绝收面积为 0.242 平方千米；暴雨造成 50 多条道路和 10 多个小区房屋积水，10 多辆车抛锚；上海两大机场延误取消航班 2 300 多架次；直接经济损失 9 033.7 万元</td></tr>
<tr><td>8 月 3 日</td><td>云雀</td></tr>
<tr><td>8 月 13 日</td><td>摩羯</td></tr>
<tr><td>8 月 17 日</td><td>温比亚</td></tr>
<tr><td rowspan="2">2019 年</td><td>8 月 9 日</td><td>利奇马</td><td rowspan="2">上海市受灾人口为 18.9 万人，紧急转移安置 15.9 万人，农作物受灾面积达 90 平方千米；台风带来的暴雨造成积水 1 300 多处，209 条电力线路中断，大风还吹坏广告牌、信号灯等近 280 个；上海两大机场共取消航班 3 000 多架次</td></tr>
<tr><td>10 月 1 日</td><td>米娜</td></tr>
<tr><td>2020 年</td><td>8 月 4 日</td><td>黑格比</td><td>上海市紧急转移安置 73 人，农作物受灾面积为 860 平方千米；暴雨还影响 200 多条道路的交通，造成 125 起供电线路故障；上海两大机场共取消和延误航班 260 余架次</td></tr>
</table>

需要重视的是，在全球变暖和城市化双重影响下，上海平均气温上升，城市热岛效应显著。1873—2015 年，上海年平均气温总体上呈明显上升趋势，平均每 10 年升高 0.16 ℃，1990 年年末以来，升温趋势尤其显著。2019 年上海市全市平均气温 17.3 ℃，比常年偏高 1 ℃；2020 年上海市平均气温显著偏

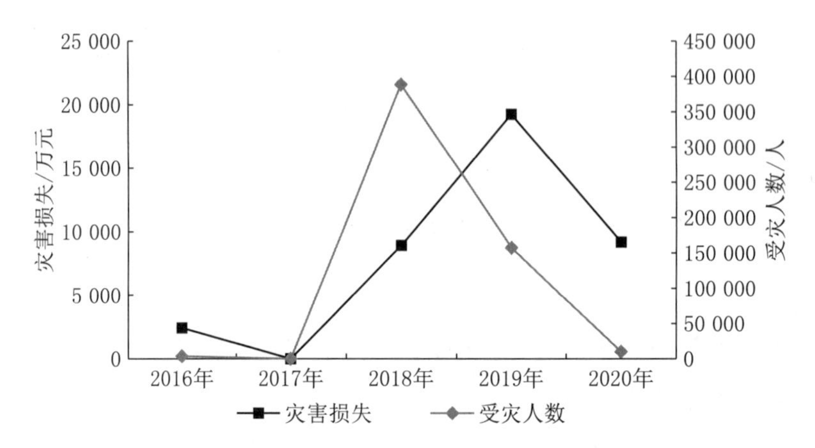


**图 4-9　上海市“十三五”时期自然灾害受灾人数和灾害损失**

高,为 17.6 ℃,仅次于 1961 年。

## 四、自然灾害防控的举措

### (一) 自然灾害防范应对的顶层设计①

为强化防范应对自然灾害的综合协调,进一步形成统一协调、部门联动、组织有力、协同有序、高效科学的防范应对机制,2020 年 9 月,成立了市级专项议事协调机构“上海市自然灾害防治委员会”(以下简称“市灾防委”),主任由市长担任,副主任由分管副市长担任。市灾防委工作原则是党委领导、政府主导,分级负责、属地管理,多方参与、协同联动。市灾防委办公室设在市应急局,负责统筹指导、综合协调全市自然灾害防灾减灾工作,不代替市政府有关职能部门的防灾减灾救灾管理职责。

市灾防委成立后,推动实施自然灾害防治 10 项重点工程;按照国家及上海市第一次自然灾害综合风险普查工作部署要求,组织开展市普查实施方案的编制论证、地方规范编制、总体技术培训以及上海市普查软件系统的开发建设和部署;认真落实长三角区域应急管理专题合作机制,精心筹办好长三角国际应急减灾和救援博览会,组织开展成果展示、高峰论坛、分项专业论坛等系

① 资料来源:上海市应急管理局,http://yjglj.sh.gov.cn。

列活动，围绕自然灾害、安全生产两类突发事件，协同组织上海市第一次综合应急演练和2021长三角一体化综合应急演练；推进“5+8+11+N”的市级应急物资储备和装备保障体系建设。编制《公众应对新冠肺炎疫情与企业复工复产防护指引》多媒体片，建立防灾减灾知识专题资源库，开展“5·12”防灾减灾日活动，推进防灾减灾科普宣传教育。

### （二）完善自然灾害的法规体系

防灾减灾关联多方面工作，包括政策制定、应急预案编制、物资/设备/人力等储备投入、社会知识宣传教育等。在自然灾害依法规范方面，上海市结合国家的相关政策，在“十三五”期间制定了一系列的法规和规范。详见表4-6。

**表4-6　“十三五”期间上海市发布的有关自然灾害的法规和规范**

| 序号 | 发布机构 | 名　称 | 发布时间 | 简　介 |
| --- | --- | --- | --- | --- |
| 1 | 上海市人民政府 | 《上海市气象灾害防御办法》（沪府令〔2017〕51号） | 2017年3月 | 加强气象灾害的防御，避免、减轻气象灾害造成的损失，保障人民生命财产安全 |
| 2 | 上海市人民政府 | 《上海市气象灾害预警信号发布与传播规定》（沪府规〔2019〕19号） | 2019年4月 | 规范上海市自然灾害预警信号发布与传播工作，提高气象灾害预警信号使用效率，有效应对灾害性天气，降低气象灾害损失 |
| 3 | 上海市人民代表大会常务委员会 | 《上海市防汛条例》 | 2017年11月 | 加强上海市的防汛工作，维护人民生命和财产安全，保障经济建设顺利进行 |
| 4 | 上海市人民代表大会常务委员会 | 《上海市河道管理条例》 | 2018年12月 | 为了加强河道管理，保障防汛安全，改善城乡水环境，发挥江河湖泊的综合效益 |
| 5 | 上海市气象局 | 《上海市雷电防护装置监测单位监督管理办法》 | 2020年5月 | 理顺了防雷资质管理领域的内容、规则、要求、规范等 |
| 6 | 上海市人民政府 | 《上海市建设工程抗震设防管理办法》 | 2018年12月 | 为了加强上海市建设工程抗震设防的管理，防御和减轻地震灾害，进行办法修订 |
| 7 | 上海市人民代表大会常务委员会 | 《上海市实施〈中华人民共和国防震减灾法〉办法》 | 2018年12月 | 为了防御和减轻地震灾害，保护人民生命和财产安全，促进经济社会的可持续发展 |
| 8 | 上海市人民政府 | 《关于提升我市自然灾害防治能力的意见》 | 2020年12月 | 完善防灾减灾救灾体制机制，全面提升防灾减灾救灾能力 |

### (三)完善自然灾害应急预案体系

上海市关于自然灾害防治的市级专项应急预案共有7项,关于自然灾害应对保障的应急预案共12项,结合2018年机构改革、部门职能的调整,上海市对与自然灾害相关的市级专项应急预案进行了及时修订完善,截至2020年年底,共修订了7项(详见表4-7)。

**表4-7 “十三五”期间上海市修订的与自然灾害相关的市级专项应急预案**

| 序　号 | 应急预案名称 | 文　　号 |
| --- | --- | --- |
| 1 | 《上海市防汛防台专项应急预案》 | 沪府办〔2017〕34号 |
| 2 | 《上海市空气重污染专项应急预案》 | 沪府办〔2018〕36号 |
| 3 | 《上海市应对雨雪冰冻灾害专项应急预案》 | 沪府办〔2020〕13号 |
| 4 | 《上海市自然灾害救助应急预案》 | 沪府办〔2016〕101号 |
| 5 | 《上海市粮食专项应急预案》 | 沪府办〔2018〕1号 |
| 6 | 《上海海上搜救应急预案》 | 沪府办〔2017〕21号 |
| 7 | 《上海市通信保障专项应急预案》 | 沪府办〔2018〕19号 |

### (四)全国综合减灾示范社区创建

社区作为社会基本单元,是防灾减灾救灾工作的前沿阵地;社区居民是灾害的最直接承受者,更是应对灾害的第一响应人。2007年以来,国家减灾委、民政部以提升城乡基层社区的综合减灾能力建设为重点,组织开展全国综合减灾示范社区创建活动。上海市把示范社区创建工作作为创新防灾减灾工作思路、整合防灾减灾公共资源、提高基层防灾减灾能力、构筑城乡防灾减灾格局的重要抓手,引导并带动城乡社区在识别评估灾害风险基础上,积极组织开展社区减灾宣传教育与培训,推进社区综合减灾设施、装备以及应急避难场所建设,动员社会力量广泛参与社区减灾活动,社会公众防灾减灾意识不断提高,社区综合减灾能力得到进一步增强。

2007年,民政部印发《“减灾示范社区”标准》(民函〔2007〕270号),提出创建示范社区的基本条件和主要内容。2008年,国家减灾委、民政部首次命名示范社区,此后分年度组织开展示范社区的推荐、评选和命名工作。在“十一五”期间,全国共命名1 562个示范社区;2011年11月,国务院办公厅印发

《国家综合防灾减灾规划(2011—2015年)》(国办发〔2011〕55号),提出“十二五”时期创建5 000个示范社区的总体目标,在“十二五”期间共命名6 551个示范社区;“十三五”时期确定的总体目标是5 000个,在“十三五”期间共命名6 398个示范社区;“十四五”时期确定的总体目标是3 000个。

上海市的“全国综合减灾示范社区”创建工作从2009年开始。到“十一五”期末,上海市的“全国综合减灾示范社区”共49个,《上海市民政事业发展“十二五”规划》制定了新增150个示范社区的目标;“十二五”期间,上海市共创建“全国综合减灾示范社区”163个;“十三五”期间,《上海民政防灾减灾“十三五”规划》制定了新创160个示范社区的目标,其中2016年命名了44个,2017年命名了20个,2018年命名了34个,2019年命名了36个,2020年命名了35个。截至2020年,上海市共创建381个“全国综合减灾示范社区”,有效发挥了社区在防灾减灾工作中的主体作用,推动全社会共同参与防灾减灾工作。

在安全发展示范城市、安全城市和国家综合减灾示范社区创建等办法相继出台的背景下,为集约化统筹推进安全发展和综合减灾示范创建的管理工作,上海市正研究制定《上海市安全发展和综合减灾示范创建工作管理办法》,按照“重视基层、自下而上、择优推荐”的原则,以每年一度评选上海市安全发展和综合减灾示范社区为基础,从中择优推荐申报创建全国综合减灾示范社区,优先推荐较高比例创成示范社区的行政区申报创建国家安全发展示范城市,更加有效地提升基层应急管理体系和能力现代化水平。

## 第三节 新时期上海应急管理体系建设面临的问题与挑战

党的十八大以来,以习近平总书记为核心的党中央顺应时代发展要求,立足以人民为中心的安全发展理念,提出应急管理是国家治理体系和治理能力的重要组成部分,做出了一系列应急管理重大决策,指明了新时代应急管理事业的发展方向。“十三五”期间,上海坚决贯彻落实党中央、国务院有关应急管理的决策部署,全面贯彻落实中共中央、国务院《关于推进安全生产领域改革发展的意见》《关于推进防灾减灾救灾体制机制改革的意见》《关于推进城市安全发展的意见》以及相关法律法规的各项要求,牢固树立安全发展、灾害风险管理和综合防灾减灾救灾理念,把防范化解城市重大安全风险和提升全民防灾减灾意识放在突出位置,提升了本市安全生产治理能力和抵御自然灾害的综合防范能力。上海市安全生产、防灾减灾救灾、抢险救援等应急管理工作整体向好,为下一步发展奠定了基础。“十三五”期间,上海市应急管理工作虽已取得明显成效,但与超大城市应急治理体系和能力现代化的客观要求仍差距较大。

## 一、存在的主要问题

### (一)应急管理权威高效的统筹协调功能发挥不足

组建应急管理部门的初衷是破除“九龙治水”格局,形成“优化协同高效”化学反应。难点问题在于:

第一,应急管理的体系化建设涉及政府层级、部门条块和社会主体各个方面,且自然灾害、事故灾难等各类突发事件的关联性、耦合性越来越强,实际工作中如何重构重建应急管理体制机制并形成“化学反应”,仍需要一个逐步从模糊到清晰、从摸索到实践的改革渐进过程。

第二,应急管理在体系上依然存在条块分割、信息沟通不畅、资源难以整合、协调力度不够、重复建设等问题,需要进一步理顺安全生产、防灾减灾、消防三大领域之间的内在关系,逐步形成事前、事中、事后应急链条环节贯穿的综合效应。

第三,目前应急管理在内涵外延、职责范围、方式方法仍需探究更加清晰的定位,对照统一指挥、专常兼备、反应灵敏、上下联动的应急管理体系和应急能力建设的要求差距还不小,亟须在发展方向上汇聚众智来布局谋篇。

### (二)灾害事故风险的综合防控能效不足

应急管理现代化的核心之一是加强风险防范工作,通过化解或减缓各种风险及其危害,提升人民群众的安全感、幸福感、获得感。但目前在安全生产、自然灾害领域,风险防控体系建设均存在缺失,主要问题在于:

1. 风险分级管控和隐患排查治理双重预防机制体系性不够

上海极端天气多发频发，自然灾害突发性、异常性和复杂性加剧，同时作为超大型城市，人口等资源快速、高度集聚带来各种传统和新型灾害的暴露度、脆弱性显著加大，但目前对风险的内生性、泛在性和系统性还缺乏全面的认识，对涉及多领域、多层次的城市运行风险的认知尚不全面，对复合型灾害和灾害链的理论研究、政策工具、经验积累和技术储备、力量配备明显不足，很大程度制约了“双控”机制的体系化全面推广。

2. 风险防范的责任有待进一步压实

灾害事故风险防范工作分散在各个政府专业部门、企业和社区乡镇，在欠缺体系化的风险综合防控实践背景下，多领域、多层级的风险防控责任难以落细落实。在安全生产领域，还存在企业落实主体责任内生动力不足的突出问题。

3. 风险感知的科学化水平有待提升

5G、区块链、物联网、大数据等先进技术发展很快，但在风险智能动态感知方面的应用总体偏弱、发展不均衡。上海城市运行风险面广量大，需要长期地、动态地去感知监测，但综合防灾、安全生产等领域还比较普遍地依赖人工“体检”，未能形成诸如城市生命体征指数、企业安全风险指数等基于智能感知的风险动态防控。此外，风险综合监测预警在物联感知神经元统筹布设、智能系统综合开发、监测数据共享应用等方面还存在协同困难的问题。

（三）应急综合救援体系的建设成效不足

应急管理必须坚持底线思维，做好随时应对各类灾害事故，甚至同时应对多场重特大灾害事故的应急准备。但目前在安全生产、自然灾害领域，均面临应急救援体系协同权威高效明显不足的问题，在指挥机制、预案管理等方面还未能形成体系化的聚势效应。主要问题表现在：

1. 应急救援指挥机制不够顺畅

应急部门定位不够明确，综合协调力度相对弱化；应急指挥处置流程不清晰；应急指挥与处置现场缺乏统筹管理；应急信息的传导响应机制不健全；应急指挥人员的综合能力仍欠缺。这种现状与构建统一领导、权威高效应急指挥体系的机构改革要求还有不少差距。

2. 部门间应急救援职责关系有待进一步梳理

应急状态下的纵向、横向联动响应关系远比正常状态复杂,对合作机制的要求极高,但目前应急指挥和处置的组织架构还不够明确,尚未形成“统筹协调、统一调度”的应急指挥体系。

3. 预案的体系性、可操作性有待进一步加强

伴随着应急管理机构调整,应急管理领导机构和救援力量指挥调度方式相应发生形式、内容上的深刻变化,目前应急预案体系重构尚未适应新的体系化要求。预案重形式轻内容的“模版抄编”现象依然存在;特定应急情境下关联预案之间的协同性还较弱,灾种综合类的预案还较欠缺;预案编制与风险分析评估的结合度较差,甚至缺乏风险综合评估的前提基础;预案的智能化场景应用还处于起步探索阶段,预案根据推演或者实际情形变化的动态完善机制还不充分,等等,这些现状均会影响到预案的精准性、实操性。

(四)应急管理基础能力建设方面存在不足

从安全生产、自然灾害领域和突发事件事前、事中、事后三个环节来看,总体上存在应急管理基础能力仍亟待加强的共同问题。

1. 队伍建设方面存在短板

应急救援队伍的建设与构建“全灾种、大应急”的应急救援力量体系还有较大差距,难以适应上海城市安全的发展目标;应对重大突发事件,往往需要多种形式的应急救援力量相互支撑、配合作战,但这方面的应急队伍的体系建设还较薄弱;对关系城市运行安全的水电气热、道路、运输等专业救援队伍建设标准还缺乏统一要求;社会力量的应急救援队伍在发展上还存在一定的政策瓶颈。

2. 应急管理队伍人员结构与素质问题

应急贯穿事前、事中、事后三个应急管理环节,要求应急管理人员具有较好的部门间统筹协调能力、社会面的组织动员能力以及专业能力,但目前应急干部队伍在相应的结构和素质方面存在明显的短板,不利于发挥应急管理机构的综合优势。

3. 应急装备配备问题

未形成应急装备标准执行、检测评估、财政支持等全面制度性规范。新兴智能化技术应用较少，缺乏针对应急综合救援需求的装备技术攻关项目和成果应用，在深入挖掘应急管理科技项目、开展专业装备技术攻关、推广应用装备革新成果等方面仍较欠缺，尚未形成企业积极投入应急装备研发生产的产业氛围。

4. 应急物资保障问题

应急物资储备缺乏整体统筹，应急救灾物资缺乏配置标准，部门间缺乏横向物资交叉配置，同类物资重复储备情况较为突出；有的物资储备形式单一，维护保养不充分，缺乏轮换退出保障机制，导致应急资源集约优势没有真正体现。

5. 应急技术能力不足问题

对如何更有效地发挥科技信息化作用、推动应急管理科研成果向实践转化的认识还有差距。市区两级对提高信息技术、运用创新技术推动应急管理高质量发展的意识不强，资金投入没有保障。

6. 社会公众应急意识不强的问题

意识理念的科学性是城市运行安全内在动力的基础，公众应急意识缺乏则很难实现城市的长治久安。但目前在公众的“大安全氛围”、企业的“大安全文化”、政府的“大系统应急”方面远未形成意识合力和上海的“大应急文化”，主要体现在：社区应急管理组织力还不强，需要形成统筹推进机制；公众安全意识还较淡，需要广泛深入普及应急理念；市民自救互救能力较弱，需要不断强化应急技能。

7. 共建共治共享不足的问题

多元主体在应急管理中的作用没有得到充分发挥，政府主导、市场主体、社会参与的开放性、系统化的多元共治的综合治理体系尚未建成，应急管理行业引领和自律的市场化机制尚未充分发挥作用，社会组织参与应急管理的能力整体偏弱，保险机制等手段在应急管理方面的作用有待提高，政府引导社会力量有序参与应急管理工作的相关配套制度有待加强。

## 二、“十四五”时期面临的主要挑战

上海作为超大城市具有复杂巨系统特征,人口、各类建筑、经济要素和重要基础设施高度密集,致灾因素呈现叠加现象,一旦发生自然灾害和事故灾难,就可能引发连锁反应,形成灾害链。同时,传统风险、转型风险和新的风险复杂交织。一方面,城市老旧基础设施改造和新增扩能建设规模体量巨大,城市生命体的脆弱性不容忽视;另一方面,传统经济加快转型,创新型经济超常规发展,不确定性和潜在风险增加,安全管控更加艰巨。

### (一)自然灾害风险有增无减

上海遭遇自然灾害90%以上为气象灾害,地震、地质等其他自然灾害也给城市安全运行带来不容小觑的影响。近年来,海平面抬高、平均气温升高,致使台风频发、潮位趋高、强对流天气多发、暴雨强度加大,黄浦江沿线及东海沿岸风险源密集,易造成大险大灾以及次生、衍生灾害。据气象预测,未来20年,强降水发生日数和强度都呈现增加趋势,中雨、大雨和暴雨日数将增多,海平面持续上升和上游泄洪压力对上海城市抵御洪涝灾害的能力构成更大挑战。

### (二)城市运行风险载体量大面广

上海现有老旧小区3 500余个,24米以上的高层建筑超过6万幢,100米以上超高层建筑超过1 000幢,3万平方米以上的城市综合体306个。伴随着“五个新城”建设的推进,城市综合体的数量快速增加,对超高、超大建筑亟须加强风险综合管控。截至2020年年底,上海地铁运营里程729千米,单日最高客流曾达1 329.35万人次;已从大规模交通设施建设期进入养护、维护期,拥有城市桥梁14 274座(其中大桥11座)、隧道16条,高速公路总长度845千米,城市快速路总长度207千米;此外,还存在复杂交错的城市生命线管网及体量庞大的地下空间。大量长期高负荷使用的城市建筑设施正陆续进入风险易发高发期,客观上形成安全风险累积。

### (三)风险行业分布形态多样

工贸化工、特种设备、交通运输、建筑施工、供水供电供气等行业领域存在不同程度的风险。如全市各类涉及危险化学品的单位约1.7万家,危险化学品总储量约3 000万吨;在用电梯总数约27.5万台;汽车保有量已超400万辆,电动自行车超过1 000万辆;中心城区地下空间埋设了7个大类23种管线约11.86万千米,2020年在建工地约8 000个。

## 第四节　“十四五”时期上海市完善应急管理体系和能力的策略

应急管理事关人民生命健康安全,事关党和国家长治久安大局。上海市在“十四五”期间,亟须强化系统观念,着力构建全周期、全领域、全要素覆盖的应急管理体系。上海市针对“十四五”时期应急管理领域,共研究编制7项规划,已经发布5项规划:《上海市应急管理“十四五”规划》(沪府办发〔2021〕18号)由市政府办公厅发布;3项规划以上海市安委会的名义印发,即《上海市安全生产“十四五”规划》(沪安委会〔2021〕14号)、《上海市应急救援体系建设“十四五”规划》(沪安委会〔2021〕15号)和《上海市消防事业发展“十四五”规划》(沪安委会〔2021〕16号);1项规划以上海市灾防委的名义印发,即《上海市综合防灾减灾“十四五”规划》(沪灾防委〔2021〕4号)。还有2项规划即将发布,即《上海市应急物资储备和应急救援装备“十四五”规划》《上海市防震减灾“十四五”规划》。这7项规划将大力推进“十四五”时期上海市应急管理体系和能力现代化,为保障上海成为全球最安全城市之一提供有力的支撑。

作为市级专项规划,《上海市应急管理“十四五”规划》注重顶层设计,从宏观、中观、微观三个层次提出了“一局面、四体系、六能力”的主要任务架构,在注重风险防控、推进韧性城市建设、深化科学精细化管理和加强社会网络体系建设等方面,力求促成统一领导、权责一致、权威高效的应急管理体系,全面提高应急管理综合能力,有效提升防控城市重大安全风险的水平。同时,“十四五”时期,将以重大工程为牵引推动规划任务落地实施,作为应急管理目标指标实现的重要抓手。

## 一、发挥战略导向作用,推动应急管理体系和能力提升[1]

### (一)强化关口前移,提升城市风险防控能力

应急管理工作,其立足点不是为了应急而应急,而是少应急、不应急,同时又要做到有急能应,并达到处置效果好、损失小的目标。这要求将安全摆在经济社会发展的全局中审视、谋划、推进,强化源头治理、系统治理,从根源上减少风险隐患。

一是强化灾害事故预防体系建设,坚持防控关口前移,从健全城市运行风险综合防控体系、强化灾害事故预警协调共享机制、强化重点行业领域安全风险防控、完善防灾减灾综合管理机制四个方面管控风险情况发生的可能性和频度,从源头上加强防范化解重大安全风险,增强城市风险防控协同联动机制,使城市运行、经济运行、社会运行的基础更加稳固牢靠。

二是提升灾害综合防治能力,强化风险态势的感知能力,从谋划防灾减灾救灾空间布局、强化灾害综合监测预警能力、深化综合风险普查成果运用和实施灾害综合防治重点工程四个方面切实加强风险的辨识评估、提升监测预警水平、实施十大重点工程,完善城市基础设施的空间布局,提升极端条件下重大设施抗损毁和快速恢复能力,以更好地防大灾,应大急。

### (二)增强城市韧性,提升灾害事故应对能力

上海作为超大型城市,城市安全和抗风险能力在城市整体安全发展中具有决定性的地位。韧性城市,一般是指在城市规划建设管理中充分考虑各类安全风险,采取趋利避害的有效适应行动,能够应对各种风险、有弹性、有迅速恢复能力的城市。韧性城市是上海市实现卓越的世界城市的基础性条件。在“十四五”期间,结合五个新城建设,本市积极推进大型建筑多功能和平战转换方案设计,从空间上、功能上提前做出预留,探索与上海城市定位相匹配的综合风险防治空间规划管控体系,夯实城市应对灾害事故的空间保障基础。

在提升管理韧性方面,一是深化应急管理体制机制改革,从健全应急管理

---

① 资料来源:《上海市应急管理“十四五”规划》,https://www.shanghai.gov.cn。

工作体制、完善应急管理工作机制和创新赋能基层应急管理三个方面，坚持党的领导贯穿应急管理的全过程，着力推进应急管理统筹协调的系统性、整体性、重构性变革，强化综合优势，做到机制与体制协调，事权与责任一致。二是强化应急综合救援体系建设，从强化应急救援统筹指挥、强化应急救援力量协同、强化应急预案综合实效、强化综合救援保障机制四个方面着力建设统一指挥、专常兼备、反应灵敏、上下联动的高效应急综合救援体系，加强应对不同类型灾害事故的灵活适应性。

在提升社会韧性方面，一是强化社会多元共治体系建设，从引导公众全面参与城市安全治理、推进社会力量全面参与应急管理、推进应急管理专家队伍和智库建设三个方面加强社会力量参与应急治理的制度和政策供给，完善鼓励社会各方参与应急系统建设的政策机制，系统构建多方参与、各出其力、相互协调的多元共治应急治理架构，形成强有力的应急网络体系，为有效应对各种风险挑战提供支撑。二是提升基层应急治理能力，从铸造新型上海城市安全文化、加强基层应急管理标准化建设、推进基层应急管理转型赋能和规范综合减灾示范社区创建管理四个方面推进基层在城市安全文化培育、应急管理标准化、应急管理转型赋能等方面的能力建设，积极开展社会人群应急基础素养培训，大力推进全社会安全避险和应急自救能力素养提升。形成发展和安全协调共进、互促共赢的良好局面，实现由保安全向创安全的转变。

在提升城市运行过程韧性方面，一是提升应急救援基础能力。从加强应急指挥能力建设、加强应急救援力量建设、加强应急物资储备建设和加强应急避难场所建设四个方面增强城市对抗灾害事故过程中维持、恢复和转型的能力。二是提升应急综合保障能力。从加强应急交通保障能力建设、加强应急通信保障能力建设、加强应急气象保障能力建设、加强应急能源保障能力建设、加强应急医疗保障能力建设和强化应急测绘服务保障能力六个方面夯实维护城市运行安全的物质基础，增强社会各专业力量面对灾害事故时的应对能力，构筑应对灾害事故的免疫系统。

（三）深化精细化管理，提升风险态势的动态管理能力

坚持城市应急精细化管理理念，把专业方法和精准举措落实到位。一是

要为应急管理夯实技术支撑,提升应急创新发展能力。从提升应急科技发展水平、培育应急管理专业人才、加强应急管理交流合作三个方面推进应急产业发展,强化人才储备,借鉴国内外应急管理创新实践成果,提升应急管理的创新发展水平。二是推行应急管理法治建设。把风险防控的措施和经验转化为规范化、法治化的流程,并加大执行落实力度,强化依法规范治理体系建设,从完善法规制度、推进标准化建设、强化规范执法和深化综合执法四个方面提升依法行政能力水平,运用法治思维和法治方式提高应急管理的法治化、规范化水平,应急管理者熟练掌握应急管理相关的法规政策标准,熟悉应急管理工作的流程、要求,做到心中有数,具有把握整体安全观的能力。三是推进新一代信息技术与应急管理业务的有效融合,推动应急管理数字化发展,提升数字化应急管理能力,从推进风险隐患动态感知网络建设、全面搭建应急管理大数据底座、强化多源数据多场景的智慧应用三方面强化对风险态势感知、预判分析的前瞻性和预见性,增强防控的针对性、精准性。

## 二、精心谋划布局,以重大工程推动应急管理体系和能力实施

“十四五”期间,在广泛征求意见的基础上,经过精心谋划和科学论证,形成的重要性突出、实施条件较为成熟的 19 项重大工程项目,共分为四个方面:

一是基础设施、物资装备类建设工程 7 项,包括危险化学品安全生产应急救援上海基地、危险化学品重大事故防控支撑基地、防护物资检验检测中心、城市防洪防涝能力提升、应急物资综合保障能力提升、消防综合救援能效提升和空中综合救援网络体系项目。

二是监测预警网络建设方面 3 项,包括自然灾害综合监测预警、交通气象监测站点网络和防震减灾综合能力提升项目。

三是系统平台建设方面 6 项,包括应急管理综合应用、消防安全监管、城运系统道路交通管理、海上搜救应急联动指挥、突发事件预警发布和森林防火综合监控项目。

四是综合方面 3 项,包括上海自然灾害综合风险普查、应急管理人才培养

与学科建设和长三角国际应急减灾和救援博览会项目。这些项目针对上海城市运行的重点和关键，系统地增强城市对灾害事故的感知、预警、处置、反馈的闭环循环能力，扎实推进城市应急管理“测、报、防、抗、救、援”各环节紧密衔接，形成整体合力，提高对灾害事故发生发展全过程的综合管理和紧急处置能力。切实守牢城市“头顶上”“脚底下”的安全和“群众身边”的安全。

# 第五章
# 上海城市建筑幕墙公共安全管理的探索与实践

田学勤　邓承忱*

20 世纪 80 年代以来,我国大批建筑开始使用建筑幕墙。到 21 世纪初,我国已发展成为世界第一大幕墙生产国和使用国。然而,随着建筑幕墙使用年限的增加,城市建筑幕墙公共安全管理成为亟待解决的问题。

上海是我国超大型核心城市,据不完全统计,全市建筑数量超过 4 万栋(其中,玻璃幕墙数量约 1.3 万栋),城市建筑幕墙公共安全管理成为社会各界所重点关注的问题。本章通过对上海市建筑幕墙发展现状进行分析,阐明城市公共安全管理的重要性;从政策出台、标准制定、平台搭建、管理升级等角度阐述上海在城市建筑幕墙公共安全管理的探索与实践,并在此基础上提出进一步完善上海城市建筑幕墙公共安全管理的建议。

## 第一节　建筑幕墙发展概况

### 一、建筑幕墙概述

建筑幕墙是由支承结构体系与面板组成的,相对主体结构有一定位移能力,不分担主体结构所受作用的建筑外围护结构或装饰性结构。①

幕墙是建筑物的外墙护围,不承重,像幕布一样挂上去,故又称为悬挂墙,是现代大型和高层建筑常用的带有装饰效果的轻质墙体。它是融建筑技术、建筑艺术、建筑功能为一体的建筑外围护结构。

---

* 田学勤、邓承忱,上海玻机智能幕墙股份有限公司。

① 马铭、田丽:《建筑工程管理与实务(第 3 版)》,知识产权出版社 2015 年版,第 176 页。

## 二、常见的幕墙类型

按面板接缝构造形式分:封闭式和开放式。

按主要支承结构形式分:构件式,单元式,点支承,肋支承,智能型呼吸式幕墙(双层幕墙)。

按面板材料分:玻璃幕墙,石材幕墙,金属板幕墙,金属复合板幕墙,人造板材幕墙,组合面板幕墙。

## 三、建筑幕墙的优势

幕墙是利用各种强劲、轻盈、美观的建筑材料取代传统的砖石或窗墙结合的外墙工法,是包围在主结构的外围而使整栋建筑达到美观、使用功能健全而又安全的外墙工法。简言之,是将建筑穿上一件漂亮的外衣。幕墙范围主要包括建筑的外墙、采光顶(罩)和雨篷。

### (一) 质量轻

在相同面积的比较下,玻璃幕墙的质量约为粉刷砖墙的1/10—1/12,是大理石、花岗岩饰面湿工法墙的1/15,是混凝土挂板的1/5—1/7。一般建筑,内、外墙的质量约为建筑物总重量的1/4—1/5。采用幕墙可大大减轻建筑物的重量,从而减少基础工程费用。

### (二) 设计灵活

艺术效果好,建筑师可以根据自己的需求设计各种造型,可呈现不同颜色,与周围环境协调,配合光照等使建筑物与自然融为一体,让高楼建筑减少压迫感。

### (三) 抗震能力强

采用柔性设计,抗风抗震能力强,是高层建筑或超高层建筑的最优选择。

### (四) 系统化施工

系统化的施工更容易控制好工期,且耗时较短。

### (五) 现代化

可提高建筑新颖化、科技化,如光伏节能幕墙,双层通风道呼吸幕墙等与智能科技配套的设计。

(六)更新维修方便

由于幕墙是在建筑外围的结构搭建,方便对其进行维修或者更新。[①]

## 四、常见的幕墙问题

根据行业规范要求,建筑幕墙的设计使用年限一般为25年,随着建筑幕墙在国内的广泛使用,大批建筑进入中老龄化状态后,玻璃自爆/破损、开启窗扇五金件锈蚀脱落、外幕墙雨水渗漏(结构胶老化)、受力构件松动、幕墙排水系统堵塞、幕墙避雷系统失效等问题逐渐出现。

(一)玻璃面板问题

玻璃面板的隐患主要有钢化玻璃自爆破损等。最常见的是由粒径为0.2毫米以上的硫化镍受温差变化膨胀而引起面板自爆,受玻璃加工开槽及钻孔的不合理、玻璃原片质量较差、厚度不均、应力散布不均、结石、砂粒、气泡、夹杂物、缺口、划伤、爆边等因素影响,均有可能引起玻璃面板自爆。此外,部分非钢化玻璃受外力撞击、边框挤压等易造成玻璃面板破损。在建筑幕墙使用过程中,玻璃面板自爆/破损现象容易导致高坠事故的发生。

(二)开启扇问题

开启扇问题多发生在窗扇面积较大的部位(面积超过1.5平方米的窗扇,在使用过程中较易产生安全隐患)。另外,采用挂钩式或外平开的窗扇,其风撑、窗框及窗扇铝型材、窗扇组角角码等未达到规范或设计要求,如开启距离较大(超过300毫米)或隐框开启面板下沿无托块等情况,都可能造成开启扇坠落或其他安全隐患事故的发生。

(三)硅酮结构密封胶问题

硅酮结构密封胶是建筑幕墙结构连接关键材料之一,近年来因硅酮结构密封胶失效而导致幕墙面板坠落现象频发。主要由于早期的玻璃幕墙开启扇结构设计往往只用结构胶将玻璃粘接在开启扇附框上,使硅酮结构胶长期单

① 深圳市中咨领航投资顾问有限公司:《2021—2026年中国建筑幕墙领航调研与投资战略规划分析报告》,第3—4页。

独承受剪力。由于部分玻璃幕墙在使用过程中会受到开启与关闭所带来的振动作用，如此反复，结构胶在使用了一段时间后，受环境、材料、使用等多方面因素影响失去了粘接能力，导致玻璃整体坠落。此外，建筑幕墙在实际使用过程中，会经常受到阵风压力的反复作用，正、负风压垂直作用于玻璃面板上，使得结构胶反复受到拉力或压力作用，这种长期作用可造成结构胶寿命大幅缩减，其粘接性能也逐渐下降，也会导致幕墙面板坠落。

（四）硅酮密封胶问题

硅酮密封胶可以有效保护幕墙内部连接构件暴露外面，防止雨水、潮气等入侵。由于受注胶施工工艺水平、注胶时的天气、温度、湿度、室外长期紫外线照射、外力、产品质量等影响，硅酮密封胶容易发生开裂、起泡、脱胶等现象，如果不及时更换，则易导致内部结构连接件锈蚀，造成一定安全隐患。

（五）雨水渗漏问题

近年来，国内建筑幕墙渗漏率呈逐年上升趋势，建筑幕墙雨水渗漏的原因主要有幕墙设计缺陷、施工工艺水平、密封材料的质量、使用环境、温度、雨水、紫外线的侵蚀等。建筑幕墙一旦发生渗漏，会降低幕墙结构连接件的耐久性、安全性，也会影响建筑物的装饰效果、耐用年限和使用功能。

（六）受力构件缺陷问题

受力构件的缺陷主要体现在构件的锈蚀，连接处松动、脱落、断裂等，主要原因是受天气、温度、湿度等影响。此外，建筑幕墙的设计缺陷、施工工艺质量、构件受力不均、材料质量等也可能导致受力构件缺陷，这种事故发生率相对较低，但由于是结构体系问题，一旦发生事故，其危害性非常大。因此，建筑幕墙在日常使用及巡查过程中必须高度重视。

## 第二节　我国城市建筑幕墙发展历程与现状

### 一、我国城市建筑幕墙发展历程

20 世纪 80 年代以来，我国大批建筑开始使用建筑幕墙，我国建筑幕墙的发展大致经历萌芽期、成长期、发展期、波动期四个阶段。①

(一) 萌芽期(1983—1994 年)

从 1983 年我国兴建第一幢现代化的玻璃幕墙建筑开始到 1994 年建筑幕墙大量在我国得到应用这段时期,我国平均多年的幕墙产量约为 200 万平方米。这段时期的幕墙主要是构件式明框玻璃幕墙,且大多是原版引进或模仿国外的设计和技术,技术水平较低,施工质量不高。

(二) 成长期(1995—2002 年)

1995—2002 年,我国建筑幕墙的年平均产量达到 800 万平方米。这段时期的幕墙除了较为成熟的明框玻璃幕墙外,还引进和发展了隐框/半隐框玻璃幕墙、单元式玻璃幕墙、支点式玻璃幕墙、铝板/铝复合幕墙和石材幕墙等幕墙形式。

(三) 发展期(2003—2015 年)

从 2003 年开始,我国建筑幕墙行业继续保持了稳步的增长态势,这一时期建筑幕墙的年平均产量在 5 000 万平方米以上。具有高科技的先进幕墙逐渐出现并得到应用,比如通风式双层玻璃幕墙、光电幕墙、生态幕墙和张拉膜结构等幕墙系统,新节能技术不断应用于整个行业。

(四) 波动期(2016 年至今)

幕墙行业在 2016 年经历了第一次整体性的政策和市场波动,大量企业出现减产。从国家提出供给侧改革以来,房地产行业的去库存,使得建筑幕墙行业的去产能成为主基调。2017 年下半年至今,两极分化更加明显,大型幕墙公司因为市政工程,包括新机场、展馆、体育场馆,全球 500 强企业总部等超大体量幕墙项目的参与,规模和产值提升明显。

## 二、我国城市建筑幕墙发展现状

我国建筑幕墙工业从 1978 年开始起步,经过多年的发展,特别是 20 世纪 90 年代的高速发展,至 21 世纪初已成为世界第一幕墙生产大国和使用大国。

---

① 深圳市中咨领航投资顾问有限公司:《2021—2026 年中国建筑幕墙领航调研与投资战略规划分析报告》,第 32 页。

当前，我国幕墙年产能超过1亿平方米，幕墙工程总值逐年增长，根据中国建筑装饰协会统计数据显示，建筑幕墙工程总产值已从2014年的3 000亿元增长至2020年的4 900亿元左右，2020年我国建筑幕墙工程产值增长幅度为8.9%。①

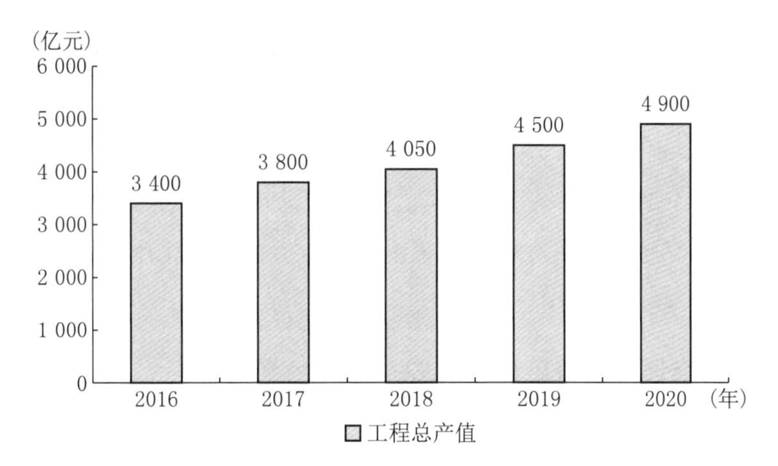


**图5-1　2016—2020年我国建筑幕墙工程产值情况**

数据来源：中国建筑装饰协会。

## 第三节　上海市城市建筑幕墙公共安全管理的探索与实践

### 一、上海市建筑幕墙基本情况

1985年联谊大厦建成后，上海市大批建筑开始大面积使用玻璃幕墙。

截至目前，据不完全统计，上海全市建筑数量已超过4万幢，其中玻璃幕墙建筑约1.3万幢，近70%的玻璃幕墙建筑楼龄为10—25年。未来5—10年，大部分玻璃幕墙建筑的使用寿命将进入中老龄期，这些高层建筑在加快城市现代化步伐的同时也给城市公共安全带来不确定性。建筑幕墙坠落事件屡有

① 深圳市中咨领航投资顾问有限公司：《2021—2026年中国建筑幕墙领航调研与投资战略规划分析报告》，第33页。

发生,城市既有建筑幕墙现代化治理刻不容缓。

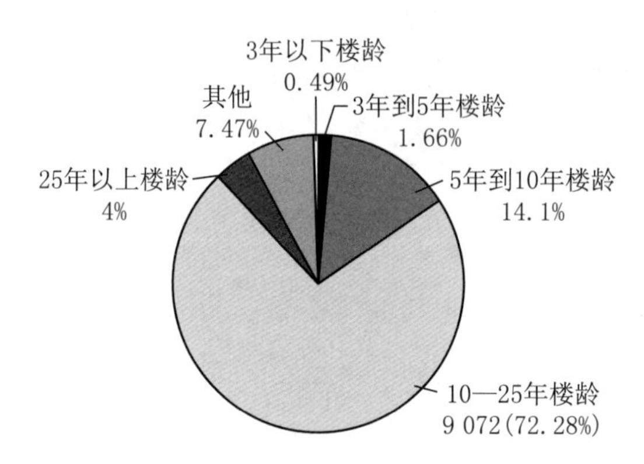


**图 5-2 上海市玻璃幕墙建筑楼龄分布情况(2021.10)**

数据来源:上海市建筑幕墙管理平台。

## 二、上海城市建筑幕墙公共安全管理的举措

### (一) 相关政策的出台

上海市是国内较早开展建筑幕墙检查的城市。在 2004 年上海市建设交通委和上海市房屋土地资源管理局就联合印发《关于开展本市玻璃幕墙建筑普查工作的通知》(沪建设〔2004〕834 号),对上海市玻璃幕墙建筑开展了自查和专业巡查等普查工作。

2011 年 12 月 22 日,上海市第十三届人民代表大会常务委员会第三十一次会议通过《上海市建设工程质量和安全管理条例》,自 2012 年 3 月 1 日起施行,其中对设立建筑幕墙专项维修资金作了相应规定。同月 28 日,《上海市建筑玻璃幕墙管理办法》(沪府令 77 号)。该办法中,对玻璃幕墙的维护、检查、鉴定、监管责任人做了进一步明确,并提出建立全市玻璃幕墙信息管理系统的意见,进一步加强了上海市建筑玻璃幕墙建设和使用管理,保障社会公共安全。

2019 年 7 月 3 日,上海市住房和城乡建设管理委员会下发《关于成立上海市既有建筑玻璃幕墙整治领导小组的通知》,成立上海市既有建筑玻璃幕墙整治领导小组,同时下设上海市既有建筑玻璃幕墙整治办公室,进一步强化全市既有建筑玻璃幕墙安全排查整治工作的统筹协调和推进。

（二）地方标准的制定

2002年，上海市装饰装修行业协会向上海市建设和管理委员会提出《关于开展对上海市在用玻璃幕墙安全性能检查、检测、维修的建议》，指出上海市既有玻璃幕墙存在的质量问题，建议落实既有建筑幕墙的检查、检测、维修制度和措施。其后《上海市既有建筑幕墙现场检查技术导则》《上海市建筑幕墙安全性能检测评估技术规程》（DG/TJ 08-803-2013）、《上海市既有建筑幕墙维修工程技术规程》（DG/TJ 08-2147-2014）等一系列地方规范标准相继制定并出台，进一步规范了上海市建筑幕墙的维护和改造工程。

（三）信息平台的开发与上线

根据上海市住房和城乡建设管理委员会（以下简称“住建委”）《关于同意开展本市建筑玻璃幕墙监督管理平台开发建设的批复》（沪建建管〔2016〕416号）精神，上海玻机智能幕墙股份有限公司作为上海地产集团成员企业承担上海市建筑幕墙管理平台（以下简称“平台”）的开发建设任务。

上海市建筑幕墙管理平台依托数据和先进成熟的技术，以建筑幕墙竣工交付为起点，记录其交付使用后的检查、维修、维保、改造等维护管理全过程，并结合GIS信息和大数据分析，实现对幕墙的动态化管理、智能化实时分析、可视化预警和精准应急、金融服务等的全生命周期管理。通过调研与研究，平台搭建五大功能模块：基础架构、支撑平台、业务服务与访问、运维管理和安全管控。设置三个用户端：政府端用户、业主/物业用户、服务商，各组成部分按权限进行数据共享、业务协同，共同管理幕墙安全。

（四）管理体系的优化

第一，通过上海市建筑幕墙管理平台，搭建闭环管理体系。打通监管工作“最后一公里”，联通市、区、街镇，建立发现、立案、派遣、处置、核查、结案的标准化闭环管理体系，进一步强化事中与事后的监督管理。

第二，将各管理行为融入线上管理体系。通过线上信息共享与线下监督处置相结合，建立定期安全检查、汛期自查、区级巡查、市级抽查四个标准动作，由传统的事后维修向事先预防转变，从疾病管理逐步向健康管理提升。

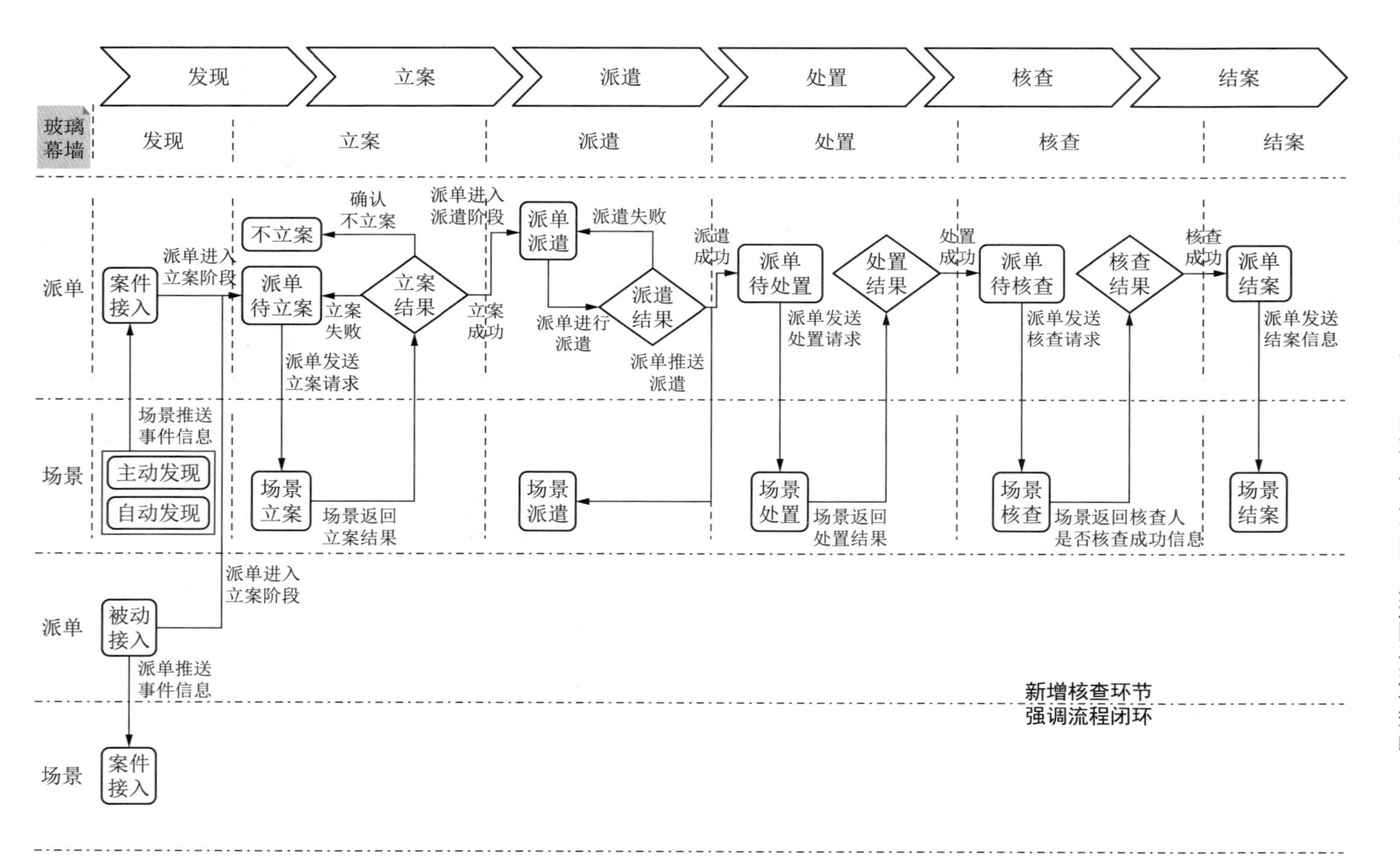


**图 5-3　上海市玻璃幕墙闭环管理流程图**

数据来源：上海市建筑幕墙管理平台。

第三，将汛期、台风期间的风险管理与平台相结合。通过平台人工智能辅助安全管控体系的智能算法，将楼宇基础档案、业主的管理行为、周边气候数据等因素归类为30个风险因子，实现智能算法预判风险隐患。同时，平台为全市玻璃幕墙建筑建立智能化楼宇风险画像，根据每幢建筑的玻璃幕墙综合管理状况（包括建筑在线检查、定期检查、综合状况、隐患整改、信息完整度等因素），出具数字监管报告。通过五星评级制，让业主更清晰地了解自身玻璃幕墙管理情况以及所处的行业水平。此外，平台还根据楼宇风险画像情况，向业主提供管理小贴士，指导业主通过加强建筑幕墙管理，更好地提升建筑幕墙健康指数。

## 第四节　上海市建筑幕墙公共安全管理面临的问题

### 一、部分楼宇尚未落实建筑幕墙使用维护安全主体责任

部分业主尚未按照《上海市建筑玻璃幕墙管理办法》的相关要求履行既有建筑玻璃幕墙的定期检查、安全性鉴定、维修等义务，幕墙责任方对幕墙安全使用维护重要性的认知度不够。一些责任方（业主或受委托物业管理单位）存在主体意识淡薄、自觉履行责任意愿不强、不熟悉现行的玻璃幕墙相关政策法规的情况，特别是多业主的楼宇，因主体相对分散，直接导致责任主体不明确，较多存在管理不到位的现象，使监管工作正常开展存在较大难度。

### 二、玻璃幕墙的责任保险意识需进一步提升

既有建筑玻璃幕墙的责任保险落实购买的比例在50%左右，主要原因是在大部分企业中工程安全和保险购买由不同部门分管，同时部分购买和使用者对幕墙是整个建筑最外围的“保护”可以作为财产险的设备附加险来购买这一情况了解不多。因此，还需进一步加强建筑幕墙相关产品宣传，提升相关主体通过金融手段降低风险的意识。

### 三、部分新增玻璃幕墙专项应急维修资金落实有待完善

2016年下发的《关于在本市开展新增玻璃幕墙专项应急维修资金收缴工作的通知》,在实际收缴、存储和使用上存在偏差。此外,专项应急维修资金收缴工作通知中的部分条款也需要进一步完善。

## 第五节　进一步完善上海市建筑幕墙公共安全管理的建议

### 一、进一步完善相关法律规范

进一步优化完善建筑幕墙相关的检查、检测、维修、使用等相关制度设计和管理流程,调整细化专项维修基金收缴制度。可在此基础上修订《上海市建设工程质量和安全管理条例》《上海市建筑玻璃幕墙管理办法》等,或制定上海市建筑幕墙管理的相关管理条例,进一步加强建筑幕墙的长效管理,使建筑幕墙管理更加有序、高效完善。

### 二、强化业主/物业安全意识

强化宣传培训,进一步明确建设、设计、施工、监理等单位对玻璃幕墙施工质量及保修的责任,业主或物业单位的日常维保、定期检查等管理责任,为进一步加强源头控制,提高安全主体责任意识,认真履行主体职责,提升履职担当能力。

### 三、建立健全保障机制

督促既有玻璃幕墙建筑的各业主和受委托的物业服务单位建立应急处置预案,明确岗位责任制度,加强应急处置演练;建立应急设备、车辆、物资的储备;建立专业应急处置队伍,与有幕墙施工资质或原幕墙施工单位(需有资质)签订应急处置和维修服务协议。建议有关部门进一步完善应急抢险工作机制,为切实做好既有建筑玻璃幕墙安全保障工作创造条件。

## 四、加强相关技术设备的研发与应用

智能化是未来行业发展的趋势之一，建议有关部门和相关企业可以扶持、鼓励开展类似无人机的监拍检测设备研发、施工机器人等设备、技术，利用高科技手段及时发现并处理玻璃幕墙安全隐患，并对建筑玻璃幕墙外立面进行数字化坐标定位，共享数据平台。

# 第六章 后新冠肺炎疫情时代的上海超大城市社区安全治理策略

张友庭*

在市场化、全球化、新兴技术等各种因素综合影响下，“技术—经济的‘进步’带来的力量，日益为风险生产的阴影所笼罩”，①人类业已进入一个高风险社会。在当前阶段，囿于历史与现实的各种原因，随着我国社会主要矛盾变化和国际力量对比深刻调整，我国发展仍处于各方面风险不断积累甚至集中显露的时期，城市尤其是超大城市、全球城市日益成为各类风险因素集聚的主要节点。上海作为拥有2 487万常住人口②的超大型城市，经济产业集聚、高层建筑和重要设施密集、轨道交通超负荷运行，加上极端气候可能引发的自然灾害，新产业、新技术、新业态带来的不确定性风险，“灰犀牛”“黑天鹅”“大白象”等风险事件高位运行，保障城市运行安全任务异常繁重，城市运行安全和风险防控也随之成为城市治理的重中之重。

城乡社区治理是实现国家治理体系和治理能力现代化的基础工程。2020年1月新冠肺炎疫情暴发以来，社区是疫情联防联控的第一线，也是外防输入、内防扩散最有效的防线，成为此次新冠肺炎疫情防控的主阵地之一。2020年3月，习近平总书记在湖北省考察新冠肺炎疫情防控工作时强调，要充分发挥社区在疫情防控中的重要作用，充分发挥基层党组织战斗堡垒作用和党员先锋模范作用，防控力量要向社区下沉，加强社区防控措施的落实，使所有社区成为疫情防控的坚强堡垒。李克强总理在中央应对疫情工作领导小

---

* 张友庭，上海社会科学院社会学研究所助理研究员。

① ［德］乌尔里希·贝克：《风险社会：新的现代性之路》，张文杰、何博闻译，译林出版社2018年版，第7页。

② 上海市统计局、上海市第七次全国人口普查领导小组办公室：《上海市第七次全国人口普查主要数据公报》（第一号），2021年5月18日。

组会议上多次表示，要尽快补齐社区防控的短板漏洞，采取务实措施关心关爱防控一线城乡社区工作者。上海市委书记李强在实地检查社区疫情防控工作中多次指出，更加精细有序地织牢社区防控网络，为奋力夺取疫情防控和实现经济社会发展目标双胜利提供坚强保障。在当前阶段，面对新冠肺炎疫情防控工作常态化，加之郑州“7·20”特大暴雨等城市极端天气下的社区应急管理，城市社区治理的内外形势发生变化，既挑战了既有的社区治理基础如治理主体、要素、效能、短板等，也集中暴露了社区风险防控和安全治理领域的诸多问题，社区安全在既有的社区建设、社区服务、社区自治等治理体系中的地位日趋凸显。由此，上海社会科学院社会学研究所组成专题调研组，坚持以人民为中心，对后疫情时代的上海超大城市社区安全治理进行专题研究，为完善上海超大城市安全治理体系提供相应的理论支撑和政策建议。

## 第一节　上海超大城市社区安全治理的主要做法

2020年1月24日，上海启动重大突发公共卫生一级响应机制。在此次新冠肺炎疫情防控过程中，上海始终贯彻“把人民群众生命安全和身体健康放在第一位”的工作主线，探索形成党建引领、政府主导、社会参与、市场主体的多元共治治理格局，集中展现“严、精、细、稳、实、全、快、真”①的突出特点，高度体现社会主义现代化国际大都市应该具有的治理能力和水平。具体到社区防控工作，疫情发生以来，上海全市6 125个居村委、20多万社区一线工作人员紧急响应，守牢社区战疫主阵地，普遍建立以居村党组织为核心，居村委会为主导，业委会、物业公司、社区民警、志愿者等共同参与，防控任务分片包块、责任到楼、联系到户、落实到人，织紧织密基层防控网络，使城乡社区成为疫情防控“最后一公里”的坚强堡垒，积累了社区风险防控和应急管理的宝贵经验。

① 同济大学城市风险管理研究院：《上海应对新型冠状病毒感染肺炎疫情的回顾与启示》，载孙建平主编：《上海城市运行安全发展报告（2016—2018）》，同济大学出版社2020年版，第1页。

## 一、聚焦社区分类治理,提升社区治理规范化精细化水平

长期以来,受不同区域的产业、人口、居住、社会等差异化结构性因素的持续影响,全市不同社区之间的物质形态、人员构成、工作基础、资源条件等方面差别很大,多元社区形态的客观事实已经形成。截至2021年6月30日,上海全市现有居村委6 146个,①其中,居委会4 588个,村委会1 558个,小区1.3万个,村组2.47万个。根据城市区位、城乡性质、管理主体、住房性质、居住主体等不同维度,全市社区可分为不同类型,每一种社区类型都有特定的人口、居住、社会等社区结构,且存在相对特殊的社区个性问题,相应的社区治理模式也有所不同。这次社区抗疫中,上海根据不同居住特点分类加强疫情防控,切实担负起管好门、看好人的重任,居委会、业委会、物业公司各司其职、同向发力,充分发挥关键防线作用,探索形成不少好经验好做法。2020年6月18日,为更好地巩固抗疫经验,上海市委、市政府召开全市社区工作会议,会议下发《关于进一步提升社区治理规范化精细化水平的若干意见》等专题文件,提出要做好社区治理赋权增能的“加法”、减负减压的“减法”、科技赋能的“乘法”、革除弊端的“除法”,完善党建引领下的共建共治共享社区治理格局,提升社区治理规范化精细化水平,努力使社区公共服务供给更优、精细管理水平更高、应急管理能力更强。在此基础上,为更好地推进社区分类治理,会议决定将全市社区划分为七种类型:以老公房(售后房)为主的居民区、以商品房为主的居民区、混合型居民区、农村宅基住房居住区、农村集中安置居住区、大型居住社区、涉外居民区等,“十四五”时期将针对不同类型社区居民需求和社区环境特点,持续加大工作指导和规范,提供更精细化的服务。这是上海在系统总结社区抗疫经验的基础上,在全市层面首次以专题文件形式就社区分类治理提出明确的工作思路,并在既有的社区服务、社区管理的基础上进一步凸显以社区应急管理能力为基础的社区安全治理,社区治理规范化精细化工作,为后疫情时代的社区安全治理提供了努力方向和工作框架。

---

① 上海市民政局:《上海市行政区划情况统计表(截至2021年6月30日)》,2021年7月2日发布。

## 二、完善三级联动体系，推动社区疫情防控工作有序开展

2003年“非典”疫情之后，特别是2007年《突发事件应对法》制定出台之后，城市社区应急管理体系和能力建设的探索实践开始兴起，其中，“一案三制”“三级响应”“应急管理”等构成社区安全治理的核心内容。此次新冠肺炎疫情暴发以来，社区在城市应急管理中的网底作用日益凸显，第一时间实施社区封闭式管理，抓好所有水域、陆域、空域等进出道口严格防控，全面织密筑牢社区防控网络，最大程度发挥人人自防、社会共防、城市联防的整体效应，对阻断疫情传播路径发挥积极作用。与此同时，按照全市应急管理的统一要求，探索构建区、街镇、居村三级联动的疫情防控工作体系。以闵行区为例，区级层面成立区级防控工作领导小组，下设医疗救治、物资保障、宣传管理等专门工作组，及时启动应急响应，建立联防联控指挥部，建立统一调度、每日会商和工作任务单发放机制。街镇分别成立组织领导工作机构，集中办公实体化运作的工作专班和工作组，压紧压实责任，建立纵向到底、横向到边的责任体系和应急机制。居村层面，全区444个居民区党组织、1 073个小区、948个业委会、271家物业服务企业一起抗疫，[①]着力构建以居民区党组织为核心，居委会、业委会和物业企业充分履职，居民群众广泛参与的社区治理共同体。随着疫情的动态变化，为有效弥补社区抗疫力量，闵行区以“组团统筹”形式定点支援社区，原则上一个社区由一家区级机关、企事业单位对口支援，发动区级机关、企事业单位1 600余名干部组团定点支援700多个力量薄弱小区，并在全区发动1 400多个党组织、1.8万名党员，积极下沉到基层社区一线，积极参与疫情防控志愿者服务。在“三级响应”工作机制下，协调推动大规模的资源力量下沉，充实社区疫情防控的力量和资源，为社区疫情防控工作有序开展奠定基础。

## 三、坚持党建引领原则，健全多元协商共治社区治理格局

2014年以来，上海市委开展了“创新社会治理加强基层建设”一号课题研

---

① 上海市社会建设研究会、上海市闵行区地区工作办公室：《社会治理视角下的闵行新冠肺炎疫情社区防控报告》，《社会建设研究》2020年第3期。

究,制定印发了《关于进一步创新社会治理加强基层建设的意见》及街道体制改革、居民区治理体系完善、村级治理体系完善、网格化管理、社会力量参与、社区工作者等6个配套文件(简称市委“1+6”文件),在基层建设、居村治理等方面作出系统的改革部署,基本形成了党建引领社会治理的基层治理新格局。新冠肺炎疫情发生以来,上海基层社区坚持党建引领的原则,将近年来党建引领社会治理的高位势能迅速转化为全面打赢疫情防控人民战争总体战、阻击战的治理效能。始终坚持党建引领,充分发挥基层党组织的战斗堡垒和广大党员的先锋模范作用,充分发挥城市基层党建和区域化党建的体制机制优势,通过组织动员各级党组织与党支部开展抗疫专题学习实践行动、机关和事业单位党员干部充实社区骨干力量、党员到社区报到报告、党员开展志愿者服务、党员捐款捐物等,始终让党旗在社区疫情防控一线高高飘扬。积极推动社会组织参与社区疫情防控工作,鼓励社会组织结合自身专业特色协助社区群防群治、联防联控,比如,浦东新区幸福家庭服务中心运用自身心理专业特色,多方动员百余名心理热线志愿者搭建“全国首条24小时免费‘心理抗疫’热线”提供线上心理咨询服务,上海联劝公益基金会及其所属联劝网已上线疫情相关募捐项目15个,累计募捐金额超过2 000万元,上海市社会工作者协会发出“上海社工在行动”号召,牵头72家社工机构加入“战疫情——上海社工服务团”,在医院、道口、社区一线广泛开展防疫工作,帮助社区提高应对突发事件的预防和处置能力。市文明办、市志愿者协会发出参与疫情防控志愿者服务倡议书,广大志愿者和志愿组织迅速行动,据不完全统计,上海36万名志愿者奋战在社区疫情防控一线,“上海志愿者网”在短短3个月时间发布11 001个疫情防控志愿服务项目,上岗志愿者364 387人,累计服务24 742 684小时,人均服务67.9小时。①

## 四、发挥科技支撑功能,提高社区治理精准化智能化水平

此次新冠肺炎疫情暴发以来,非接触式治理成为社区治理的主要形式,既

① 方士雄:《巩固抗疫成果　深化志愿服务》,《上海社会建设研究》2020年第3期。

有的面对面为主的社区工作模式受到制约，客观上要求善于将高新技术转化为社区防控工作中的抗疫神器。上海健康码（也称“随申码”）于 2020 年 2 月 17 日上线，“一网通办”全面整合了卫健、公安、交通等各部门以及电信运营商、航空、铁路等企业数据，并测算出市民的风险状态，为社区一线人员甄别风险提供技术支持，成为出入社区的特殊通行证。一旦发现疑似或确诊病例，基于微信、支付宝等智能软件数据、人脸识别、闭路监控、交通工具乘坐信息等数据集成，为有效还原有关人员的行动轨迹和接触范围提供了基础依据，大数据技术也为公安部门收集信息、疾控部门流行病学调查、社区医院和街镇村居核实管理等提供精细化支持。市民政局在居村层面积极推进社区治理智能化应用系统“社区云”建设，系统由全市统一的社区主题数据库、面向居村干部的社区治理端、面向社区居民的居社互动端等主体构成，“社区云”以政务微信为居村干部应用入口，以“云网端边安”一体化数据资源服务平台为载体，围绕“四早”（早发现、早预警、早研判、早处置）目标，纳入“一网统管”问题发现和协同处置体系，形成问题发现—上报—处置—反馈闭环处置机制，推动实现社区治理与网格化管理的数据共享和业务联动。除此之外，根据社区防控需要深化拓展智能技术应用场景，闵行区打造“云邻里”居村工作平台，通过线上预约“零接触”、防疫信息“实时发布”、居民“扫码通行”，做到了无接触式管理和智能化精准管控，马桥镇发挥人工智能创新试验区的建设成果，通过平安社区智能化管理平台“人房对应”和智能化门禁系统大数据、人脸识别和自动报警功能，即时掌握离沪和来沪人员信息，及时锁定人和车，精准追踪活动轨迹，迅速采取防控措施，极大地助力基层一线的社区防控工作。

## 第二节　上海超大城市社区安全治理存在的问题

此次新冠肺炎疫情暴发以来，经由各方面、全领域、全周期的共同努力，上海全市社区疫情防控工作取得显著成效，也积累了不少经验，正处于向常态化长效管理的过渡阶段，但截至目前，随着疫情的复杂变化，全市社区防控工作仍处于应急管理阶段,尚未真正过渡到常态化社区安全治理阶段。虽然运动式治理能够在短期内集中取得治理效果,构成有效应对突发事件的整体性治理范式,但运动化治理往往需要动员大量资源,治理成本较高,可持续性较弱,面对突发事件内在的“脱域”(disembeding)①性质,缺乏对长期性风险因素的动态性追踪,难以真正实现风险防控的源头治理。由此,经过新冠肺炎疫情的考验,上海城市社区安全治理仍存在以下问题:

## 一、体制机制法制滞后

此次新冠肺炎疫情再次凸显社区安全治理在社区治理体系中的重要性,特别是常态治理和应急管理有机结合的重要性,亟待在市、区层面进行相应的体制改革以构筑新的体制支撑。根据《中华人民共和国突发事件应对法》及相关法律法规,“一案三制”是应急管理的核心,其中,“一案”是指制定修订应急预案,“三制”是指建立健全应急的体制、机制和法制。根据此次社区疫情防控实践,应急预案较为完备但社区适应性较弱,与应急预案相对的社区治理体制、机制和法制则存在较为明显的不足。具体而言,在体制方面,长期以来,上海探索形成“条块结合、以块为主”的城市治理体制,市委“1+6”系列文件逐步做实基层,大量职责资源向街镇、居村等“块面”下沉,但相应的条线权力并未及时下沉到位,引发新的条块矛盾,极易诱发“有组织的不负责任”(organised irresponsibility)②风险;在机制方面,应急响应启动后,确立运动式应急管理工作模式,基层社区被不断地自上而下压紧压实防控责任,与之相对的自下而上的社区内部动员机制反而弱化了,容易引发社区防控和应急管理的缝隙和失灵;在法制方面,由于突发事件应急管理,街镇与居村职责之间及居委会、业委会与物业公司之间基于法律争议的冲突被掩盖了,大数据信息共享、网格化管理主体等领域存在法律空白点,有可能降低社区安全治理的效率。

---

① [英]安东尼·吉登斯:《现代性的后果》,田禾译,译林出版社2000年版,第18页。

② [德]乌尔里希·贝克:《世界风险社会》,吴英姿、孙淑敏译,南京大学出版社2004年版,第41页。

## 二、社区风险评估缺位

此次社区新冠肺炎疫情防控工作中,各级政府所制定的预案虽然完备但普遍缺乏针对性和操作性,基层社区的预案只能做到与上级预案的简单对接,无法体现实效性,社区应急预案完备但适应性弱的问题较为突出。究其原因,社区安全治理作为新生事物,我们对于社区自身的脆弱性以及可能遇到的风险并没有科学的认识,自上而下的社区应急预案没有进行系统的社区风险评估,普遍缺乏社区层面的普遍认可。由于社区风险评估的缺位,由政府主导的安全管理,其动机和效率必然随着自上而下的层级传递而不断衰减,与此同时,由于社区居民在这一过程中是被动的、受管理的,其参与度和热情度都会大幅下降,这一问题直接导致社区公共安全体系建设存在着形式大于内容、参与度低、缺乏社区个性等问题。城市社区的地理区位、产业类型、房屋属性、居住人群等方面的结构性因素决定着不同风险对社区的影响。通过引导社区开展风险评估、社区风险地图绘制、社区应急预案编制等应急管理前期工作,不仅能保证社区应急管理工作的有效性,更能推动社区应急管理工作从原本的统一化向个性化发展,随机化向常态化发展,粗放化向精细化发展,实现社区安全管理从减少损失为主向减少风险发生为主的重要转变。

## 三、社区治理主体不足

2020 年 2 月 7 日,上海市人大常委会审议通过《关于全力做好当前新型冠状病毒感染肺炎疫情防控工作的决定》,要求居委会应当发挥自治作用,协助相关部门做好社区疫情防控宣传教育和健康提示,落实相关防控措施,及时收集、登记、核实、报送相关信息,业委会、物业服务企业应当配合做好疫情防控工作。而在具体社区防控工作中,居委会、业委会、物业三驾马车的主体作用显著,但囿于无接触治理方式,除部分社区居民志愿者外,充实社区防控力量主要来自自上而下的资源力量下沉,与之相对应的社区社会组织、社区服务平台、社区普通居民的参与程度相对较低。除此之外,居民区党组织、居委会有限动员社区资源,没有建立一个具有广泛代表性、自我管理、可评估的社区安全治理委员会作为主体架构。

### 四、科技支撑作用有限

调研显示,科技抗疫是此次社区疫情防控的亮点,但根据社区一线工作人员的反馈,抗疫神器在社区“下头”的现象比较突出,科技支撑社区安全治理作用有限。大数据信息共享系统有待完善,基层社区工作人员作为“表哥表姐”,为不同条线数据库提供了准确信息但却无相关查阅权限,但在社区防控工作中,条线部门常常以信息涉密为由拒绝提供相关最新信息,给基层排摸工作带来极大困难。社区内部的信息整合相对薄弱,“社区云”等平台普遍缺乏社区风险因素相关信息,基层社区防控工作中仍需自行采集相关信息,且缺乏相应的技术人员。技术应用场景有待深化拓展,传感器、门禁系统、自动报警系统等应用场景“最后一公里”问题没有解决,大部分事部件仍需要人工的最后确认。

## 第三节　城市社区安全治理的国际经验梳理

20 世纪 60 年代以来,以社区为单位抵御灾害和各种风险是国际社会应急管理工作的重要趋势,拒绝将社会问题仅看作个人或家庭问题的社会工作者首次发起了以促进社会发展为目标的地方运动,这一运动将社区作为基本的工作单元,国际社会对社区安全管理的探索与实践已经开展多年。1989 年,世界卫生组织第一届事故与伤害预防大会上首次提出了“安全社区”的概念,要求社区制定针对所有居民及环境、条件的安全预防方案,同时建立包括政府、卫生服务机构、志愿者组织、企业和个人共同参与的工作网络,并保证各个组织紧密联系,以充分利用各自的资源为社区公共安全服务。安全社区建设的基本原则涉及社区组织、流行病学及资讯、参与、决策、技术及方法,其目的是通过策划意外伤害预防项目来强化安全防范以促进社区安全。①与此同

① 毛国民、陈文涛:《国际安全社区建设基本要求和典型示范》,华南理工大学出版社 2019 年版,第 26 页。

时,国际组织联合各个国家探索形成以社区为本的风险管理方法(community based disaster risk management,简称 CBDRM),①作为替代自上而下应急管理的新型方法。具体而言,CBDRM 的主要目标有两个:一是将社区建成有抵抗力的社区(disaster resistant community),二是将社区建成有恢复能力的社区(disaster resilient community)。

## 一、美国社区版“可持续减灾计划”

美国联邦紧急事务管理局(FEMA)在制订全国防灾计划的同时,还制订了社区版的“可持续减灾计划”(Sustainable Hazards Mitigation Plan),②即推行一个以社区为基础的全新灾害减缓计划,包括土地利用规划、示警系统设置、建筑物的管理与监督、紧急救助及医疗系统、危机管理指挥系统等五个部分,强调建立以社区或村为单位,从地方的横向联系、地方驻军的动员直至中央危机管理机构之间的灾害管理体系。FEMA 于 2002 年 9 月发布了一本题为《你准备好了吗——市民指南》(*Are you ready?*)的小册子,内容有关城市运行安全保障的准备、响应、恢复过程的具体建议,该指南为社区和家庭提供了如何应对各种灾害的具体指导。美国还积极推进社区自主应急组织的建设,在社区中推进建立社区应急反应小组(Community Emergency Response Team)。该小组是关于灾难准备、社区互助、救灾安全,并以为多数人的最大利益服务为目的的机构。

## 二、英国社区风险登记册

英国对风险导致的安全事件以城市运行复原力为核心,在社区风险登记中分为风险识别、风险评估、能力建设、应急准备评估四大环节,具体又进一步划分为风险侦测扫描、风险识别、风险评估、风险等级、应急规划与业务持续准

---

① 隋永强、杜泽、张晓杰:《基于社区的灾害风险管理理论:一个多元协同应急治理框架》,《天津行政学院学报》2020 年第 6 期。

② 沙勇忠、刘海娟:《美国减灾型社区建设及对我国应急管理的启示》,《兰州大学学报(社会科学版)》2010 年第 2 期。

备、应急能力分析、应急准备评估等 6 个阶段。[①]各地按照英国内阁国民紧急事务秘书处(CCS)统一编制的格式进行风险等级评估,归纳列出本社区所面临的各级各类风险,最终形成本社区的风险登记库。伦敦风险顾问小组根据上述方法,评估各类风险在近 5 年内发生的可能性以及可能造成的后果,进而给该风险打分赋值。在此基础上,可以进行不同类别风险之间的排序,形成不同时间段的风险矩阵图,最终编制完成《风险登记册》。该登记册成为有效监控和处置风险、为当地应急预案编制小组提供指导的工具。

### 三、日本倡导社区安全文化

阪神大地震发生后,社区自救在救灾早期的信息空白期中起到了至关重要的作用,这让日本政府意识到基层防灾能力与专业救援的同等重要性,提出了“公助 · 共助 · 自助”的社区安全理念。[②]其中,“公助”是指国家和地方行政等公共机关的帮助;“共助”是指借助邻居、民间组织、志愿者团体等的力量,相互帮助保障社区的安全;“自助”是指公众依靠自己和家人的力量在灾害事故中保全自己,本身就是为保障城市运行安全做贡献。与此同时,日本防灾减灾体制的设计转向强调基层是防灾减灾的主体,“共助”突出市町村长及其自发性防灾组织的作用,“自助”则突出社区居民的自救与参与社区防灾活动的内容。社区灾害紧急应对的基本单位是学区,自主防灾组织、消防团和灾害救助地区本部委员构成了三位一体的组织架构,其中,自主防灾组织通常依托自治会、町内会、住民会等社区自治组织组建,社区消防团则侧重灾害救援的专业知识和安全管理。除此之外,部分社区还建立“灾害时要援助者”的特殊名单,罗列残疾人士、婴幼儿、老人以及外国人等,保证这些人在灾害时得到救助。

## 第四节　上海超大城市社区安全治理的思路建议

2020 年 10 月 29 日,党的十九届五中全会审议通过《中共中央关于制定

① 钟开斌:《伦敦城市风险管理的主要做法与经验》,《国家行政学院学报》2011 年第 5 期。

② 唐伟:《东日本大地震两周年回顾与总结》,《建筑结构》2013 年第 1 期。

国民经济和社会发展第十四个五年规划和二〇三五年远景目标的建议》，首次把统筹发展和安全纳入"十四五"时期我国经济社会发展的指导思想，并纳列专章作出战略部署，突出了国家安全在党和国家工作大局中的重要地位。2020 年 12 月 11 日，在中央政治局第二十六次集体学习中，习近平总书记指出，坚持统筹推进各领域安全，统筹应对传统安全和非传统安全，发挥国家安全工作协调机制作用，用好国家安全政策工具箱。当前及今后一个时期是我国改革开放以来总体形势较为复杂的一个时期，坚持总体国家安全观，面对传统安全和非传统安全风险叠加渗透态势，亟待全面加强统筹应对安全治理体系和能力建设。具体到上海，较之一般城市，上海超大城市运行风险呈现出集聚化、规模化、转化快、并发快等突出特征，上海城市治理工作在既有问题的基础上又叠加了新的问题，以新冠肺炎疫情、极端天气为代表的各类重特大公共事件持续考验城市治理体系和治理能力，统筹发展和安全势在必行。社区是城市治理的基石，经过新冠肺炎疫情的考验，超大城市社区安全在社区治理体系中的重要性日益凸显，对践行以人民为中心的发展理念、提高城市治理现代化水平、实现高质量发展和高品质生活具有基础性、决定性作用。基于这一认识，可以认为，"十四五"时期直至 2035 年，必须高度重视社区安全治理工作，必须将社区安全与社区自治、社区服务、社区治理视为同等重要工作予以优先考虑和重点关注。基于此，以"安全、有序、活力"为目标，面向 2035 年的上海社区治理模式必须将"人的安全"置于最优先考虑的位置和价值基点，建立健全以社区为中心的社区安全治理体系，按照"平战结合"的原则打造常态治理和应急管理有序衔接、有机结合的社区综合治理体系。在此基础上，本章提出加强上海超大城市社区安全治理的具体建议。

## 一、以基本应急单元为中心的城市社区安全治理体系和能力建设

基于城市社区寻找风险防范、应急管理与常态治理的功能耦合点和作用发力点，结合分析北京、上海、深圳、武汉等典型城市基层社区有效应对疫情的经验做法，可以看到社区安全治理的核心内容是以基本应急单元为中心的城市社区应对重大突发风险的治理体系和能力建设。这一政策着力将社区打造

为基本应急单元,其综合性政策体系既充分考虑城市风险防范和应急管理体系的网格化发展趋势,作为区县、街镇、村居等三级响应体系的具体依托点,探索形成从网底、网中段到网顶的整体性应急管理体系建设,也充分考虑城市社区基于区域化党建、城市综合管理、社区多元治理等领域的网格化发展趋势,作为基层党组织、社区居委会、下沉执法人员、党员志愿者、驻区单位等多元主体协商共治的具体依托点,还充分考虑到不同地区、不同城市、不同区域的城市社区的差异性,以区域为单位寻找不同城市社区特殊性、相同性与典型性的具体结合点,以老公房(售后房)、商品房、混合型、涉外、大型居住区等城市社区类型为标准,以提升重大突发风险背景下城市社区治理的针对性和有效性。在此基础上,从社区实际出发,建立健全以社区为中心的安全治理体系。

## 二、定期开展社区风险评估,编制社区安全行动计划

根据城市社区安全治理的目标,围绕安全治理的具体需要,笔者认为城市社区安全治理的要点如下:建立健全社区安全治理体制,建议社区以居民区党组织、居委会为主导,有效吸纳具有专业能力的社区居民,建立一个具有广泛代表性、自我管理、可评估的社区安全治理委员会,作为实施社区安全治理的职责主体,及时对接相关职能部门,全方位、全周期地推进社区安全治理实务工作;研究制定社区风险评估模型,建议借鉴社会稳定风险评估方法进行社区安全风险评估,其基本原理是在既有的风险因子和脆弱性因素的基础上增加风险传导性分析和治理性因素评估,其中,传导性因子指某个具体因子或交叉因子直接传导、诱发或引起系统性风险的可能性,治理性因素指作为承受体的社区风险防范体系能否进行有效干预并影响风险治理效果;定期开展社区风险评估工作,在开发社区风险评估模型的基础上,按照风险信息收集、风险情况识别、脆弱性分析、传导治理分析、风险识别汇总等步骤开展社区风险评估。在此基础上开展社区风险地图绘制、社区安全行动计划编制、社区安全治理教育培训实施、社区应急演练以及社区安全治理评估等治理实务。在以上工作基础上,构建较为完整的社区安全治理体系,作为有效应对突发事件的基础性工作。

## 三、坚持整体性治理原则，着力构建社区安全治理网络

在当前，自上而下的应急管理及其治理结构可快速落实上级部门的决策部署，但横向运作的壁垒较多，推进跨部门治理面临挑战。作为基本应急单元的社区安全治理立足社区块面，探索实践政府、企业和社区三方联动的耦合点，既推进政府社区安全治理向多元节点和纽带构成的协商治理网络转变，也推进企业专业治理高效精准地配给到社区层面，还推进社区层面基于多元主体的合作治理，建构起信息互联互通、资源互通有无、制度配套衔接、彼此互依互信的有效治理网络，有效扭转“碎片化”状态，完善跨部门运作机制，提升协同行动能力。

## 四、树立全周期管理意识，健全社区安全治理的保障机制

后疫情时代的城市社区安全治理体系建设，要牢固树立总体国家安全观和全周期管理意识，以“大安全”思维加强社区安全治理的保障机制。具体而言，要点如下：加强社区安全治理的组织保障，始终把党建引领作为红线贯穿社区安全治理始终，践行以党的组织建设带动其他组织发展的工作原则，深化党员组织双报到双报告制度，切实加强“红色物业”建设力度，持续提高党的建设质量和专业化水平；加强社区安全治理的人才保障，按照常态化和长效化安全治理前瞻性地推进专业化人才队伍建设，持续提升社区工作者的安全治理水平，鼓励专业社会组织扎根社区开展工作，培育发展社区安全治理专业人才队伍，充实社区安全治理志愿者队伍；加强社区安全治理的科技支撑，探索建立社区风险评估与大数据信息分析有效衔接机制，深化拓展智能技术基于社区的应用场景，进一步探索非接触式社区治理新手段新方法，鼓励市场力量研发各种社区安全治理智能产品；加强社区安全治理的法治保障，根据突发公共卫生事件所暴露出来的法制问题，逐步规范社区安全治理不同主体之间的权责关系和协同合作关系，通过社会诚信系统建立健全突发事件的惩戒机制和退出机制，鼓励居村探索适合本社区的村规民约、住户守则、协商议事机制。

# Ⅳ

# 社会治理篇

# 第七章
# 上海社会组织参与社会治理的路径与策略

张虎祥　苑莉莉*

近年来,伴随着上海经济社会的快速发展,上海社会组织也得到了快速的发展,其数量规模和规范化程度不断提升。与此同时,社会组织在参与民生服务、社会治理等方面的作用日益显现,在持续推动社会治理创新的同时,也实现自身的快速、规范发展。在本章中,我们将聚焦上海社会组织参与社会治理的路径和策略,展现其在推动社会治理效能提升等方面的积极作用。

## 第一节　社会组织参与社会治理概况

作为改革开放的最前沿,上海在社会组织建设与功能发挥方面一直走在全国前列。进入新时代以来,上海在社会组织数量规模等方面长期处于领先水平的同时,也积极探索推动社会组织参与社会治理的路径和方式,以便为新发展阶段更好发挥社会组织作用、推进社会治理创新提供蓝图和远景。

### 一、上海社会组织发展概况

新中国成立70年来,上海社会组织演变同新中国整个国家宏观发展历程有着密不可分的联系。可以说,国家建设所处的不同时期、不同阶段和主要任务的变化,对社会组织的发展态势产生直接或间接的影响,使上海社会组织在不同历史时期呈现出各异的发展特征。①尤其是改革开放以来,随着上海经济社会的快速发展,社会组织无论是从数量规模还是在组织建设等方面都得到

---

* 张虎祥,上海社会科学院社会学研究所副研究员;研究方向:社会治理。苑莉莉,上海社会科学院社会学研究所助理研究员;研究方向:慈善公益。

① 徐家良、王昱晨:《上海交通大学学报(哲学社会科学版)》2019年第8期。

了长足的进步和发展,并由此奠定了新时代发展的现实基础。

改革开放以来,随着旧有单位制的消解以及对外开放的逐步扩大,各种群众性自发结社活动日益活跃,上海社会组织特别是社会团体的数量急剧膨胀。1981 年,上海有各类社会团体 633 个,1989 年年底,全市社会团体的总数达到 4 300 个。面对社会组织快速无序的增长,上海在 20 世纪 90 年代推行双重管理体制,依法登记和管理各类社会团体,颁发了一系列针对社会组织的规范性文件,开展相关监管工作,进一步提升了上海社会组织的质量和内涵。进入 21 世纪以来,随着北京奥运会和上海世博会相继召开,通过不断革新管理体制并出台促进政策,社会组织进一步融入上海社会治理。“十一五”期间,上海市通过制定促进社会组织发展的政策,进行公益招投标和公益创投的探索实践,拓展了社会组织的领域和空间;通过社会团体枢纽式管理试点,促进行业协会改革发展进行“脱钩”试点工作,建成市级公益新天地和区级浦东公益服务园,实施了公益创投和公益招投标项目。2014 年,上海市委 1 号课题“创新社会治理、加强基层建设”形成“1+6”文件,强调要“组织引导社会力量参与社区治理”,为社会组织参与社区治理创新发展创造了良好的政策和制度环境。社会组织由此迎来了新的快速发展阶段,截至 2020 年 8 月末,上海全市共有社会组织 17 197 家,其中社会团体 4 311 家、社会服务机构(民办非企业单位)12 365 家、基金会 521 家。同期,全市社会组织净资产合计 590.26 亿元,其中基金会净资产合计 200.45 亿元。从全国范围来看,上海社会组织无论是数量还是增长比例,均在全国位居前列,上海社会组织发展及其功能发挥已然成为标杆。

在社会组织数量快速增长的同时,上海在发挥社会组织功能方面也走在了全国前列。市委、市政府一系列政策和制度的出台,为社会组织发展提供了持续扩展的空间和日渐增多的社会资源,不同类型的功能性社会组织迅速发展,不断出现的社会组织服务中心、枢纽型社会组织也在推动组织主体走向联动、协同发展的局面。与此同时,社会组织参与社会公共服务和社会治理已然成为社会治理创新的显著特征。党、政府与社会组织合作程度持续加强,并日益呈现出双向选择、互助共赢的层面,政府、企业、社会组织三圈互动的格局不断深化。更为重要的是,党建引领社会组织发展已经成为新时代社会组织发展的重要趋势,在党建引领下,社会组织成为创新社会治理、加强基层建设的重要力量,在参与社会治理创新中发挥着极为重要的功能和作用。

## 二、“十四五”规划中社会组织参与社会治理的目标与远景

随着新征程开启与“十四五”起步,社会组织建设与发展也将进入新的历史时期。党的十九届五中全会指出,要“发挥群团组织和社会组织在社会治理中的作用”“建设人人有责、人人尽责、人人享有的社会治理共同体”。进入新发展阶段以来,经济社会高质量发展为社会组织建设、发展以及功能发挥提供了前所未有的空间,而要实现社会组织高质量发展,有必要从活力与秩序的角度,在加强党建引领、自身建设以及能力拓展的基础上,不断参与新发展阶段的社会治理创新实践。从近期发布的《上海市民政事业发展“十四五”规划》(以下简称《规划》)中,不难发现“十四五”期间上海社会组织发展的未来趋势,即结合政府规范、引导及推动等方面的举措,社会组织的发展方向主要体现在以下几方面:

首先,要加强社会组织的自身建设,在坚持党建引领的同时提升组织内部治理的法治化、规范化水平。《规划》指出,加强社会组织党的建设。完善社会组织法人治理,加强对社会组织发起人、负责人的监管,强化对社会组织资金和活动监管。鼓励和引导社会组织建立风险内控制度,畅通公众参与监督渠道。加强社会组织涉外活动管理。完善社会组织年度检查、年度报告、专项行政检查、抽查审计和第三方评估制度,制定上海社会组织评估工作指南。深化社会组织信用管理,全面实施社会组织异常名录和严重违法失信名单制度。加大对社会组织违法行为和非法社会组织查处力度。推动社会组织四级预警网络优化升级。由此可见,构建坚强、有力、全面的党建引领体系,持续推进有形覆盖向有效覆盖转化,推动“党建强、服务强”社会组织创新发展共同体建设不断走深、走实。同时加强社会组织内部治理的法治化规范化水平,提升社会组织建设的合规性内生质量。

其次,要加强社会组织的能力建设。《规划》指出,加大社会组织培育扶

持力度。大力推进社区社会组织高质量发展。促进新型研发机构创新发展,推动落实人员激励、税收优惠等方面的配套政策。推动社会团体参与团体或行业标准制定。推进社会组织协商。加大政府购买社会组织服务力度,完善政府购买服务的工作机制、流程、标准和清单,推动社会组织在承接政府职能转移事项中规范运作。完善社会组织服务体系,加快社会组织人才培养,扩大上海社会组织影响力。由此,对于社会组织来说,在健全完善政府购买社会组织服务制度体系的同时,利用社会组织资源多元供给方式,着力提升社会组织可持续发展能力与专业优势,持续提升社会组织服务社会民生、优化营商环境、参与社会治理、凝聚社会认同方面的重要作用。

再次,要持续加强社会组织间的协商与合作交流,立足自身区位优势和经济社会发展特点,加快形成各有所长、各具特色的区域社会组织创新发展新格局。《规划》指出,培育长三角社会组织、支持国际性社会组织落户上海。聚焦长三角一体化发展重点领域、重点行业,探索开展长三角社会组织登记管理工作,提升社会组织在服务长三角一体化发展国家战略中的功能和作用。同时,推动社会组织“走出去”,搭建开放务实的社会组织交流合作平台,汇聚区域性、全国性和国际性社会组织协同发展。

在上海致力于卓越全球城市建设的征程中,社会组织要进一步围绕城市发展的目标和蓝图,不断增强与政府、企业等主体之间合作互动,推动政府、社会组织之间互动合作日益常态化、系统化和规范化。并由此进一步拓展深化上海政社的“创新联动”关系,推动上海社会组织全面升级并最终实现高质量发展,而参与社会治理则是社会组织高质量发展的重要作用领域。

## 第二节　社会组织参与社会治理的路径

进入新时代以来,伴随着经济社会的快速发展,社会力量日益成长并促生新的社会元素不断涌现,社会加速分化,各种社会矛盾和问题日益突出,传统以政府为主的社会治理已难以适应发展的新形势、新情况。正是在这一背景下,以党建为引领、政府为主导、市场作调节、民间主动参与的“一轴多元”社会治理模式日渐形成。其中,各类社会组织的快速发展及参与公共服务和社会治理是关键所在。从上海近年来的社会治理实践看,社会组织参与其中的路径呈现出较为明显的政府合作型、企业和社会组织联动型、社会组织自治型以及政—企—社共治型等,以下我们将结合典型案例进行分析。

## 一、政府合作型

所谓政府合作型模式,就是面对一些专业性、公共性及社会性问题,政府通过购买社会组织服务的方式,引入专业化的社会力量以更好地提升其应对能力和治理效果。正是在这个过程中,政府与社会实现了有效合作。以浦东新区的“维稳妈妈”项目为例,伴随着20世纪90年代以来的快速城市化,浦东施湾地区由于浦东国际机场一期、二期工程先后建设,大批施湾人一夜间由农民变成市民,从农舍搬进楼房。与之相伴的是征地拆迁等社会矛盾不时发生。在浦东国际机场建设、拆迁过程中,由于前后拆迁政策差异带来的利益不均衡,身份转换带来的心理变化以及生活习惯、生存方式改变,导致利益相关者开始上访。2003—2008年整个浦东新区进京上访从最初的10多件上升到200多件,施湾地区上访人数逐年增多,且95%是女性,平均年龄在50岁以上,没有工作,家庭困难。自2009年2月起,上海公益社工师事务所受浦东新区妇联正式委托在川沙开展“维稳妈妈”项目,服务对象是川沙新镇施湾社区96户上访家庭,主要任务是敲开上访女性的心门,有针对性地开展家庭服务和指导,帮助她们学会调适情绪,改善家庭困境,参与文化活动,进而减缓矛盾、减少上访。①项目开展以来,事务所积极与妇联系统配合,加快与川沙新镇、施湾、江镇及城南社区相关部门和组织的衔接,努力开拓各种社会资源,寻求政府部门、社会组织的多方支持与合作,运用个案、小组和社区活动相结合的专业方法,为服务对象提供全方位、个性化、多元化的专业服务,取得了良好的效果。这些效果不仅体现在这些上访妇女的息访或减缓上访,还体现在社工工作促成这些妇女改变了自己的生活态度、生活方式和行为方式,培育发展

① 查英:《浦东“维稳妈妈”社工项目调查》,《中国社会工作》2012年第5期。

了新的社会群体性的参与互动关系,使这些妇女发生了作为社会生活主体性的内在转变。此外,静安区社会组织联合会的“爱心暑托班”和“老公房加装电梯”项目被上海市政府列为实事项目。正是通过这种政府与社会组织的合作,充分体现“以人为本、服务为先”的理念,寓管理于服务群众、为群众谋利益的工作之中;同时,也充分发挥社会组织、社会力量的协同作用,形成创新社会管理的积极有效的实践合力。

## 二、企业和社会组织联动型

所谓企业与社会组织联动型,就是企业与社会组织发挥各自优势,相互协同,共同应对一些公共性社会问题,企业从社会责任的角度提供公益活动开展的资源,而社会组织则作为平台,将企业提供的资源转化为公益服务项目,并由此应对社会问题。以上海联劝基金会为例,作为一家成立于2009年的资助型公募基金会,联劝致力于用联合劝募的方式,向企业和公众进行公益宣导,拉近公益与公众的距离,引导公众和企业支持公益。从其涉及领域看,主要资助儿童、妇女、助老、教育、环境、动植物、助残、医疗健康、扶贫帮困、社区发展、公益行业支持、文化及其他等13个公益领域,以促进公益组织相互合作、可持续发展为目标。“一个鸡蛋的暴走”是联劝于2011年发起的年度公益徒步筹款活动,旨在为多个儿童领域的民间公益项目筹款,至今已经成为上海最知名最火爆的大型公众筹款活动。同时,从其募款来源看,来自企业的捐赠占到了1/3,联劝与企业的合作相得益彰:一方面,联劝根据企业需求,采取不同的合作方式,推荐有针对性的公益项目;另一方面,联劝也通过自身的品牌项目来吸引企业投身公益。在企业合作方面,联劝利用招募赞助商、鼓励企业组队参赛等多种形式吸引企业参与,反过来联劝也会给予企业明确的公益赞助回馈。很多国内外知名企业如庄臣、宝钢等已经连续多年参与该活动,其缘由就在于不仅践行了企业社会责任,同时也为这个优质公益平台所吸引。由此,企业与社会组织在此就形成了联动发展的格局。其实,上海在2011年就开始举办“上海公益伙伴日”活动,通过搭建跨界合作平台,构建了政府、社会组织和企业三方跨界合作的新机制;通过集中展示优秀公益项目、汇聚社会公益创业人才,整合了社会各方优势资源,实现公益需求和资源的有效对接;通过结成新型合作伙伴关系,推动企业参与慈善公益、履行社会责任,形成凝聚正能量的社会公益生态圈,从而建立起政府、社会组织、企业、媒体和公众友好的公益伙伴关系。①

## 三、社会组织自治型

所谓社会组织自治型,就是社会组织在生成与参与社会治理中始终坚持其自治特性,能够按照自身的功能和能力领域自主拓展其参与社会治理的空间。以徐汇区梅陇三村的"绿主妇"为例,最初是由一批退休的家庭主妇自愿结成的环保宣传团体逐步发展成有一定社会影响力的社团。"绿主妇"这个环保志愿者行动小组,逐渐通过一系列项目,延伸扩展到更多社区公共事务的治理,"绿主妇"旗下的垃圾减量活动组、家庭阳台一平方米菜园团队、环保创意设计组、调解工作室等相继成立,并正式注册成立"上海徐汇区凌云绿主妇环境保护指导中心",其逐步实现了自主发展与领域拓展。从垃圾分类等环保事务,到参与社会治理,其中尤其以"绿主妇"调解委员会最为典型。调委会成员都是热心社区事务的居民,她们能够及时发现身边邻居的矛盾、困惑和困难,以"邻家阿姨"的身份参与信访矛盾化解和困难人群的帮扶。"绿主妇"在实践中充分发挥了社会基层组织、群众自治组织和志愿者组织的作用,有效促进了社会基层组织发展,调动了社区居民积极性,建立了良好和谐的社会文化氛围与人际关系。

## 四、政—企—社共治型

所谓政—企—社共治型,就是充分发挥政府、企业以及社会等不同主体的各自优势,形成政府主导、企业支撑与社会参与协同推进的社会治理格局。以宝山区的"社区通"为例,社区通是上海鲸邻信息科技有限公司研发的基于互联网、云计算、大数据技术的一站式社区治理云平台:为社区提供以居委、村委

---

① 徐家良:《上海公益伙伴日与公益3.0——圈时代与公益3.0》,《中国社会组织》2014年第23期。

为主导的社区治理云平台。居委、村委可以入驻社区通云平台,开通自己所辖社区云空间,获得社区自治、邻里社交、社区服务三大类服务;为政府提供一站式掌上社区治理云平台。城市、区县、街镇政府可入驻社区通云平台,开通下辖居村社区治理云空间,畅通民情民意,更好地为民服务;为居民提供自我管理、自我教育、自我监督、自我服务的社区自治、社区服务平台。宝山“社区通”自 2017 年 2 月创立以来,全区 557 个居村委全部上线,近 42 万户家庭、56 万余名居村民实名加入,5.3 万余名党员在网上亮身份、起作用、受监督,互动交流超过 5 600 万人次,50 岁以下群体上线占比 60%,解决群众关心关切的各类问题 4.7 万余个;共有 11 万名居村民参与线上议事协商,产生公共议题 1.3 万余个,形成公约和实施项目 2 000 余个,确保了“民有所呼、我有所应”,群众诉求“一线处置”。可以说,“社区通”构建了党建引领下“自治共治德治法治”一体推进的基层治理格局,完善了对话协商、利益协调、民主决策、权益保障等机制,实现基层治理领域的政社良性互动。党和政府真正发挥引导协调的作用,为社会参与留下足够的空间,居村民、社会多元力量真正承担起基层治理的主体责任。

## 第三节　社会组织参与社会治理的策略

如前所述,在社会组织参与社会治理的实践中,上海已经形成了多种行之有效的模式。而在这些模式的持续演变发展中,也对不同类型社会组织的参与策略产生了明显的影响。正是从这个意义上看,不同类型社会组织在参与社会治理的策略上还存在着明显的区别,以下,我们来关注基金会、社会服务机构以及社团在参与社会治理方面的策略选择。

### 一、基金会参与社会治理的发展策略

基金会在新型社会治理格局中起着独特作用,突出表现在其可以有效连接整合各种资源、优化内外部治理机制、对公益资本进行有效配置和运作,实现社会资源共享及影响力增强的效果。从其发挥的功能来看,主要体现在以

下几方面：

首先，除了发挥企业、公众或社区的联合建设力量之外，基金会还应该着重通过不同方式与政府之间建立关联，例如，承接政府采购项目；携手政府共建开发合作平台；参与政府主导的评级体系、资格认证或其他激励制度的制定；互通双方资源或渠道；推进政社合作，从而理顺基金会参与协助政府建立社会治理新格局的目标。通过与政府之间建立更加稳定有韧性的关联，基金会可以实现信息或其他资源的共享，并涉足更多的社会领域。

其次，要进一步加强基金会内部治理能力，通过搭建第三方平台有效参与社会治理。要加强组织思想建设，优化内部治理机制并提升其治理效能，并在高效的内部治理机制下，基金会应紧密结合自身使命在不同方面有效参与社会治理，尤其是要充分发挥第三方平台作用，致力于搭建不同领域和地域的公益议题平台，促进各利益主体参与协商和政策倡导等具体举措，从而能够有效融入社会治理格局。

再次，要着力推动社会治理其他参与主体的有效协同，共同构建社会治理生态圈。在通过自身项目与行动推动公益活动及社会问题解决的同时，促进企业、个人的品牌打造和社会责任实现以协调利益相关方关系，以及培育长期竞争优势。此外，通过实现物资、办公空间、数据、信息以及不同技术工具的共享，实现公益模式的现代化和数据化（例如利用抖音、快手等新型传播平台等），从而更好地促进公众参与，共同进行社会治理。

如陆家嘴社区公益基金会成立于 2015 年，是由陆家嘴地方政府发起，爱心企业、媒体和专业公益人士共同成立的地方性非公募基金会，通过政府购买服务承接社区发展治理、决策咨询、社区空间规划、社区基金会运营等服务，推动社区公益发展。如以参与式社区规划为理念，旨在联动多元力量改善街区公共空间，发动居民和企业志愿者一起共建美丽家园，截至 2020 年年底，已经募集 300 万元资助了 23 处社区更新，有 2 000 多人参与，受益人数多于 5 万人。[①]目前围绕着社区形成三个系列的品牌项目：一是社区营造系列：街区更

① 参见陆家嘴社区公益基金会，https://www.ljzcf.org.cn/。

新、儿童友好社区、慈善之夜、不停车场、艺术社区、喵星人 TNR 计划;二是社区关怀系列:翻屋计划、粉红丝带、匠心筑梦计划、ME/CFS 城市慢生活、社区长者膳食改善计划、社区防疫守护;三是社会创新系列:江畔沙龙、社区基金、陆家嘴都市游客驿站专项基金、新上海商业城公共空间共治专项基金、社区公益伙伴计划和陆家嘴社区治理创新研究院。与此同时,为了更好地帮助企业、社会公众参与慈善公益,该社区基金会还协助制定公益募捐方案,推动不同主体方的资源对接、项目推荐和财务托管等支持。

综上所述,基金会在新型社会治理格局中起着独特作用,尤其是通过慈善公益推动社区创新方面,主要表现在其可以有效连接整合各种资源、优化内外部治理机制、对公益资本进行有效配置和运作,实现社会资源共享及影响力增强的效果。

## 二、社团参与社会治理的发展策略

社会团体是社会成员自愿组成,为实现会员共同意愿,按照其章程开展活动的非营利性社会组织,如宗教、科技、文化、艺术、慈善事业等社会群众团体。在社会治理实践中,社会团体作为政府和企业、个人之间的纽带和桥梁,往往能够将社会多元化诉求传达给政府等主体,并由此推进社会治理的实践进程。正是从这个意义上看,社会团体在社会治理中具有极为重要的作用,其参与社会治理的发展策略主要体现为:

首先,社会团体应当搭建政府和企业、公众之间协商对话的平台,畅通不同利益群体与相关责任主体的沟通渠道,化解社会矛盾,提升政府公信力。从合作主义理论视角来看,社会团体实际上被赋予了双重政治角色——既代表其组织的群体利益(这是由社会团体的会员制决定的),又担负着超越组织本身的公共责任。社会团体参与到社会治理体系中来,通过协商、谈判、听证、游说、监督等理性化、程序化的活动,在政府与市场、政府与公民之间充当桥梁与纽带,起到缓冲、减压的作用,使社会矛盾和社会冲突降到最低,社会变得更加和谐有序,使社会结构趋于合理与稳定。

其次,社会团体应当充当政府部门和公众之间的“传声筒”,将公众的声音及时传递给政府部门，推动问题解决。社会团体接近民众和基层社会，相对于政府部门来说，它们更加了解民众的困难和需要，当发生纠纷时能发现关键的问题出在哪里。通过确认相关信息、发现错误等，社会团体提高了公众参与社会事务过程中信息的“输入质量”，在向政府陈述意见的时候，能提出代表更广泛群众利益的合理方案，归纳并清晰地阐述公众观点，又可避免态度过于生硬，从而促进政府与公众的理性互动。

再次，社会团体还应当发挥服务、教育、引领的作用，加强对公众的服务、教育。由于紧密联系基层社会，加之具有非营利性、公益性、志愿性等特点，社会团体可以通过广泛的社会参与，动员民间力量，聚集人力资源，以服务民众、增进福利及协调社会矛盾。如各种社区组织、慈善组织、志愿组织等为老人、儿童、妇女、残疾人、精神病患者、失业者等对象提供公共服务和救助资源。另外，社会团体活动不仅是加强基层社会的联结纽带，而且在相当程度上对社会群体行为起到监督和示范作用，进而引领社会风气，有效推进社会治理的深入发展。如2009年成立的上海市浦东新区公益组织项目合作促进会，是由浦东公益服务园入驻的10家社会组织联合发起成立的社团，秉持着“服务会员、促进合作、助推公益”的宗旨，12年来托管浦东公益服务园，在推动公益项目政社合作，倡导公益理念，宣传公益文化，带动公益行业，发挥示范引领作用。[①]2019年起运营“新益汇”社会组织创新空间，坚持“党建引领、文化传承、赋能公益”的理念，将党建引领、政府支持、社会力量通过慈善公益推动社会治理创新的实践推广开来。曾获得上海市先进社会组织，首届上海“公益之申”十佳公益机构等荣誉。

除了与政府合作共同培育孵化社会组织，直接参与社会治理实践之外，还有一些学术类的社会团体从学术交流方面推动社会治理的研究，如上海市浦东新区社会治理研究会。总之，社会团体的优势很明显，从创新实践到理论提升，多维投入社会治理建设中。

---

① 参见浦东公益网，http://www.pudongnpo.org.cn/index_page.html。

## 三、社会服务机构参与社会治理的运作策略

社会服务机构通常以“助人自助”为宗旨,由受过专门训练的社会工作者、作为职业的服务人员和志愿者组成,为特定的有需要的服务对象提供专业服务的人群组织。随着社会需求个性化及社会问题特殊性的不断增强,具有专业服务能力的社会服务机构的作用日益凸显。从参与社会治理的角度,其运作策略主要如下:

首先,要进一步提升社会服务机构的专业水平。对于社会服务机构来说,专业化的服务能力是其借以实现自主发展、参与社会治理的根本所在。在社会治理实践中,针对不同人群所遇到的社会问题展开专业化的服务,如上海律佑社会治理法律服务中心、上海益联社会治理促进中心等。尤其是根据社会治理过程中出现的一些瓶颈性、根本性与关键性问题灵活地运用社会服务专业技能,将是对社会服务机构能力的考验。

其次,要进一步提供贴近服务对象需求的直接服务。满足居民需求是政府购买服务的出发点和落脚点。政府向社会组织购买服务,目的是提供更多更好的服务,尤其是为弱势人群和需要帮助的人群提供服务。因此,社工服务更要求贴近需求,契合实际,最大限度地满足服务对象的需求。提高政府购买服务与服务对象需求之间的契合度,不仅是确保政府购买服务质量的要求,也是确保政府公信力的要求。

再次,要进一步强化社会工作服务机构的综合能力。在参与社会治理实践中,社会服务机构要面向有困难群体或者需要帮助的人群,为他们提供服务、消解问题,就必然进入社区等生活领域。而进入社区、家庭乃至于针对服务对象开展服务,就有必要得到社区的协助和支持。在实际服务中,多数社会工作服务机构首先面临的是怎么取得服务地街道和社区的协助支持,这对服务的落地至关重要。而且,社工在服务中还需要社区社会组织、社区志愿者、企业等多方的支持,因此,社工和社工机构必须锻炼打造整合资源等综合能力,才能更好地开展工作。

近年来社会服务机构也出现了新动态,越来越关注社会治理领域,如先后

成立了上海复新社会治理研究院、上海黄浦原点社会治理促进中心、上海浦东政和社会治理研究院、上海浦东协力社会治理促进中心和上海黄浦融益城市社会治理发展中心等,逐渐向智库型的社会组织方向发展,这可以积极推动政府、高校、社会组织、企业等多方力量的合作交融,为更科学、合理的社会政策的制定提供对策建议。

总之,在“十四五”开局之年,建党100周年之际,继续积极鼓励各类社会组织创新发展,为加快建设具有世界影响力的社会主义现代化国际大都市贡献第三力量,多元主体的协同参与,有利于一起形成“共建共治共享”的新治理格局。

# 第八章

# 上海与长三角共筑跨区域新冠肺炎疫情防控策略研究

宗传宏　陶希东　刘倩玲*

2019年12月开始的新冠肺炎疫情，是1949年以来在我国发生的传播速度最快、感染范围最广、防控难度最大的一次重大突发公共卫生事件，超出了一个国家、地区能够应对的范围，对我国乃至世界多个国家和地区的应急管理体系，尤其是重大突发公共卫生事件的管理体系提出了重大挑战。

长三角地区作为人流、物流、信息流等要素最为集聚的地区，疫情防控同样面临着更加艰巨的任务和压力。在党中央的坚强统一领导下，上海作为长三角核心城市，积极引领长三角各地区，以最快的速度、最大的力度，建立健全了重大疫情跨区域协同治理新机制，开创了成功阻断病毒跨区域扩散传播、率先复工复产复学的跨区域协同治理新格局。全球疫情的持续对我国带来一定的影响，但依托疫情防控方面的经验积累，特别是上海与长三角共筑跨区域疫情防控的框架，使得疫情防控工作有条不紊地进行。

## 第一节　上海与长三角共筑跨区域新冠肺炎疫情防控体系的现状与主要问题

上海与长三角共筑跨区域新冠肺炎疫情防控体系是建立在公共卫生一体化发展的基础上的。在长三角一体化上升为国家战略后，上海与长三角共筑跨区域疫情防控体系之间的协同更加紧密，资源配置的水平更加全局性和顶层化。在上海的引领下，长三角公共卫生一体化的作用日益明显。一是推进

* 宗传宏，上海社会科学院城市与人口发展研究所副研究员。陶希东，上海社会科学院社会学研究所研究员。刘倩玲，上海社会科学院城市与人口发展研究所，硕士研究生。

公共卫生一体化对推进长三角公共服务一体化起到重要作用。长期以来，长三角公共服务一体化进程一直滞后于经济社会一体化，逐步成为长三角高质量一体化的短板。公共卫生是公共服务的重要组成部分，公共卫生一体化对推动长三角公共卫生一体化将起到重要的支撑作用。二是推进公共卫生一体化是重大传染病跨区域联防联控的基础保障。公共卫生一体化是常态化体系，统筹规划布局公共卫生资源，统筹制定公共卫生应急预案，对重大传染病的联防联控提供了基础性平台。

## 一、 上海与长三角共筑跨区域新冠肺炎疫情防控体系的现状

### （一） 长三角异地门诊医疗费用直接结算实现“两个全覆盖”

2019 年，三省一市医疗保障部门主动而为、积极协作，紧紧围绕长三角高质量一体化发展的工作主线，在全国率先开展区域异地门诊医疗费用直接结算工作，为全国提供了可借鉴可复制的长三角经验。截至 2020 年 5 月底，结算范围已覆盖长三角全部 41 个城市，覆盖 5 600 余家医疗机构，三省一市居民在 41 个城市的主要医疗机构门诊或住院均可持卡就医、实时结算。长三角地区异地住院累计结算 60.4 万人次，涉及医疗费用 151.4 亿元；异地门诊累计结算 114.7 万人次，涉及医疗费用 2.7 亿元。[①]良好的医保联动体系为公共卫生应急防控提供了保障。

### （二） 医保一体化加快推进

新冠肺炎疫情期间，在上海卫生部门的牵头下，长三角四地医保部门主动作为，加强及时沟通协调，坚持把人民生命安全和身体健康放在第一位，为新冠肺炎患者异地备案开辟“绿色通道”，为解除患者就诊后顾之忧、做好医疗救治工作提供有力保障。长三角四地医保部门正在总结经验，努力将这种非常态化的医疗一体化行动固化下来，形成医保一体化制度和政策体系。

---

① 胡金华：《41 个城市全覆盖　累计结算超百万人次　长三角医保一体化按下“快进键”》，《华夏时报》2020 年 6 月 23 日。

### (三) 联防联控机制逐步完善

2018年,长三角正式建立了苏沪浙皖三省一市省级疾控中心卫生应急合作机制,定期开展长三角区域公共卫生风险联合评估和应急演练。疫情期间,在上海的牵头下,长三角形成防疫五个工作机制,展示了长三角地区公共卫生协同治理的规范性和重要性。2020年2月20日,上海市经济和信息化委员会、江苏省工业和信息化厅、浙江省经济和信息化厅、安徽省经济和信息化厅就上下游企业复工复产及防控物资保障供应工作召开主要负责人视频会议,达成统一意见,开展联防联控。“长三角四省市工信部门需要第一时间密切配合、联防联动,协调区域内上下游配套企业的保供、复产、复工,协同解决区域内防疫重点企业骨干员工返岗和应急物资运输问题”“区域内在健康码制定标准、使用范围、互认机制等方面达成共识”。其后,又确立了针对当前阶段的五项工作机制:长三角健康码互认通用机制、产业链复工复产协同互助机制、企业复工复产复市就业招工协调合作机制、跨区域交通等基础设施加快落地协同会商机制、疫情防控特殊时期区域经济政策协调通报机制。未来长三角联防联动机制将从应急状态向常态化转变,形成日常工作机制。

长三角经过抗击疫情的联防联动,积累了公共卫生全面一体化的经验和基础,正面临着将应急机制向常态化机制的转变。2020年6月4—6日,长三角地区主要领导座谈会签署了《长三角区域公共卫生合作协议》,提出了“整体谋划、系统重塑、全面提升长三角一体化公共卫生体系”的目标要求。长三角公共卫生风险的联合科研、联合评估研判机制和疫情协同处置机制也将进一步展开。未来全要素、全天候、全领域、全范围的公共卫生一体化体系将逐步构建。

### (四) 信息共享机制逐步深入

信息共享在整个区域防范重大公共卫生风险和应对危机的过程当中至关重要。长三角区域构建一体化公共卫生服务和应急体系的条件已基本成熟、效益显著、潜力巨大。在未来应推动卫生等公共领域的常态化数据监测,大幅提升城市对大型公共安全突发事件的响应能力。长三角区域合作办公室积极协调建立三省一市的疫情防控机制。上海市交通委牵头制定了上海长三角货运汽车通行证，通过支付宝下载小程序就可以办理，极大地方便了医疗物资和其他物资的运输，也在一定程度上促进了货物进出口。长三角智慧医疗发展联盟利用远程智慧医疗平台组织华山医院等高水平医疗机构的专家和安徽铜陵等地的防控机构进行实时信息交流，并对危重病人进行会诊；"三省一市"疫情防控办公室建立了信息互通工作方案，在确诊病例等方面相互沟通信息；为帮助企业复工，上海、浙江实行健康码互认，方便了两地人员往返。

（五）跨区域城乡联防联动取得巨大成功

本次疫情社会参与程度更高，从基础设施到基层社区，从应急前线到后方支援，都闪现出志愿者的身影。上海青浦区、苏州吴江区、嘉兴嘉善县三地之间加强跨区域重要医疗防疫、生产生活、民生保障等物资统筹调配，联查联控共守道口，全力做到协同防控。加强道口联防联动，将跨区域通道交界点临近的卡点合并设于交界处，联合成立道口防控临时党支部，发动党员志愿者和青年突击队，整合力量组建"公安+医疗+志愿者"的联合防控队伍，共同实施车辆查控、测温登记。疫情期间，三地共发动 5 万余名党员志愿者参与抗疫，青浦组建了 4 000 多人的区、街镇两级战"疫"支援队驻守村居一线；吴江向疫情防控一线选派了 50%的机关党员干部，达 1 750 人；嘉善选派 2 900 余人次党员、干部到一线参与防疫。

在长三角疫情防控中，企业和行业组织的平台发挥了重要作用，比如说交通运输通行证运用的就是阿里巴巴平台，远程医疗依托的是智慧医疗联盟理事单位白玉兰医疗中心的平台，体现出企业、行业协会等组织的社会责任感。

城乡联动一般是属地化的工作，在本次疫情期间，上海青浦区、苏州吴江区、嘉兴嘉善县三地在疫情防控中全面开展"双守双共、联防联控""行动支部""结对战疫、守卫家园"等活动，共同强化基层村居社区防疫力量。三地针对示范区腹地的广阔农村，以党建联建推动交界处农村联防联治，形成了多村联守、联勤联防、群防群治的工作模式。青浦南新、陈东、雪米三村与吴江东联村、苏州东浜村相邻，在三地各镇党委的统筹下，相关部门整合党员、网格化、治安、志愿者等力量，加强合作协同，实现了"五村两守两封闭”,切实扎紧乡村“联动防疫网”。跨区域城乡联动进一步扩大了资源配置范围,形成了更合理的分工合作的格局,对于优化配置资源,提高区域治理效率提供了新思路。

## 二、上海与长三角共筑跨区域新冠肺炎疫情防控体系的主要问题

### (一) 防疫资源仍存在碎片化情况

长期以来,由于地方政策的差异,以及行政壁垒的存在,长三角公共卫生防疫资源的碎片化现象仍然比较明显。本次抗击疫情过程中,长三角积极制定政策,在统筹资源配置方面起到了较好的效果,但应急性的政策还无法全面解决资源碎片化的情况,而且在短期内有效果,长期固化下来仍然有难度。

### (二) 疫情防控政策的衔接仍然有待提高

疫情防控期间,地方政府的政策之间存在一定的不衔接,特别对跨区域交通联通、防疫物资和生活物资流动等造成一定的障碍。另外,长三角公共卫生领域的一体化标准体系建设仍然需要加强。疫情防控期间,因标准体系的不统一也造成一定的壁垒,虽然通过应急处置加以解决,但标准化的统一是常态化的关键。

### (三) 防疫队伍的规模和结构有待进一步完善

本次疫情体现出两个矛盾:一是专业防疫队伍缺乏。防疫过程中,专业人员工作量大、工作压力大的情况非常普遍,加上跨区域的援助,人员捉襟见肘的情况比较明显。二是半专业化队伍缺乏。国内外经验表明,半专业化队伍可能是首先接触疫情的人员,在疫情防控方面的作用非常大。总体上看,社会组织力量较弱,半专业化人才队伍不健全,主要以地方红十字会的救援为主,规模数量远远达不到要求。

### (四) 社会参与的渠道需要进一步理顺

长三角动员志愿者、企业、社会组织、社区参与疫情防治方面取得了较好的经验,但在参与渠道方面仍然需要把关,在跨区域参与方面还需要制定相应的标准。另外,在拓展参与渠道的同时,还要兼顾社会参与主体的安全性。

## 第二节　上海与长三角共筑跨区域新冠肺炎疫情防控体系的有益经验

### 一、上海与长三角共筑跨区域新冠肺炎疫情防控体系的主要做法

#### （一）及时形成防疫应急协同工作机制

2020 年 2 月 7 日下午，中央政治局委员、上海市委书记李强主持召开长三角三省一市新型冠状病毒感染肺炎疫情联防联控视频会议，会议审议通过了长三角地区新型冠状病毒感染的肺炎疫情联防联控近期合作事项，建立起“确诊和疑似病例密切接触者信息快速沟通、健康观察解除告知单互认、重大防疫管控举措相互通报和省际协调事项交办单、重要防疫物资互济互帮、供应保障和恢复生产人员物资通行便利”和“医疗诊治方案共享和危重病人会诊、应对长三角公共安全事件和应急管理工作”等“5+2”协同联动工作机制，并明确由三省一市常务副省（市）长牵头负责常态沟通协调。随后，又召开一系列联合视频会议，对开展联防联控和复工复产进行全局性的部署。

#### （二）聚焦防疫物资的协同供应与调配

长三角地区对于防疫物资的调配具有高度协同性，根据启信宝数据，中国口罩生产企业主要集中在长三角地区，长三角的应急产业链为全国防疫物资的供给提供了支持。2020 年 2 月初，上海市财政局就加大对市防疫重点企业和受疫情影响困难企业的融资支持力度。市商务委也牵头制定长三角联防联控重要防疫物资互济互帮工作方案，建立三省一市情况通报机制，编制长三角重要防疫物资产能清单。同时，在新冠病毒核酸快速检测产品领域，上海市科委全力支持科技企业抗疫情、稳发展，出台新冠肺炎防控科技支撑、支持创新创业载体落实“减免企业房屋租金”、支持科技型中小企业开展技术创新活动等多项措施。上海之江生物科技股份有限公司研发的 2019 新型冠状病毒核酸检测试剂盒，于 2020 年 1 月 24 日通过了上海市医疗器械检测所的检验，成为中国法定检验机构检定合格的首个新型冠状病毒检测产品。中国国家药监

局应急批准的新型冠状病毒检测产品企业中,长三角地区占较多数量。

(三)发挥信息系统与大数据的优势

信息共享在整个区域防范重大公共卫生风险和应对危机的过程当中至关重要。上海“一网通办”“一网统管”平台为全国提供了借鉴,在新冠肺炎疫情防控中,政府数字化转型为疫情联防联控的实践成果,发挥了巨大作用。在上海的示范下,长三角各地一系列政务、技术和数据融合发展迅速,为跨层级、跨地域、跨系统、跨部门、跨业务的协同应急管理奠定了良好基础。“数字防疫系统”“新型病毒公共服务管理平台”等在长三角高质量运行,“大数据 + 网格化”方法实时监测分析疫情动态、跟踪排查高风险人员流向已经成为常态,一系列创新举措得到全国高度认同。

(四)建立航空口岸防境外疫情输入闭环联动管理机制

境外疫情输入成为疫情防控、打赢阻击战的工作重点。按照党中央、国务院工作部署,上海市委、市政府积极做好入境防疫,专设“口岸与交通组”,对所有出入境人员实行“三个闭环”分流处置流程,从严从紧防范境外疫情输入风险,精准有序、坚决有力地把各项防控措施严格落实到位。长三角省市参与口岸联防联控机制,共同构建多层次、全链条、立体化的严密防控体系。建立苏浙两省人员转运机制。市交通委、市合作交流办协调江苏、浙江两省工作组来沪开展人员转运保障工作,建立了苏浙入沪接驳车辆联络机制,保证了苏浙两省入沪车辆在道口按照正常车辆予以放行。目前苏浙两省共派出工作人员到浦东、虹桥机场驻点,配备转运保障车辆,实行 24 小时 4 班轮换,接送车辆均配置了公安、外事、防疫人员。对贴黄色标识,在苏浙工作和居住的,本人又愿意返回苏浙居家隔离的人员建立了转运机制。

(五)区域联手推动复工复产

习近平总书记在 2020 年 2 月 23 日重要讲话中强调,“区域之间要加强上下游产销对接,推动产业链各环节协同复工复产”。在长三角区域内,产业链上下游的关联非常紧密,且多是跨省市。关键时刻,“一体化”的协同发挥了作用。比如上海松江、浙江湖州、浙江金华之间,加强无纺布、鼻梁条等协同供给,保障重点防疫物资稳定生产。在疫情逐渐好转期间,长三角地区也逐渐做出复产复工的决策,并为复产复工提供了相应政策。

疫情防控状态下,企业复工将面临上下游配套、办事审批、资金配套等多方面问题,需要政府部门加强协调和扶持,助力共渡难关。在这种情况下,长三角 G60 科创走廊发挥协同优势,综合施策,为企业提供全面服务保障。一是上下游配套协调方面,上海松江、浙江湖州、浙江金华等发挥产业链一体化布局优势,加强无纺布、鼻梁条、耳带等上下游材料协同供给,并制作双向运输绿色通行证,保障口罩等重点防疫物资稳定生产。二是办事审批便利方面,九城市 89 个“一网通办”专窗停窗不停工,有效利用政务服务“网上办”“掌上办”“异地办”“加急办”等方式,线上帮助企业足不出户办成事。三是企业复工解困方面,G60 联席办发挥统筹协调作用,在各城市出台支持企业发展政策措施基础上,抓紧梳理汇编、宣传解读,开展线上调研,及时掌握企业面临的新困难、新问题。同时,还牵头银行等金融机构全力做好金融服务,工农中建交邮等 12 家银行通过 G60 综合金融服务平台,推出 22 款专项贷款产品和相关优惠政策,通过“极速审批、审毕即放”绿色通道,放款超过 2 000 万元。

## 二、上海与长三角共筑跨区域新冠肺炎疫情防控体系的有益经验

### (一) 发挥良好的常态化合作基础,为疫情防控提供保障

近年来,长三角三省一市的卫生健康工作形成了良好的合作基础,卫生健康信息化水平也在不断提升,已经形成常态化公共卫生应急协同联动机制,为公共卫生疫情防控打下坚实的基础。跨省疫情通报、最新政策解读、工作经验交流、防疫研讨、传染病联防联控应急演练等常态化的合作机制逐步完善,成为应对突发公共卫生事件中最坚实的基础。

### (二) 以顶层设计与战略规划为指引,明确应急协同方向

本次抗击疫情表明,顶层设计与战略规划的方向是稳定民心、稳定社会秩序的重要抓手。疫情开始阶段,长三角三省一市联合召开疫情联防联控视频会议,形成协同联动工作机制,奠定了抗击疫情的整体布局思路,并围绕统筹疫情防控和经济社会发展,进一步合作建立了五项工作机制:一是建立长三角

健康码互认通用机制,按照“有码认码、无码认单”的原则,为三省一市复工复产和群众正常生活提供便利。二是建立产业链复工复产协同互助机制,全面梳理形成打通跨区域产业链的企业清单,强化供需匹配和原材料、零部件生产供应,落实通关、物流一体化等协同举措保障物资运输畅通。三是建立企业复工复产复市就业招工协调合作机制,联合搭建企业用工对接服务平台,组织开展各类线上对接活动和招聘会,精准匹配缺工企业和就业重点群体供需,共同开辟员工返岗绿色通道。四是建立跨区域交通等基础设施加快落地协同会商机制,对已开工建设的项目,加强用工、物资运输等合作,抢抓项目建设进度;对处在前期工作阶段的项目,协同做好规划落地、方案稳定、项目报批、要素保障等相关工作,力争尽早开工建设;对纳入长三角一体化发展国家规划纲要、三年行动计划的项目,抓紧规划研究和项目储备。五是建立疫情防控特殊时期区域经济政策协调通报机制,加强政策协同,扎实做好“六稳”工作,在支持复工复产复市、扶实体稳产业保就业等方面加强沟通衔接。

### (三) 以人员车辆互认通行机制,解决省界人员和车辆道口通行问题

上海发布长三角疫情防控交通运输一体化货运车辆通行证,持证货运人员回沪无须再次隔离。上海金山、浙江嘉善与浙江平湖三地在互访的基础上,共同推出“两书一证”人员车辆互认通行机制(“两书”即“个人承诺书”和“企业承诺书”,“一证”即通行证),有效解决省界人员和车辆道口通行有关瓶颈问题。上海市嘉定区与江苏省昆山市签订《嘉昆两地联防联控备忘录》,联合发放“工作通勤证”,员工跨省通勤,不再需要被反复隔离,也不再需要重复填写个人信息。其商定操作方案包括:一是由员工所在企业向当地政府按有关要求提出申请,经严格筛查后统一发放“工作通勤证”,并实现两地互认;二是持“工作通勤证”进出道口人员必须同时出示嘉定安亭、昆山花桥居住小区“临时通行证”、身份证或有效证件;三是道口防控人员只需测量体温并核对证件,确保人、证一致后即可在早晚高峰时间段由专用通道放行,无须填报个人信息。目前,嘉定安亭镇已经向辖区的上汽大众、科世达等 18 家企业发放通勤证,至少为企业员工节省近一个小时的通勤时间,有效保障了企业在特殊时期的产能恢复,保证了区域经济的平稳发展。

（四）注重疫情信息实时共享，联合筑牢线下“防疫墙”和线上“防疫网”

例如，长三角一体化示范区两区一县加强信息实时共享，特别是确诊或疑似病例密切接触者信息，加强防控人员排查登记信息、活动轨迹信息的及时推送、交换和比对，加强疫情防控重要举措出台的通报，实行分类分级联防联控，联合开展疫情研判和风险评估。及时发布工作动态、做法经验、疫情变化等重要信息和社会普遍关注的热点问题，主动释疑解惑，并相互借鉴学习。在筑牢线下“防疫墙”的同时，两地也积极筑牢线上“防疫网”。通过微信、电话等方式，做好网上的沟通联系，实现信息的互联互通、信息共享。与此同时，制定长三角联防联控重要防疫物资互济互帮工作方案，建立三省一市情况通报机制，编制长三角重要防疫物资产能清单；通过地区间的医疗诊治方案共享、跨区域远程会诊和救治工作制度交流等方式，共同提高治愈率。

（五）利用数字技术实现不同地区防疫和复工的差异化管控

浙江省推出了“一图一码一指数”的策略，管理各区县的疫情。其中，“一图”即疫情图，对各区县的疫情风险状况进行分级评价，作为是否复工复产的决策依据；“一码”即健康码，分为红、黄、绿 3 种二维码，作为个人健康凭证，仅绿码持有者能自由流动；“一指数”即精密智控指数，由管控指数和畅通指数构成，对各设区市进行评价。

（六）发挥跨界区域党建领导力，为跨区域联防联控提供有力组织保障

上海金山区与毗邻的浙江平湖市两地在“毗邻党建”的引领下，整合两地防控资源，使疫情防控和复工复产取得了一定成效；浙江省桐乡市乌镇镇与毗邻的江苏省苏州市桃源镇联合签署“党建引领疫情联防联控合作协议”，为推进毗邻两镇疫情防控信息共享和合作交流提供了组织保障。

## 第三节　上海与长三角共筑跨区域新冠肺炎疫情防控的路径与策略

实践证明，抗击重大疫情更加需要区域的协同治理。从“十四五”开始，我国经济发展进入了贯彻新发展理念、新发展阶段、新发展格局的新时代，高

质量、一体化是长三角城市群发展的核心要义。而以此次新冠肺炎疫情跨区域防范为契机,全面打破行政区划的割据,实施跨区域协同治理,构建跨行政区公共卫生健康共同体,理应成为长三角城市群高质量一体化发展的重要内容。未来,长三角公共卫生协同治理,需要沿着如下基本路径进行改革创新。

## 一、上海与长三角共筑跨区域新冠肺炎疫情防控的路径

### (一) 常态与非常态相结合

一方面,从常态出发,主要围绕公共卫生服务在长三角区域内实现均等化、一体化的目标,加快实施区域公共卫生政策的互通共享、创新跨区域服务机制推动基本公共服务便利共享、建立标准统一管理制度、公共卫生人才流动共享等,为适应长三角人口、人才和产业跨界流动重组的需求,构筑公共卫生服务跨区域整合共享发展的新格局。另一方面,要从非常态(应急状态)出发,围绕突发公共卫生事件或重大流行病的暴发等,做好“平战结合”,建立健全日常协同防范机制向“战时联动体制”的快速转换程序和机制,建立健全跨区域协同共治的应急组织架构,明确与三省一市相关医疗机构之间的权责关系,建立统一的重大公共卫生数据的瞬时通报共享、信息统一发布,快速搭建全民健康信息平台、医疗协作系统、急救医疗网络体系,实现急救信息共享和急救网络连通。三省一市按照统一格式相互通报疫情,第一时间落实病例溯源、密切接触者追踪工作。

### (二) 条块相结合

长三角空间治理是一个在更高层面、更大范围内,发动国家资源和地方资源,共同处置跨区域公共事务的集体治理行动,既要发挥“条”的专业力量支持,又要发挥“块”的整合协调功能。实现“条”与“块”的有机融合与紧密合作,是实现区域治理现代化的必然选择。据此,在长三角公共卫生跨区域协同治理中,要高度重视并处理好“条块关系”,打造纵横协同、无缝衔接的协同治理格局。一方面,要充分发挥国务院医疗管理部门、国家或地方省市疾控中心等公共卫生部门,以及铁路、航空、物流等纵向条线部门在公共卫生体系建设、重大疫情防范中的专业功能和作用,又要处理好条线部门与地方政府、城市政

府之间的关系,实现“条的纵向协同”与地方政府之间横向协同的有机结合。

（三）有形资源与无形资源配置相结合

长三角公共卫生跨区域协同治理,实质上就是医疗公共卫生资源的整合、共享行为,旨在提升各种医疗卫生资源的调度、配置能力,发挥资源的最大效益。为此,在三省一市公共卫生协同治理中,一方面,要高度重视医院、疾控中心、药物、人才、科研、医疗应急物资等有形资源的科学规划、配置与使用,实现优质医疗资源、公共卫生设施的互联共享、科学配置、高效使用,全面满足平时和战时人民群众对医疗卫生资源和服务的正常需求,最大程度地克服因资源配置不均衡或错配导致的效率损失。另一方面,要在医疗资源联动方面,更加注重线上问诊、远程会诊等智慧医疗项目的共推,抑或更多无形资源的共建、共享,尽力扩大和延伸医疗卫生服务的范围和领域,满足重大疫情背景下的巨大卫生服务需求。

（四）跨界与属地化相结合

新时代长三角公共卫生跨区域协同治理,并不是指所有的公共卫生体系都要突破行政区划的边界范围,依然要十分重视属地化的建设工作,实现跨界治理与属地化治理相结合。一方面,围绕区域公共卫生制度一体化、服务均等化、数据共享、疫情联防联控、医疗保障异地结算等议题,要积极搭建各类跨区域协同治理的平台和机制,整合区域公共卫生资源,努力解决不平衡不协调的问题,努力放大区域协同的综合溢出效应。另一方面,在围绕疾控机构标准化建设、公共设施平战两用改造、医疗废物集中处置设施、提升市级医疗救治综合能力等方面,在参照跨区域相关标准的同时,更要注重属地化治理的责任,引导地方政府或城市政府持续加大对公共卫生领域的财政投入支持力度,努力提高地方公共卫生的建设能力和水平。

（五）行政、市场、社会相结合

协同治理本身就是一个多主体参与、共商共建共治共享的互动协商过程,同理,长三角公共卫生的跨区域协同治理,也不是政府一家的事情,需要行政、市场、社会三方力量的有机结合,各尽所能,共同推动,努力形成多主体跨区域协同共治的新局面。一方面,要充分发挥三省一市和成员城市的党政机构的主导作用,主动增强使命担当意识,积极有为,主动沟通,建立协调平台和机制,为满足人民群众对美好生活的需要、满足企业跨区域高质量发展的需求,提供最有力、最高效的支持和帮扶,全力助推区域经济高质量一体化发展,为创建区域公共卫生健康共同体营造良好的氛围和环境。另一方面,要发动市场企业、社会组织、普通民众、新闻媒体等多元社会力量的参与,加强市场自律、业界共治、公众参与、社会监督,共同搭建政府、市场、社会紧密协作的跨区域协同治理新体系。

## 二、上海与长三角共筑跨区域新冠肺炎疫情防控的策略

### (一)构建公共卫生一体化框架体系

以长三角一体化机制平台为依托,按照《长三角区域公共卫生合作协议》的要求,由上海、江苏、浙江、安徽一市三省卫生健康部门共同构建公共卫生一体化平台,形成领导和组织框架体系。在此基础上,建立联席会议制度,定期召开会议,在长三角一体化合作机制的指导下,对跨区域重大问题进行研究解决,共同加强卫生应急领域深度合作,建立公共卫生安全信息互联互通机制,开展跨区域远程诊治合作,开展公共卫生科技联合攻关,开展学科人才队伍联合建设,完善平战结合的医疗救治资源配置机制。

### (二)构建公共卫生一体化规划体系

构建《长三角公共卫生一体化规划》,重点解决三个方面的公共卫生要素资源配置问题。

一是统筹规划布局城乡之间的公共卫生要素资源配置。按照常住人口规模和服务半径合理布局公共卫生资源,特别是针对跨区域城乡接合部这一薄弱环节,在公共卫生资源的配置方面要重点推进,逐步建立起覆盖城乡,均衡协调的医疗卫生服务体系。

二是统筹规划跨区域城市之间的公共卫生要素资源配置。本着优势互补、资源共享的原则,优化布局跨区域城市之间的公共卫生要素资源,形成分工协同体系。

三是统筹规划公共卫生与其他领域要素资源的配置。公共卫生应急事件

发生后，对其他领域将形成连锁反应，如本次疫情的防控造成人流、物流受到巨大限制，造成粮油、生活用品等物流供应问题。对此，要构建公共卫生与其他领域要素资源之间无障碍流通的应急预案。总之，通过对跨区域重要区域、重要点位、重要领域进行统筹布局，形成城乡融合、区域联动、部门共享的一体化规划体系。在公共卫生一体化规划的总体布局下，促进各城市公共卫生规划的衔接，形成区域化与属地化相结合的公共卫生体系。

（三）构建公共卫生一体化标准体系

建立高于全国平均水平的公共卫生一体化标准，标准设置全域统一。标准体系分为共性标准和专项标准。共性标准是要求各城市共同达到的基本标准，应高于国家普遍标准；专项标准是针对具体的政府部门、社会组织和社区活动团队等的专门性标准，要求专业化、可操作性等。在长三角全域范围内，实现公共卫生共性资源要素配置的一体化，做到标准统一、资质互认，包括公共卫生设施评估标准、服务质量规范、人才培训标准、教育标准以及从业资格等。

（四）促进公共卫生一体化联防联控机制的常态化

根据未来发展趋势，促进疫情期间形成的疫情防控信息互联互通机制、重大疫情管控举措互相通报机制、重要防疫物资互济互帮机制、疫情防控交通一体化联动机制、新冠肺炎病例医疗救治工作联动机制，以及长三角健康码互认通用机制、产业链复工复产协同互助机制、企业复工复产复市就业招工协调合作机制、跨区域交通等基础设施加快落地协同会商机制、疫情防控特殊时期区域经济政策协调通报机制等常态化。

未来疫情防控，需丰富“两全”预警体系的内涵。

一是全过程预警预报系统。长期以来，预警预报只是突发公共事件前端的节点，一旦进入应急处置阶段，预警预报就结束了。但随着突发公共事件日益复杂，影响日益广泛，不仅对人身生命财产产生直接的影响，对经济社会的影响往往会产生“放大效应”，产生一系列的“次生事件”和“事件链”，甚至长远影响。疫情中，带病毒人群的流动性对各地区乃至世界带来巨大的影响，是否会带来一系列的“事件链”，疫情恢复重建阶段将面临哪些不确定的因素等,产生一系列未来亟待解决的问题,实际上也需要启动预警预报体系。因此,全过程预警预报是针对“事件链”的全过程预警体系,也就是对突发事件下一步的发展进行预警预报。对此,建议突破传统的“节点式”的预警预报模式,建立全过程预警预报系统。

二是全社会预警预报系统。我国把突发公共事件分为自然灾害、事故灾难、公共卫生事件和社会安全事件。实际工作中,自然灾害与公共卫生事件相对比较好预测,事故灾难相对较难预测,社会安全事件的预警预报一般比较困难。一般而言,预警预报都在专业性的部门和机构,突发公共事件的复杂化往往对专业化的渠道产生影响。因此,长三角要率先拓宽社会渠道,把社会信息纳入预警预报体系,多渠道、多角度预判突发公共事件。

三是要理顺基层上报渠道。美国针对国家重大突发事件,国土安全运行中心会发布警报,共享信息。德国“紧急预防信息系统”为民众建立了一个开放的信息平台,同时,也为决策者提供了预警预报信息。因此,要拓宽上报渠道,地方预警预报中心信息向公众公布,鼓励个人、社会团体、企业、高校、研究机构等向地方预警预报中心报送异动信息,地方预警预报中心及时与相关部门沟通、反馈。

(五)统筹规划布局公共卫生产业

一是建立长三角一体化公共卫生产业目录。整理公共卫生产业目录,纳入长三角现代服务业体系。规范公共卫生产业的边界和内涵。

二是鼓励企业跨区域经营。鼓励企业通过连锁经营、合作经营等模式在当地开设公共卫生服务机构。

三是加强长三角公共卫生产业与其他产业的对接。鼓励公共服务产业与其他产业“产产融合”,鼓励旅游、地产、保险、养老、心理咨询、辅助器材制造、规划设计、策划等企业介入公共卫生领域,形成公共卫生产业体系。

四是推进公共卫生产业园区的“飞地”模式。可以借鉴长三角园区合作的模式,共同推进公共卫生园区建设。探索公共卫生园区共建的三种模式:第一,产业链合作。鼓励上海、南京、杭州、苏州、宁波、合肥等中心城市向周边区域公共卫生园区输出核心产业和产品,形成产业链的分工与合作。第二,经营管理模式输出。一般由中心城市的园区、企业对周边区域公共卫生园区进行经营管理。第三是品牌输出。一般由中心城市的高校、研究机构在周边区域公共卫生园区设立“园中园”,吸引相关的研发力量进行推进。这三种模式可以以某一种为主,也可以混合并行。

五是推进投融资一体化。对投入长三角公共卫生一体化产业和项目的资金,统一准入和监管标准,统一优惠政策。

（六）构建多元化主体跨界联动机制

一是逐步放开民非组织的限制。对于以非营利为目的的跨区域长三角公共卫生社会组织,逐步消除无法跨区、市注册的限制。允许跨区域提供社区公共卫生服务,可以以当地标准提供相关公共卫生补贴。

二是大力发展社会组织。对于跨区域的公共卫生信息咨询、公共卫生中介组织、公共卫生平台等社会组织予以政策支持。要积极发挥长三角公共卫生服务行业协会作用,鼓励行业协会之间建立联盟关系,加强长三角区域行业自律,探索建立长三角公共卫生服务纠纷调处机制,依法妥善解决跨区域公共卫生服务纠纷的难点问题,推动长三角公共卫生服务业健康有序发展。

三是加强“三位一体”的专业化队伍建设。要在政府主导的专业队伍建设的基础上,放宽民间救助力量的准入门槛,建立政府与民间专业救助队伍合作的长效机制。同时,依托社区、园区、学校、企业,培养参与性相对稳定,有一定专业化程度的应急队伍。逐步形成政府卫生防疫部门、民警救助力量、社会应急队伍为核心的分工明确、层次分明的“三位一体”的专业化队伍。

四是加强社会参与的“核心力量”志愿者队伍建设。要针对社区、园区、学校、企业等实际,以社团、街道、业主委员会、居委会、物业管理委员会等为主体,通过半专业化的培训等手段,形成志愿者队伍,并以此为社会参与的“核心力量”,贯彻落实应急管理方针政策,开展对大众的宣传教育。

五是加强应急专家队伍建设。要充分利用长三角高校、科研机构集中,专家力量较强的优势,开展建立专家数据库。要建立“绿色通道”,及时将专家的研究成果和观点向长三角及各地方领导及相关部门反映。对采纳的成果和建议,要及时转化落实。

(七)构建信息共享机制

一是发挥长三角数字经济的优势,完善公共卫生大数据建设。完善长三角公共卫生基础统计数据库建设。统一公共卫生应急的基础统计口径,完善基础统计数据。在此基础上,推进长三角公共卫生应急大数据系统建设,构建长三角公共卫生应急信息平台,加强公共卫生应急信息发布和沟通。

二是构建区域公共卫生信息资源共享体系。促进跨区域的物流、人流、资金流信息共享,强化公共卫生领域的预警预报、常态化数据监测环节等情景的应用,大幅提升城市对大型公共卫生突发事件的响应能力。加强新媒体的作用,建立长三角发布平台,对突发公共卫生事件定期发布疫情防控、复工复产等防控宣传、权威信息和政策解读,为长三角居民和企业提供疫情信息。

三是整合社会资源。随着我国大数据、信息技术的发展,很多企业、非政府组织、行业协会等机构有很多有价值的非专业性数据,如腾讯、阿里巴巴、华为等企业及研究机构拥有某些学校、医院、企事业单位,以及城市、区域方面的流量性的数据。对此,要事先规划相应的重点控制区域、重点线路、重点控制行业、重点控制人群、重点控制项目等基础数据,并组织上述社会资源进行实时监督,一旦数据有异动,可以及时上报。

# 第九章
# 上海“十四五”期间信访治理布局与愿景

刘正强 *

## 第一节　上海的社会发展与城市问题

上海作为特大城市在全国处于举足轻重的地位，以其天时、地利、人和的优势获得了长时段的强劲发展，已处于人均 GDP 达 2 万美元的发展阶段，进入后工业化阶段并达到中等发达国家水平，位列全球化、信息化、城市化的前沿。目前，上海正按照建设“人民城市”的要求，处于加快推进“四个率先”、加速建设“五个中心”和社会主义现代化国际大都市的关键时期。随着经济的进一步发展，上海在文化、科技、教育等方面与世界发达水平逐步接轨，不断发育出现代化、市场化、城市化的经济和社会关系，到 2035 年将成为综合性的全球城市，国际经济、金融、贸易、航运、科技创新中心和国际文化大都市，成为一座创新之城、生态之城、人文之城。上海的率先发展，内在地包含了上海不仅要在经济发展上领跑全国，而且要在社会治理方面实现率先突破、做出表率、提供经验的要求。

与此同时，上海作为一个特大型的城市，率先遇到了许多共性和个性问题。由于上海的国际化、现代化、市场化发展水平领先全国，上海面临的社会治理任务也就更加繁重和艰巨，一些与此相关的社会治理问题率先在上海暴露出来：上海同全国一样，是以经济发展为引擎，通过做大做强经济总量来引领社会进步的。经济实力的强大，使上海有能力率先突破制约社会发展的一些难题和瓶颈，率先形成成熟的经验和作法为其他地区的发展提供借鉴。比如，上海凭借其雄厚的经济实力，大力推进社会保险和城乡一体化发展，“三

---

* 刘正强，上海社会科学院社会学研究所副研究员；研究方向：信访与社会治理。

农”问题基本解决。但社会结构演变滞后于经济结构变化的问题也逐步显示出来。这是因为在经济强劲发展的环境下,政府通过运用经济手段和行政控制力量,可以大体维持社会的平稳运行,一些问题可能暂时得以缓解。但当社会结构滞后到一定程度时,即使经济运行机制再完善,仅靠经济发展本身也无法实现有效的社会整合和秩序保障,导致社会运行的不畅。通俗说来,整个社会的运行如同一列高速运行的动车,经济发展是动车的动力系统,在车辆达到一定的速度后,再一味追求速度是很危险的。要保持车辆的安全、舒适,还需要有良好的制动、润滑、信号等系统的有效配合。

另外,上海的社会发展处于风险环境中。上海的人口、建筑、交通等密度超高,作为一个单核的特大型城市,抗风险能力比较脆弱,对任何一个小的风险如果防范不力都可能通过蝴蝶效应①而演化成一场大的灾难,这是因为复杂性系统具有不稳定性、非线性、不确定性、不可预测性等特征。上海还面临独有的一些问题,比如,工作节奏快、竞争压力大、生活成本高等致使社会焦虑弥散,这在各个社会阶层中皆有体现。上海是一个多元化的都市,人们面临更多的文化、价值选择,许多问题的产生往往源于人们对急剧变化的社会的不适应。一些外来人员因遭遇歧视,相对剥夺感较强,社会融合度差,极易累积反社会的情绪。如果社会系统包容性差、没有弹性,就会导致各种风险的叠加、放大和共振。因此,与中西部地区不同,上海的民生问题主要不是温饱问题,而是利益分享问题和平衡问题。尽管上海已经做大经济总量,具有强劲的经济实力和国内国际竞争力,但并未形成一套完善的改革成果分享机制。随着上海经济实力的增强和政治环境的宽松,各种不同利益群体的诉求不断涌现。这表现在多个方面,包括动拆迁、征地、市政建设、劳资关系等引发的现实问

① 蝴蝶效应(the Butterfly Effect),指在一个动力系统中,初始条件下微小的变化能带动整个系统的长期的巨大的连锁反应。美国气象学家爱德华·罗伦兹(Edward Lorenz, 1917—2008)1963年在一篇提交纽约科学院的论文中分析了这个效应。“一个蝴蝶在巴西轻拍翅膀,可以导致一个月后得克萨斯州的一场龙卷风。”其原因在于:蝴蝶翅膀的运动,导致其身边的空气系统发生变化,并引起微弱气流的产生,而微弱气流的产生又会引起它四周空气或系统产生相应的变化,由此引起连锁反应,最终导致系统的极大变化。此效应说明,事物发展的结果,对初始条件具有极为敏感的依赖性,初始条件的极小偏差,将会引起结果的极大差异。详见http://baike.baidu.com/view/1180.htm。

题,调整的难度增大、成本提高;还有包括经租房、支内职工、复退军人等群体的历史问题,会在不同的节点和时段反复出现。但囿于国家政策,上海难以单独有大的突破,整合难度更大,代价更高。随着改革的进一步深入,社会领域的新问题、新情况还会不断涌现,上海社会治理及社会稳定维持的任务更加艰巨。

## 第二节　上海的信访态势与治理现状

信访制度承载了政治参与、民意表达、纠纷化解、权利救济等诸多功能,是一项具有中国本土特色的制度设计。上海同全国一样,面临着信访治理的巨大压力并具有自己的特点。总体来看,上海信访渠道通畅、信访形势平稳、突出矛盾基本受控,没有因信访问题引发影响全局的重大群体性事件和影响社会稳定的重大恶性事件。从信访总量来看,上海信访总量的变化有明显的轨迹,其抑扬之势非常鲜明:1999—2007 年(2003 年除外),上海信访总量持续走高,从 1999 年的 499 547 件(批)增长至 2008 年的 1 319 156 件(批)。以信访办受理的数量来看,2008 年是一个重要的拐点,信访量开始逐年下降,从 2009 年的 828 002 件(批)降至 2016 年的 387 000 件(批),可以认为从高位进入中位运行态势。由于近年来倡导网上信访,2017、2018 年信访问题有所上升,分别达 408 000 件(批)和 446 000 件(批),至 2019 年又降至 355 000 件(批)。从信访类型来看,初信初访约占一半,其中,建议类占 15%,揭发类占 5%,申诉类占 5%,75%与行政部门有关。55%要求行政救济,涉法涉诉占 15%。但不同类型的信访有交叉,比如在同一信访件中涉及建议、申诉等多种类型。不过,不管如何,求决类信访仍占主导,而且大都与利益相关,尤其是动拆迁、劳动社保类信访,“如在区县层面,动拆迁信访从 2001 年的 19 038 件到 2005 年的 38 124 件,平均每年增幅 20.1%”。[1]此后由于拆迁政策的完善、补偿的提高乃至规模的缩小,涉拆迁的信访增势趋缓,而物业管理、城市规划、市容

---

① 《上海信访趋势及应对措施》,(上海)《政府法制研究》2006 年第 12 期(总第 172 期)。

环保类信访则开始上升。从信访内容来看,既有动拆迁、征地、市政建设、劳资关系等引发的现实利益调整,又包含了经租房、支内职工、复退军人等群体的历史问题。还有一些由自然环境和人文环境导致的社会不幸、社会风险和社会焦虑等也以信访的方式表现了出来。从信访趋势来看,一些反映特定社会发展阶段特点的信访类型,随着问题的逐步解决数量不断下降,如动拆迁方面,反映比较多的仍是2003年以前的问题,新增矛盾相对较少。再如20世纪90年代以来因国有企业转制所引发的社会矛盾,随着再就业工程的实施、社会保障体系的完善、低保政策的落实,以及当事人都已到达和超过法定退休年龄,其矛盾已基本得到化解。但随着知青、支内等历史问题的隐退,一些新的现实问题会转化为新的历史类信访,如涉金融、电信的问题不断出现。从信访治理来看,在信访总量大体稳定并略有下降的同时,治理难度增大。除了重信重访、涉法涉诉信访比例较高外,缠访闹访、进京访势头不减,应对难度很大;上访的组织化程度较高,尤其是集体访和进京访。2010年,越级去京上访达13 700人次,同比增加17.8%,其中非正常上访1 439人次,同比增加38.6%,①而且一些访民抱团上访、逢节点必访。此外,基于上海的地理和经济文化特点,上海的信访也具有了国际化甚至泛政治化的趋势,民粹主义的情绪在访民中有所蔓延。

总体上看,上海信访总量稳中有降,处于中位运行态势,但引发信访的各类矛盾日趋多样和复杂,信访治理的任务非常艰巨,特别是信访积案集中反映了社会转型期政府治理的困境,其复杂性已溢出信访制度的框架,其不断沉淀将危及社会的良性和安全运行,从而带来持久性的隐患。上海发展中不平衡、不协调、不可持续的问题突出表现在经济发展与社会治理的不同步上:相对于经济体制,社会治理滞后,尤其是信访问题成为治理中的瓶颈,引起社会的广泛关切。毋庸讳言的是,上海的信访治理具有浓厚的行政和经济色彩,以政府部门为中心、以行政管理为手段、以资源消耗为支撑,付出了较高的代价。如何加强和创新信访治理,以激发社会活力,释放社会空间,促进社会整合,防范

① 《上海信访趋势及应对措施》,(上海)《政府法制研究》2006年第12期(总第172期)。

社会风险,化解社会矛盾,降低社会总体运行的代价,推动城市全面转型升级,是我们亟须精细考虑的“顶层设计”。这需要我们按照中央关于推进国家治理体系和治理能力现代化的总体要求,创新信访治理的理念、制度、机制、策略,形成新的信访治理安排以解决信访反映的问题,从而使治理结构得到进一步完善,发展动力得到进一步激活,社会团结得到进一步增强。

## 第三节　上海的社会矛盾与主要类型

对上海信访治理形势的研判,不仅要立足于中国改革开放和快速转型的结构性时空背景,还要考虑上海作为特大型城市在中国经济社会发展中的独特地位。改革开放40多年来,上海的市场化、全球化与法治化相辅相成、融合发展,一直处于全国的前沿,共同形成了今天蓄势待发的格局。开埠以后的上海具有“东方巴黎”的美誉,长期处于中西文明的交汇点上,是市场化比较充分的城市,也是较早融入经济全球化的城市。上海地方文化中具有守规矩、讲道理、重自律和愿妥协等品质,是中国法治环境最好的城市之一。海纳百川、文化多元、贯通中外的“海派文化”使上海拥有接纳理性与秩序的社会基础和历史传统。经过几十年的扩张式发展,经济方面的活力得到了充分释放,具备了雄厚的经济物质基础。但另一方面,上海在面对信访治理诸问题时,由于其现代化、市场化、城市化程度领先全国,也会“率先”遇到其他地方尚未遇到过的地区性问题,诸如社会融合问题、老龄化问题、公共安全问题、各方利益协调问题等都可能以信访问题展现出来,“维稳”难度更大,代价更高。

### 一、历史遗留类问题不断沉淀与固化

正如前面所提到的,在“拨乱反正”时期,上海按照中央的精神和统一部署,对历史遗留问题进行了大刀阔斧的甄别、处理,“平反落政”告一段落。然而,已经尘封的问题可能会被当事人反复提出、激活,进入现实的博弈过程,与现实问题缠绕、纠结在一起。而现实的信访问题却很难轻易地成为历史。文化——不管是一种价值,还是一种习惯,总能在不同程度上连接历史与现实,

放大了信访困境。

党的十一届三中全会后,“平反落政”工作具体是由法院和检察系统实施,各个职能部门相互配合共同完成的。1986 年中共中央办公厅和国务院办公厅联合发文,明确要求在党的十三大召开以前,基本完成落实政策,解决好历史遗留问题。[①]经过近 10 年的集中清理工作,这项任务基本完成,社会团结和社会共识得以重建,为改革开放奠定了政治基础。但随着社会的急剧变迁,贫富差距和社会不公引起弱势阶层的不满,一些理念重新塑造了大众对历史和现实的认知。比如,法律意识、权利观念是现代社会乃至现代公民应当具备的基准理念,但如果将这些观念溯及既往,比如以物权的思维来看待革命年代对社会财富的处理,那么革命的基础将不复存在。再比如,以人为本、强调民生是完全正确的,但如果超越历史发展的阶段,过度释放人的物质欲求,则可能强化与放大本已存在的社会失衡与不满心态。在当年,由于时间紧迫、任务繁重,尤其是囿于当时的历史条件,“平反落政”的基本精神导向在于为当事人平反昭雪、恢复名誉、“摘掉帽子”,而经济补偿水平较低,这在当时可能不是一个问题,然而在中国经济取得了巨大成功,国家实力大大增强的今天,这些问题仍会不断生发出来。

这在上海尤其如此:“文化大革命”前支内知青、支内支农人员回沪待遇问题、公私合营中的财产归还问题、代理经租房的产权问题等,在不同的节点和时段反复出现。比如中华人民共和国成立初期,国家为扩大耕地面积、发展经济,曾在全国范围内实施向人口稀少、土地资源相对丰富的地区迁移人口的计划。上海市在 1955 年、1956 年两年间,曾先后向江西省安置了 9 049 户、33 081 人,其中垦荒劳动力 15 079 人。1974 年 5 月,仅留在江西农村的人力三轮车工人及其家属就约 1 300 余户、6 000 余人(不包括船民、社会青年、失业人员、流动摊贩等)。除了江西垦民,还有赴皖职工、新疆支青、支闽林工等群体,其产生与三年经济困难时期压缩城市人口以缓解城市压力相关。现在,由于上海的迅猛发展,这些群体存在与已回沪并落实了相关政策的支内职工、

① 中共中央办公厅、国务院办公厅转发《关于进一步贯彻落实〈中央落实政策小组扩大会议纪要〉的补充意见》。

知青相互攀比的心理，不满足于两地政府商定的每月提供经济帮困救助的政策，迫切要求解决养老金、医疗保障，乃至户口回沪、子女在沪读书就业等一系列问题。①尽管这类信访人群相对固定，但由于社会差异的刚性存在，他们上访的心理基础很难改变，一方面反映了特定历史阶段特点的信访矛盾数量在下降，另一方面剩下的都是“硬骨头”，问题越来越难以解决，他们的需求会随着自身及周边状况的改善而提升。大量的上访者要求按照《国家赔偿法》对自己进行补偿。②由于历史是一个相对的概念，现实的信访问题如果解决不及时或难以解决，迟早会沉淀淤积为新的历史问题。由于国家统一制定的补偿标准已远远落后于经济与社会发展现状，上海各区自行确定的补偿标准又千差万别，这就不断地引发各种攀比。

## 二、拆迁保障类问题不断缠绕与叠加

征地拆迁不唯上海，也是全国范围内最主要的信访矛盾类型。通过拆迁、征地，中国城市建设突飞猛进，为经济的强劲发展注入了生机和活力。土地红利，也使地方政府保持了旺盛的 GDP 锦标赛势头，为地方的民生改善与社会治理奠定了物质基础。因而，强拆是一种勉为其难、无可奈何的措施，毕竟它不是一种正式的制度设置，拆迁及其引发的失地问题、社保问题、安置问题等缠绕在一起，放大了官民矛盾与社会危机。其背后，是巨大的利益博弈。在上海这种寸土寸金的地方，关于拆迁的信访问题自然更为突出。

在上海城市建设高速发展的同时，居民动拆迁量一直很大。2005—2008 年，上海 4 年的房屋拆迁面积相当于之前 10 年的房屋拆迁面积总和，而 1990—2011 年，市区有 120 万户、400 万人动迁。③城市交通等基础设施建设也

① 《上海信访趋势及应对措施》，(上海)《政府法制研究》2006 年第 12 期(总第 172 期)。

② 历史问题都会涉及一个如何以今天的观念去理解、解释过去的问题。比如，在 20 世纪五六十年代，没收私房具有政治上的正当性，但却不符合当今时代的法治原则。对于历史问题的处理，基本上是通过公共政策的调整进行的，而不是依靠法律系统。《最高人民法院关于〈中华人民共和国国家赔偿法〉溯及力和人民法院赔偿委员会受案范围问题的批复》规定，《国家赔偿法》不溯及既往，凡属于 1994 年 12 月 31 日以前应予赔偿的部分，适用当时的规定予以赔偿。不溯及既往是法律的通常原则。

③ 孙克勤：《上海群体性事件态势与应对策略研究报告》，上海社会科学院社会学研究所。

以中华人民共和国成立以来为最,比如 2009—2010 年,全市重大市政工程有 1/3 投在了闵行区,仅虹桥机场飞机的噪声就影响到 104 个小区。①大约在 2000 年以前,上海的动拆迁工作以旧区改造为主,动拆迁工作较平稳顺利;进入 21 世纪,解困不再是动拆迁的主要目标,房地产也已趋向市场化,商品房价格高位运行,与动拆迁居民的被迁、被拆房屋价格反差日益增大,并且各动拆迁地块操作时补偿标准不一、差异悬殊,导致越来越多的居民心理失衡,动拆迁矛盾不断升级,安置工作遇到了空前阻力,趋于困难乃至停滞状态,其间积累的社会矛盾越来越多。由于动拆迁补偿政策变化大,加之房价惊人飙升,尤其是 2001 年后上海对拆迁进行重大政策调整,由“数人头”改为“数砖头”,拆迁补偿的依据由居住人数改为房屋面积,即以人数为补偿标准的办法逐步让位于以居住面积为标准的补偿办法。“数人头”这个办法虽然土,但是管用,在某种程度上保障了公平,毕竟城市里存在着大量的住房困难群体,所以在相当长一段时间内,存在着“数人头”和“数砖头”并存的局面。补偿标准的“双轨制”造成了制度空隙,户籍迁移、假离婚等规避与谋利行为非常普遍,许多拆迁户刻意选择对自己有利的补偿方式,或者虽已补偿安置完毕,却屡屡反悔,要求按后来的较高标准重新补偿与安置。

农村也面临着类似的严峻问题。自 20 世纪 90 年代以来,上海征用、使用市郊农村土地的总量已超过 1 200 平方千米,失地农民总数累计达 190 万人。这 20 年间,由于在不同阶段(时期)对郊区农民实行的征地安置政策不同、集体资产归属不清、分配不公,积聚了大量的社会矛盾。在村镇干部收入过高、严重脱离群众的地区,这类矛盾尤为突出。农民失地引起的社会矛盾有各种原因,但最主要的一条,就是土地征用政策法规严重滞后于社会的发展,造成土地征用补偿安置费偏低。目前实行的是 1988 年修订的《中华人民共和国土地管理法》规定,②征用土地按照被征用土地的原用途给予补偿,在土地征用价格和市场交易价格之间,存在着暴利空间,导致开发商对圈地趋之若鹜。另外,由于制定土地补偿标准时都把征地用途作为重要的参考依据,造成同一个

① 对闵行区信访办原主任康正石的访谈。

② 2021 年 4 月 21 日,国务院第 132 次会议修订通过了《中华人民共和国土地管理法实施条例》。

村、同一地块因公路建设、企业用地、商品房开发等用途不同，使农户得到的补偿费悬殊极大。随着上海对土地开发总量的控制、土地存量的减少，以及国家对房地产市场的调控、对征地拆迁程序的完善，上海今后将不会出现大规模的土地开发，这类信访矛盾将出现下降趋势。目前上海积累的一两千户闹访群体以拆迁为主，进京上访量中至少 2/3 与动拆迁补偿利益有关。但拆迁类信访往往与安置、社保、再就业等纠结在一起，一些老户的要价令人咂舌，化解难度极大。

## 三、涉法涉诉类问题不断生成与升级

没有哪个时代像今天这样，法律与人们的日常生活是如此息息相关。20 世纪 80 年代中期开始，在拨乱反正告一段落后，中国政府决定用 5 年时间在全民中开展法制宣传教育，以防止“文化大革命”的历史重演。“一五普法”结束后，5 年一个周期的普法活动持续至今，成为世界上罕见的国家行动。普法的内容，不再局限于法律条文，还包括民主与法制理论学习，法治城市、法治县（市、区）创建活动，以及法治文化建设等，普法的目标从立足于公民的知法守法、依法办事演化为依法行政、社会管理、社会治理整体架构下的制度安排。多年来以政府为主导的举国体制下的普法努力，使中国的法治环境逐步改善，法治理念日益深入，法治文化渐趋普及，公民依法维权的意识、政府依法行政的自觉性都有了很大提高。上海是中国国际化程度最高的城市，对法律制度的亲和和心理兼容，使其拥有接纳法律权威的社会基础、文化品格和历史传统。当前，上海依法治市取得了明显成效，法治环境逐步改善，法治理念日益深入，法治文化渐趋普及，行政法治化程度有了很大提高，已初步做到有法可依、有章可循、文明执法、规范管理。但是，为什么在现实生活中仍然充斥了诸多的违法行为？为什么知法违法犯法的现象并不鲜见？为什么信访这一权宜性、行政性的救济手段较司法更受到人们的认同？

涉法涉诉信访的严峻形势凸显了司法与信访或曰法律与行政的双重尴尬，以及法律知识在大众生活中普及的广度而法律精神在大众生活深入的限度。在上海，人们的法律意识、维权意识显著增强，凡有纠纷均能想到运用法律手段解决。但社会的整体法治观念仍很淡薄,特别是“尊重法律、尊重判决、尊重程序、尊重证据”等意识仍很欠缺,导致发生纠纷时想到法律,但对纠纷解决不如意时即到处上访的情况屡见不鲜,一些当事人初信初访时间提前,边审边访趋于常态,以对法院施加压力,谋求对己方有利的结果,有些当事人在立案之前或立案阶段就开始信访。违法上访问题突出,缠访闹访屡见不鲜。信访人情绪对立、言行过激的行为时有发生,表现在违反信访接待制度,在各级法院办公场所及接待窗口出格闹访等现象屡见不鲜,牵扯了大量的审判精力,影响了正常接待工作。尽管上海法院案件审判质量全国领先,上海法院涉诉信访总量在全国省级法院中的排名亦名列前茅,多年来排名均在第6—7位,2013年第三季度,上海地区涉诉当事人进京访中,行政案件和民事案件占比最高,分别为49.7%和48%,其中全国法院行政案件进京访案访比(一审收案与来访案之比)为17.6∶1,上海的相应比值为5.4∶1,在全国排名第一。这些行政案件基本案尤以不服拆迁补偿为多。而民事案件中,涉房屋所有权的也占了一定比例。由于中央决心将涉法涉诉信访纳入法治化渠道解决,总体上,上海涉法涉诉信访呈上升趋势,①并面临更大的治理压力。

## 四、精神心理类问题不断涌现与累积

在一个社会转型和急剧变迁的时代,社会失范、社会矛盾及其导致的社会风险会不断涌现。当代社会已分化为一个“断裂”的社会,急剧的贫富分化和社会不公,造成了庞大的伴有“相对剥夺感”的社会底层和边缘群体。社会矛盾越来越集中在工程移民、失地农民、城镇拆迁户、下岗工人、欠薪农民工等特定群体上,淤积在社会结构的微观层面(基层)。目前,关于“富人”与“穷人”

① 据《上海年鉴(2009)》:2008年市本级(党政口)信访办受理信访量为219 171件次(2009年起无相应数字),此后一直维持在20万件次的水平。据陈佳玉:《涉诉信访化解“三步法”——上海市高级人民法院的经验与启发》(《上海蓝皮书·社会2014》),2013年前三季度,上海全市法院信访总量为61 663件,据此推算全年约8.2万件,这样,仅涉诉信访就占全市信访总量的30%。由于涉诉信访是以具有既定力的判决为前提的,其也未开通电话、网络信访等渠道,所以统计数字就不像党政口信访那样包含虚高的成分。因此,涉法涉诉信访1/3占比的判断大致可靠。

的关系便是极富代表性的一对矛盾，集中体现了不同群体隔阂和对抗的程度。穷人认为富人为富不仁、为人冷漠、不做善事，缺乏社会责任感，在积聚了财富之后没有反哺和回馈社会；而富人则对穷人恐惧、厌恶，认为他们素质低、形象差，是社会的累赘，不值得同情和救助。加之媒体的炒作，使穷人的“仇富”心理和富人的“笑贫”心理处于直接对立的状况，极大地恶化了社会不同群体的谅解和共识，诱发社会失范和社会矛盾甚至越轨和暴力犯罪的出现。一些地方的矛盾呈现出“无直接利益冲突”的特征，即社会冲突的参与者与事件本身无关，表面上借机表达、发泄一种情绪，实质上是一种团体之间的对立和冲突，显示了阶层的形成和分化。在对抗中，围观者会自动按照自己的身份、地位和利益进行分化、站队，因而，对于个体而言，这种行为具备了反社会的倾向。

但这些问题并不总是表现为反社会的倾向和行为，而更多的是不断地对人的精神和心理造成挤压与折磨。北京大学的孙东东曾因老上访户“99%以上精神有问题”的言论而招致轩然大波①遭到访民围堵，最后不得不公开道歉。在现实语境中，精神病（或曰神经病）是一个弹性极大的概念，尤其带有道德评判的意味。关于精神病，从医学上讲有严格的测量与治疗标准，从法学上讲则是基于对自己行为能力的预见与控制，从社会学上讲可能更要考虑常情与常理，甚至依赖于地方性知识进行判断。在日常生活中，人们更乐于用“呆子”“傻子”“疯子”这些词汇指称真正的精神病。不管如何，由于信访制度不同于司法制度——不设门槛、不收费用，尤其是对主体资格没有特别的限定，它在客观上能够吸附更多的有精神心理障碍的人来上访；当然，一些人在上访过程中也会变得越来越偏执。上海是一个单核的特大型城市，人口、建

---

① 孙东东认为，一般人对精神病有误解，认为只有那种疯打疯闹蓬头垢面的，才是精神病。但实际上有相当多的精神病人，只要不涉及精神症状，别的都正常。“对那些老上访专业户，我负责任地说，不说100%吧，至少99%以上精神有问题——都是偏执型精神障碍”。并且孙东东认为偏执型精神障碍属于需要强制的一类。这些人为了实现一个妄想症状可以抛家舍业，不惜一切代价上访。实际上他们反映的问题已解决，或者根本就没有问题，然而就没完没了地闹。舆论只是关注这些人的权利是不是得到了保障，对其精神状况缺少关注。这种情况不仅在中国，世界上任何国家都有，都是令各国政府头痛的问题。“99%”是孙在接受记者访谈时随口说出的，或许他想表达的是在老上访户中精神异常、偏执极为常见，不料记者照单全录。见：http://news.ifeng.com/mainland/200904/0403_17_1089530.shtml。

筑、交通等密度超高,一些在其他地方不存在的问题会在上海出现,或者在上海会出现放大、乘数效应。应付这些访民所付出的时间、精力、代价非常大。

## 第四节　上海“十四五”期间信访治理布局与愿景

“十四五”期间,上海信访工作要以习近平总书记关于加强和改进人民信访工作的重要思想为指导,按照党的十九届四中全会实现“中国之治”的总要求,坚持把信访工作作为了解民情、集中民智、维护民利、凝聚民心的一项重要工作,把群众路线和群众工作方法贯穿信访工作全过程,积极探索实践新形势下密切联系群众工作的有效形式,动员社会力量参与解决信访问题,千方百计为群众排忧解难,把党和政府的温暖传递到千家万户,不断厚植党执政的群众基础,释放信访制度在化解社会矛盾、促进社会团结方面的优势与活力,成为社会治理的重要抓手,重点形成以削减信访存量为核心的运行机制。

### 一、强化群众观念与民主治理

从中国政治传统来看,信访制度的建立是中国共产党形成与完善自身的执政基础与手段的一个自然而然的结果,是落实人民主体地位、贯彻群众路线、正确处理人民内部矛盾等诸多功能的一个平台。中华人民共和国成立以来,由于国家机器的健全乃至法治的完善,信访制度所具有的纠纷处理、权利救济等功能已逐步为其他制度所涵盖,从长远来看,这些职能逐步淡化从而被替代是一个趋势。但民意通达、大众参与、政治监督等功能是信访制度的灵魂与核心,尽管从现代社会发展的趋势看,这种信息的沟通应当被更多的职能部门所承担,也就是说民众与公共权力的信息沟通渠道应当多元化,但在中国的现实生态下,信访作为事实上民众与公共权力沟通的重要渠道,不但不能弱化,而且需要强化,不但不能被替代,而且要成为补强政治合法性与正当性的必需。从某种意义上说,民主政治发端于民众与公共权力之间的互动,信访就是沟通民众与公共权力的重要渠道。

现实中信访制度的运作困境与实践中对其的偏颇理解不无关系。信访制度中权利救济、定分止争等功能得以强化，信访渠道本应凸显的民意汇聚、群众监督等功能明显萎缩，致使大量的社情民意无法向上正常传递，民意诉求无法借由制度化的方式、程序成为公共政策和决策的主要依据。对信访工作的严重误解，也误导了社会各界对信访渠道的认知，导致公共政策失灵现象增多，甚至行政管理中的同类同质问题反复发生得不到及时修正。在当前，人民建议征集工作成为不少地方推动公众有序政治参与和信访创新转型的重要领域，上海也确定了优先发展人民建议征集工作的思路，并于2011年在市信访办增设人民建议征集处（2020年升格为与信访办并列的人民建议征集办），针对群众普遍关心的问题加强信息分析研判和预警，推动职能部门从政策层面研究问题，从源头环节解决问题。这不但可以主动听取民意，防止政策设计的偏差，为改进政府工作提供平等协商的平台，而且可以低成本、批量化地解决已经萌生的社会矛盾。

信访所具有的参政议政功能也是主体政治制度不可或缺的补充。事实上，在政治制度比较完善的西方国家也有承担类似功能的设计，如日本的苦情制度、英国的议会行政监察专员制度、法国的行政调解人制度、瑞典的行政专员制度等，通过这一非正式的程序和法外的救济来补充正式法律手段无法提供的救济。在全球化信息化时代，纯粹代议制民主的局限性、滞后性日益凸显。一些社会问题，比如在网上发酵、蔓延、引起轰动的大众情绪是难以通过代议制民主在第一时间解决的；而参与式民主的优势恰恰在于直接、快捷。①做大“人民建议征集”，除了能释放参政空间，更重要的是舒缓民众情绪，进而把沸沸扬扬的民意有意向制度化参与的方向引导。如果人民群众批评建议的权利在实际上被虚置了，其对物质利益、精神利益的追求并不会减弱，一定会通过求决、求诉甚至非理性的方式表达出来。

当前，应按照“人民城市人民建、人民城市为人民”的要求，进一步突出信访中“人民建议征集”等制度的地位、作用、功能，通过做大、强化信访的政治参与来相对舒缓信访的运行压力；对于公益类信访应当优先受理、办理，领导

① 汤啸天：《把征集人民建议的好事办实》，《上海人大月刊》2012年第5期。

干部应较多地接待公益性信访,以听取民意、集聚民智。

## 二、强化法治理念与统筹治理

在信访治理的布局中需要植入各种理念、导入各种力量,而法治无疑是一种基础性的理念和力量。现代法治不仅构成社会秩序的基础,也是城市各项机能正常协调运转的保障。上海在信访治理方面具有良好的法治环境,是最有实力建立完备的法治制度和秩序的城市之一。目前,上海的 GDP 已达到与国际上公认的法治建设快速发展相匹配的水平,按照目前经济、社会发展的现状,上海已经进入了主要依靠法治手段来调控社会生活的阶段。上海地方文化中具有守规矩、讲道理、重自律和愿妥协等品质,这些特点使其拥有接纳法律权威的社会基础、文化基础和历史传统,是有利于法治建设和社会治理的重要条件。社会治理工作与民众的法治意识密切相关,上海对法律制度的亲和和心理兼容,意味着上海有可能率先实现社会治理的法治化。上海市法制宣传教育联席会议办公室组织的一项调查显示,①上海市民法律意识已经达到相当高的水平,按百分计,平均得分为 71.7 分,这表明上海市民有着强烈的权利意识、理性态度和维权意识,具备建设法治友好型城市的制度基础。

要用法治思维明晰信访工作职责,用法治方式解决矛盾和问题,用法治意识引导群众表达诉求,把信访纳入法治化轨道,推动形成办事依法、遇事找法、解决问题用法、化解矛盾靠法的社会共识。严格落实诉讼与信访分离制度,建立健全依法处理涉法涉诉信访问题会商机制,做好群众涉法涉诉事项依法终结后的教育疏导、矛盾化解、帮扶救助。深入推进依法分类处理信访诉求工作,健全完善各级党委和政府信访工作机构与有权处理行政机关、有权处理行政机关内部信访工作机构与责任部门的沟通协调机制,确保信息共享、甄别导入顺畅。

信访部门的运作要更加程序化,主要行使判断、协调、分流职能,而救助、维稳等功能由相应的政府职能部门来行使。信访救济不应当被狭隘地理解为

---

① 参阅《市民法律素质的现状分析与对策》,上海市法学会、上海市法治研究会编:《上海法治建设蓝皮书(2003—2005)》,上海人民出版社 2006 年版。

一种实体性救济，而是应当凸显其程序性救济的价值，即信访人可以通过这一通道获得一个有执行力的判断，至于其权利的实现要依赖于其他相关的制度体系。在当前的格局下，一方面，要使信访部门与其他部门适度分离——即受理与治理的分离，强化运行的法律化、专业化、规范化，比如市级信访部门要注重完善政策、把握情况、依法分流、具体指导，对一般信访事项不直接处理，而是通过转送、交办等形式交有权处理的部门处理。另一方面，在全市范围内要加强对信访治理的统筹力度，不但在受理方面要通过信息互联遏制多头访、重复访导致的救济途径重叠及行政资源浪费，而且对于涉访类的救助等也宜于全市统筹安排，打破条块分割、属地管理等带来的诸多矛盾。目前最可行、最现实的一项工作就是实现不同信访系统信息的互联共享。在信访运行中一信多投、重复来信来访来电甚至同一信访事项涉及多个部门等情况，造成不同部门多次重复处理同一事件，不但浪费了大量人力、物力，而且由于重复答复口径不一，造成信访人钻空子，而政府部门扯皮的现象。如果在信息互联共享方面从全市范围内打破条块的区隔，这将对上海信访治理带来革命性的推动。

## 三、强化社区发育与源头治理

信访治理要从源头上抓起，这已成为共识。由于社会运行、资源配置的行政主导性，信访问题多多少少与公权力的行使及其瑕疵有关。由于全能主义思维的长期影响，人们倾向于让政府管理和过问更多的社会事务，而政府也习惯于大包大揽，直接干预社会事务的具体运作。在大宗的信访问题中，既有政府责任不到位所导致的问题，也有政府管得过多过宽过细过杂、好心不得好报而引发的矛盾。①由于上海依法行政规范性的提高，因此行政失当导致的信访问题总体上呈现下降趋势，至少没有增长的势头，征地、拆迁等与群众生活密切相关的程序运作也更加严密、透明。这是一种行政运作意义上的源头治理。

① 一些区级政府或街道主动承揽某些家庭功能，如“托老”“送奶”等服务，其效果与可持续性都是值得加以慎重考虑的。如“送奶”往往引发不同人群在奶的种类、品质等方面的攀比，一些不需要奶或者某种奶的老人有供给，而确实有用奶需要的老人可能因为非上海户籍或者非本辖区户籍而得不到服务。

从这一方面来说,上海的工作是有很大成效的。

要构建党委、政府统一协调、齐抓共管的信访工作格局,推动形成信访问题共治局面。健全完善信访工作责任体系,按照“谁主管、谁负责”的原则,层层健全和落实信访工作领导责任制,建立科学合理的考核体系,织密织牢横向到部门、纵向到基层的信访工作责任制网络。推动信访工作责任制落实,进一步细化属地责任、部门责任、领导责任,把工作细分到末端、责任落实到个人,做到事事明责、人人有责、易于问责,以信访责任压实推动信访工作落实,彰显上海社会治理的信访功效。要对基层社会治理的队伍、力量、资源、运作、机制等做一全面梳理,了解和掌握基层治理的体系和结构,分析如何在构建更有成效的社会治理结构中进行信访治理布局;要对基层信访治理的现状、困境、问题等做一全面检讨,在重估信访治理绩效的基础上重新思考信访治理的理念,尤其是反省维稳的价值、策略、目标,探索信访作为社会矛盾的“减压阀”在新形势下的作用机理;要松动僵硬的“属地化”管理模式,完善信访治理的考核、奖惩、问责机制;要对维稳、综治、调解等体制内力量进行有效整合,形成信访治理的协同机制,并将社会组织的力量、理念以及传统文化、地方知识等价值系统导入治理框架中,形成开放式的治理结构。

从实践效果看,借助社会力量和资源化解一些矛盾和纠纷往往成本低、效果好,而且避免了政府与群众的直接冲突。从国际社会看,西方一些发达国家尽管具备了成熟完善的法律制度,但在疏导和化解社会矛盾方面仍然高度注重社会团体、社会志愿者等社会力量的作用。上海的社会组织成长迅速,作用显著,其作为社会治理中不可或缺的重要力量已成为社会广泛共识。根据中国社会科学院的《社会组织蓝皮书:中国社会组织报告(2018 年)》,截至 2017 年年底,上海拥有 1.7 万余个社会组织,位居全国第一,此外还有备案的数万个群众活动团队活跃在社区。不管是社区自身的组织化,还是借助外部力量,都需要更进一步的制度支撑,政府部门应该更多、更大胆地把一些职能让渡给社会组织,并逐步常态化。一些传统的体制内的枢纽型人民团体,如工会、妇联、共青团和各类行业协会等,要加快转型的力度,逐步演化成能够处理特定行业、领域、人群纠纷的“共治力量”。

社区意义上的源头治理有两个努力方向：一是提高社区的自组织能力，即使社区更加有机化、温情化，成为人们心灵可以栖居的所在，它可以吸附与化解大部分的心理与精神问题。组织社会要靠社会组织把社会的某个群体、某个区域、某个类型的人员组织起来，利用社会网络和社会资本的优势，将触角延伸到老百姓的日常生活中，了解公民原子化的个体诉求，掌握离散分布的个人信息，本身就会对社会矛盾、社会冲突起到过滤、吸附、化解的功能。如徐汇区湖南路街道的“路管会”“弄管会”，把群众组织起来，让大家学会自我管理，调处群众之间的矛盾，就发挥了很好的作用。二是将社会力量导入社区建设，在这方面上海也有一些探索与尝试。1999 年，上海市信访办曾与市司法局联合组建了由 127 名律师组成的志愿团，对疑难信访问题进行梳理，提高了依法协调利益关系的力度。2011 年，市信访办在浦东川沙“维稳妈妈”项目运作基础上，与市妇联联合开展“白玉兰开心家园”项目，通过政府购买服务的方式，借助专业社工组织对 50 多名老年上访户展开细致的化解工作，迄今已运作 10 年，在全国都具有影响力。

## 四、强化双向规范与依法治理

当前上海的群众信访活动中，如何规制无序、非理性的信访行为显得非常紧迫。良好的社会治理肯定是以人为本的人性化的治理，在上海这样的特大城市，尤其需要倡导。上海城市的复杂性极易使社会治理走入两个极端：一是为防范社会问题，在加强社会治理的口号下，不断强化行政权力和行政管制，一竿子插到底，力图管理、控制到每一个人，这实际上是计划社会思维方式的死灰复燃，常常造成社会矛盾。二是社会治理的泛人情化，尤其是在信访领域对缠访、闹访者一味宽容退让、息事宁人，致使许多信访老户得寸进尺、没完没了、欲壑难填。上述问题的存在，原因是多方面的，其中很重要的一个方面是，打击无理访、缠访闹访的效果不彰。上访者是一个复杂的群体，他们未必全是非理性的，也未必不懂法，相反，这里面不乏以访谋利、借访宣泄的情形。对这些行为进行打击和惩治是有法可依的，但为什么效果不彰？为什么一些上访者明明知道自己没有道理但仍然有恃无恐？这是因为在当下的语境中，“信访”是具有政治性的行为,即使对于“非正常访”也首先要进行化解和做思想工作。因此,对于信访中的违法行为,要去信访化,即在维护正常的社会秩序和法律尊严方面人人平等、事事平等,不能因为与信访有关联就畸轻畸重。

这就需要强化“双向规范”的理念。首先,政府部门及其工作人员要健全行政问责制,并对既往的由于行政法规等不完备导致的行政瑕疵提出处理、补救的指导意见。对于任何一起信访积案的分析,只要追溯到政府的责任和行政瑕疵,那么政府就应该承担责任,这是规范信访秩序的前提,政府部门首先承担了自身的责任份额,才可能为解开矛盾疙瘩创造前提。但在现实中,由于不分青红皂白的“维稳”压力压倒了常态治理,干部常常因为没有把人看住而受到处理,并不是因为行政不作为、乱作为而导致信访事项的出现。这是非常不正常的导向,它实际上鼓励基层干部把精力用在现实的、紧迫的盯关跟上,而无法做好长远的预防工作。其次,对不良信访人要毫不客气地进行打击,对他们的一味退让,造成了对社会公正的损坏。客观上,由于劳教等制度的废止,基层面临治理手段的空白,但这并不是无所作为的理由,也不是无法可依的问题。对恶意闹访、谋利甚至利用信访制度反社会的行为,即使上访人的诉求是合理的,也要一码归一码,在认真解决他们问题的同时,严肃处理他们的违法行为。对这些问题如何处理其实有明确的规定,但现实生活中却难以落实,其要害就在于上述混乱的问责制度使整个治理机构过于拘谨,以致纵容了得势、得志的个别人。再次,要树立信访终结机制的权威,凡是经过了严格的信访程序终结了的信访事项,不得以任何方式予以改变、变通,更不能以各种救助的方式从事实上改变既定的结论。由于司法具有最终的判断力,可以将对信访终结的审查导入司法程序,对其进行程序和形式方面的司法判断。如果使信访程序化并且逐步地把救助功能转到民政等部门,就可以通过司法的方式维护信访的权威,并且在实际上也不会影响当事人的实体权利行使,当事人可以就同一事项直接诉诸司法的裁决。

# V

# 案 例 篇

# 第十章
# 黄浦区推进城市管理标准化的实践和对策性思考

黄浦区加强城市管理精细化工作领导小组办公室课题组*

卓越的全球城市必须有卓越的城市管理，卓越的城市管理必须以高水平的标准化工作为支撑和引领。当前，黄浦区正在持续推进高质量发展、创造高品质生活，推动高效能治理，向着全面建成卓越的全球城市核心引领区目标迈进。今后一个时期是城区管理精细化工作从开局起步阶段向巩固提升阶段迈进的关键时期。本章在对黄浦区推进城市管理标准化的实践成效、存在的主要问题进行梳理分析的基础上，对黄浦区进一步推进城市管理标准化的对策展开探讨。

## 第一节　黄浦区推进城市管理标准化的实践成效

近年来，黄浦区认真贯彻落实中央、市委市政府有关加强城市管理精细化工作的政策精神和部署要求，对标《上海市标准化体系建设发展规划(2016—2020年)》，立足区情实际，率先探索创新，深入实施标准化发展战略，城市管理标准化工作取得了比较明显的进展。

### 一、城市管理标准化工作制度机制不断完善

#### (一) 成立区级议事协调机构，工作的统筹力度明显增强

2015年，区委、区政府将原来部门层级的区市政管理委员会升格为区市政

---

* 课题组由黄浦区加强城市管理精细化工作领导小组办公室牵头成立，参与调研单位包括：黄浦区建设和管理委员会、黄浦区市场监督管理局、黄浦区绿化和市容局、黄浦区城市管理行政执法局和上海社会科学院。主要执笔人为上海社会科学院社会学研究所助理研究员夏江旗，其他执笔人：黄浦区外滩风景区管理办公室主任、黄浦区城市管理行政执法局副局长周岚，黄浦区城市管理行政执法局四级调研员简永清，黄浦区市场监督管理局法制科科长葛莉莹。

综合管理委员会,由区长兼任主任,分管副区长兼任副主任。同时,在区城管执法局设立区市政综合管理委员会办公室(以下简称“区市政综管办”),办公室主任由分管副区长兼任,①并把“制定城市综合管理的标准”确定为区市政综管办的职责之一。2018 年,区市政综合管理委员会调整为区加强城市管理精细化工作领导小组,由区委书记、区长任组长;区市政综管办,相应更名为区加强城市管理精细化工作领导小组办公室(以下简称“区精细化办”)。同年,区政府下设区标准化工作领导小组(办公室设在区市场监管局),②由有关区委常委、区政府分管领导任组长,负责审议区级标准,统筹协调标准化工作重大事项。上述区级议事协调机构的相继成立和调整,打破了工作推进上部门分割、行业分散的格局限制,区级统筹力度不断增强,在城市管理标准化领域,基本形成区标准化办与区精细化办共同牵头协调、各部门单位协同实施的“1+1+N”工作推进机制。

### (二)建立区级标准管理制度,工作的规范程度明显提升

根据新修订的《中华人民共和国标准化法》的赋权,2018 年上海市质量技术监督局批复同意黄浦区等 5 个区开展区级标准试点工作。为规范试点工作,黄浦区政府发布了《黄浦区区级标准管理规范(试行)》。该管理规范主要明确了区级标准的提出、制定和管理主体,对区级标准的立项、起草、征求意见、审查、编号、审议、批准、发布、备案作了具体规定,对标准的实施和监督管理提出了程序和责任要求。《黄浦区区级标准管理规范(试行)》确立的区级标准管理制度,提供了标准制定修订的程序指引,提升了标准编制的专业化要求,黄浦区城市管理标准化工作开始加快迈上规范化推进、高质量发展的轨道。

## 二、城区综合管理标准体系初步形成

### (一)研究编制了《黄浦区城市综合管理标准》2016 版和 2018 版

2016—2018 年,区市政综管办组织相关部门、行业单位和专业研究机构

---

① 区城管执法局为区市政综管办常务副主任单位,区建管委、区房管局、区绿化市容局、黄浦公安分局、区市场监管局、区网格中心为副主任单位。区城管执法局局长任常务副主任,并设专职副主任 1 名。

② 区质量工作领导小组增挂区标准化工作领导小组牌子。

开展专题调研，在全市率先探索构建城市管理标准体系，形成了《黄浦区城市综合管理标准》(2016 版)。该版标准包括基础设施管理、特定区域管理、专项业务管理 3 个大类，共 23 个标准，形成“7+8+8”的体系框架(见附表 10-1)，城区综合管理标准体系初具雏形。

2018 年，区精细化办按照精细化管理“三全四化”的要求，对 2016 版标准进行全面修订，调整了标准选题和板块分类，并在多个标准中增加了考核指标、部门职责、工作流程等内容，增强了标准的精细度、实效性和可操作性，形成《黄浦区城市综合管理标准》(2018 版)。该版标准包括综合管理和专项管理 2 个大类，共 23 个标准，形成“2+21”的体系框架(见附表 10-2)，城区综合管理标准体系更趋优化。

### (二) 城市管理区级标准试点工作取得比较明显的阶段性成效

#### 1. 城市管理区级标准试点工作顺利推进

目前首批和部分第二批区级标准已经发布实施，第二批其余区级标准即将走完发布前的程序，第三批区级标准已基本形成草案，第四批区级标准正处于起草阶段。到 2020 年年底，基本完成发布实施四批区级标准的预定目标(见附表 10-3)，初步形成覆盖领域比较全面、框架结构比较清晰、管理重点比较突出、问题导向比较鲜明的城市管理区级标准体系(2020 版)。

#### 2. 试点工作在全市的率先示范作用初步显现

如已发布实施的《商业零售、餐饮企业服务质量规范》《小餐饮店管理规范》《旅馆业通用规范》均是同行业内全市首个区级标准。《商业零售、餐饮企业服务质量规范》提出的为顾客提供 Wi-Fi、充电宝、VR 试衣等服务，《“一带一路一环”示范区域道路保洁服务标准》提出的主要道路保洁达到“席地而坐”，《公共厕所保洁质量和服务要求》中提出的“五心服务”和公厕管理星级化，已成为引领全市同类管理服务的示范性要求。

## 三、城市管理标准的实施环境持续改善

### (一) 标准化工作意识不断增强

#### 1. 研编并运用标准解决管理难题的主动性不断增强

如区建管委制定了《黄浦区建筑工地文明施工管理标准(试行)》，区静交

所制定了《临时停车场(库)、道路停车场设置管理标准》,区民防办制定了《退出序列公用民防工程隐患整治管理要求》,区城管执法局制定了《“共享单车”停放管理标准》,区生态环境局制定了《餐饮业油烟污染控制技术规范(试行)》,瑞金二路街道制定了《环复兴公园风貌区精细化管理工作标准》,等等。其中,有的填补了国内相关领域标准的空白,有的入选了“上海依法治理十大优秀案例”,既有力助推了城区精细化管理工作,也为后续转化升级为区级标准打下良好基础。

2. 加强培训助推标准更好落地实施的主动性不断增强

比如,在《小餐饮店管理规范》发布实施之后,区市场监管局先后组织三批次小餐饮标准化建设培训会,区内相关行业协会和近500家企业负责人接受了培训,及时巩固了小餐饮标准化建设的工作成果。再如,区安质监站组织区内40个项目共155位相关人员参加“建设工程综合创优”现场观摩活动,使相关单位和企业对建设工程质量标准化管理、安全文明施工管理的标准要求有了直观了解和感性体会。

(二)标准实施评价监督日益受到重视

1. 加强了标准实施效果的评价工作

比如,在《商业零售、餐饮企业服务质量规范》发布实施半年后,区商务委委托第三方通过实地监测、顾客满意度调查的方式,对南京路、淮海路—新天地、豫园三大商圈的146家企业进行服务质量测评,并形成“黄浦商业零售和餐饮业服务质量指数”。

2. 加强了标准实施的监督考核工作

比如,区市场监管局依据《小餐饮店管理规范》规定的标准,对新天地、进贤路等多个区域的小餐饮单位进行排摸检查。对达标单位,按照配套制定的《小餐饮店标准化管理评估及奖励实施细则》进行奖励,落实奖励资金数百万元;对不符合标准要求的餐饮店提出整改期限和具体整改要求。再如,区绿化市容局持续加强区内道路和公厕保洁作业标准的实施督导,全区域、全覆盖、全天候不定期开展作业质量抽查,做到即查即改,全面提升了保洁质量。目前全区82座环卫公厕全部成为“上海市文明公厕”,打响了黄浦区公厕品牌。

（三）标准化服务保障水平明显改进

1. 创新标准宣传推广方式

建立了区级标准发布的网上平台，及时公布已发布实施的区级标准；区市场监管局建立标准化信息数据库，并与国家和市级标准化网站建立链接，开展标准化咨询和信息服务；各部门、街道的政府网页动态发布标准化研究成果、在研的标准化项目等信息，同时在发布标准文件时，逐步向同步出台标准实施方案、操作手册和释义的方向转型。

2. 加强标准化工作的资源保障力度

区财政逐年增加标准化项目经费支持和政府采购力度。区市场监管局积极落实市标准化推进专项资金项目，推动标准化示范试点项目，为申请单位争取相关项目经费提供全程服务。一些部门、街道积极采取“走出去”“请进来”的办法，加强与标准化专业单位、相关科研院校的联系交流，通过定期研讨、课题合作、建立标准化专家库等多种方式，不断夯实标准化工作的专业力量保障。

## 第二节　黄浦区城市管理标准化工作存在的主要问题

城市管理标准化是一项崭新的时代课题和复杂的系统工程，难以一蹴而就、尽善尽美。调研发现，目前黄浦区城市管理标准化工作还存在一些比较突出的短板问题。主要有：

### 一、城市管理标准及其体系有待进一步优化

（一）标准编制亟须完成从经验型向规范型的转换提升

目前，虽有近年来研究编制城市管理标准的经验积累，标准编写的规范程度有了较大提高，但与高质量标准的要求尚有不小的差距，标准编制需要尽快从经验化方式转变提升到规范化、科学化方式。

1. 部分现有标准对管理标准属性特征的体现还不够突出鲜明

管理标准的构成要素一般包括管什么、谁来管、如何管、管到什么水平、管

的好坏如何评价和奖惩、管理质量如何改进等。与此对照,现有标准主要界定了管理对象、管理效果及其评价方法,完整涵盖上述构成要素的还比较少见,对管理主体尤其是行政主管部门的管理职责、管理主体之间的权责关系、管理流程着墨较少,对如何运用评价结果往往语焉不详或付之阙如。

2. 少数标准的内容合法性还存在一定瑕疵

比如,《标准化法》明确了地方标准为推荐性标准,不具有强制性效力;《上海市标准化条例》第十二条规定:“地方标准化指导性技术文件的内容不得涉及公民、法人或者其他组织的权利义务。”目前个别标准仍有对禁限行为的规定,部分标准使用了“严禁”“禁止”“不得”“必须”等词汇,容易导致与相关法律法规的冲突,需要及时予以清理和修订。

(二)标准相对滞后于国外城市管理的先进经验和最新趋势

当前,发达国家城市管理标准呈现出人性化、市场化、绿色化、景观化、可视化等五大导向,一定程度上代表了城市管理的先进水平和发展趋势。与其相比,黄浦区现有的管理标准还有相当差距。具体而言:

1. 人性化导向方面

比如,与日本相比,现有的环卫厕所管理服务标准,缺少对坐便器及坐垫自助式清洁消毒、设置大小便声音遮掩设备等如厕需求的回应。

2. 市场化导向方面

西方不少城市在景区和大型活动安全管理上推行游客意外险、公共责任险制度,通过市场化方式分散了应对大客流等公共安全风险的压力,黄浦区管理标准中尚未提出相应要求。

3. 绿色化导向方面

西欧国家在城市管理中大力推广阳台、窗台、楼顶等处的立体绿化,提倡在城市中心区域低碳出行。目前在区内一些景区还未完全达到“景区使用清洁能源交通工具”的国家标准。

4. 景观化导向方面

与北欧国家强调城市家具造型的景观化相比,黄浦区管理标准关注和要求的主要是城市家具保持整洁完好或统一规范设置,标准要求还有明显的提升空间。

5. 可视化导向方面

日本一些城市在公共空间设置布局了城市管理标准的提示和警示标牌，形成管理标准的可视化标识系统。标牌上一般写有禁限行为、处罚措施、处罚依据、责任部门等内容，表达简明扼要，字体颜色醒目，一幅标牌俨然一项浓缩的视觉版的管理标准，既方便管理和执法，也有利于标准宣传和营造城市文明氛围。与此相比，黄浦区还停留在采取标语、横幅、内部文案等方式，标准可视化标识系统的规划、建设尚未起步。

（三）现有标准体系存在“三多三少”的问题，完备性、系统性不足

1. 行业管理类标准多，执法类、政务服务类标准偏少，标准体系尚未实现对城市管理的全领域覆盖

城市管理通常包括各类行业业务管理、行政审批和行政许可等政务服务、行政执法等活动，黄浦区现有城市管理标准主要分布在城区运行安全、市容秩序、保洁绿化等行业管理领域，有关行政审批、许可、告知和行政执法的内容则零散分布在行业管理标准之中，专门的行政执法类标准仅有《黄浦区拆除违法建筑执法办案指导意见》等几种；与城市管理直接相关的政务服务主要依据部门规章制度实施，尚无上升到区级标准层面的工作规范。

2. 管理环节的标准多，实施评价和监督环节的标准少，标准体系尚未实现对城市管理标准化工作的全链条支撑

城市管理标准化包括标准的制定、发布和实施，标准实施的评价、监督和改进等环节。“十三五”以来黄浦区城市管理标准化工作的重心主要落在标准制定环节，虽然已发布实施的区级标准大多编写有管理服务质量评价表，个别部门甚至探索编制形成了行业服务质量测评指数，但通用性、专门化的评价指标体系尚未建立；此外，标准监督环节的工作规范及体系还没纳入标准编制工作的视野。

3. “条”上的标准多，“块”上的标准偏少，标准体系条块衔接的系统性不强

“十三五”期间，黄浦区制定和实施了约 40 个城市管理区级标准，其中约

80%为条线部门制定发布的行业管理标准,针对“块”上工作的综合性管理标准只有“一带一路一环”区域、老城厢、田子坊地区三种,与“三美创建”的精细化管理需求不相适应,还有待在探索积累相关经验的基础上,加快推动各街道、重点区域和特定区域编制形成各具特色的区域性管理标准。

## 二、城市管理标准的实施及其环境有待进一步改善

虽然一些职能部门、街道在标准实施方面取得了比较明显的成效,但黄浦区总体上还比较普遍地存在标准实施与标准编制相脱节的问题,这既有思想观念上的原因,也有客观条件上的制约因素。

### (一)标准实施的工作意识和社会氛围比较淡薄

#### 1. 部分部门和单位还存在“标准无用论”“标准束缚论”的认识误区

主要表现有:一些部门和单位还习惯性地认为城市管理主要依靠法规政策和规章制度,对管理标准的细化支撑和引导作用认识不足;一些部门、单位认为现有的国家标准、地方标准和行业标准已经够用,没有必要制定和实施区级管理标准;有些部门和单位同时担负着管理标准制定者、实施者、评价者、监督者的多重角色,认为标准提高了工作要求,增加了工作难度,顾虑标准实施是自找麻烦、作茧自缚,不太乐意自我加压。调研发现,由于上述认识问题,一些部门单位对城市管理标准化尚未给予应有的重视,也没有将标准实施纳入工作规划或年度计划,实施标准的动力明显不足,导致有标准不执行不落实,部分管理标准制定发布后就遭搁置,没有发挥出应有的管理效能。

#### 2. 标准化工作的社会氛围不够浓厚

一些标准技术性太强等原因,离市民比较“遥远”,加之对标准的宣传力度不够,宣传渠道不够畅通,市民群众对城市管理标准的认知度和感受度较低。同时,近年来市民群众“重权利和利益、轻义务和责任”的观念有所加重,对参与管理标准的实施工作缺少积极性和主动性。如上海自 2005 年就开始推行生活垃圾分类,2014 年正式出台了全市统一的规章制度,2019 年出台了相应的地方法规及配套的管理标准,但由于生活垃圾分类的环保理念还没有充分渗透到市民意识之中,相关管理标准的执行落实遇到一定困难。

## (二) 标准实施还存在较多的客观制约因素

### 1. 标准实施的工作协调难度较大

一些标准涉及跨部门、跨行业、跨专业、跨区域的问题,相关方立场和利益不一致,多头管理下的管理联动协调机制仍未理顺,特别是在废气排放、噪声污染、偷倒渣土等顽症治理方面存在较大漏洞。由于监测、管理、执法分别属于不同部门,这些城市治理顽症发生时往往不能及时保存证据,也比较难以溯本追源,最终,行政监管和执法力度的不足造成联动高效的监管态势难以形成。

### 2. 管理资源配置与管理任务不够充分匹配

以公共厕所为例,目前上海市每万人拥有的公共厕所数量为 4 座以上,而黄浦区仅为 1 座,远低于全市平均水平。受大客流短期需求叠加影响,黄浦区居民对公共卫生设施的需求远超全市平均水平。在如此需求重压下,要达到《公共厕所保洁质量和服务要求》规定的市级标准,难度很大。同时,不同街道、区域的管理服务资源的配置状况也存在差异,导致标准实施的力度和进度存在区域间的不平衡问题。

### 3. 标准实施缺少强有力的法制支撑

不少与城市管理相关的法律法规立法时间较早,当前精细化管理实践中部门职能、机构设置、权责关系、绩效评价等方面业已发生了变化,但法规的调整修订尚未配套到位。同时部分新法规对城市管理和执法提出了更严格的要求,加大了违法建筑、无证照摊贩、乱发小广告、流浪乞讨等管理顽症整治的时间和人财物等资源成本,管理标准实施和执行存在较大难度。

### 4. 人才队伍建设相对滞后于标准实施的需要

首先,管理执法队伍建设有待加强。目前,黄浦区城管综合执法专业人才相对短缺,基层队员法律专业知识不强,在具体执法过程中,执法人员往往倾向于适用简易程序执法,对违法行为人往往简单地予以罚款、扣押物品了事,而对适用一般程序产生畏难避错情绪,执法必严、违法必究原则有时难以落实。其次,一线作业人才供给难以满足实际需求。诸如市政地下管网、特种设备、户外广告、店招店牌、景观灯光等设施设备,在设计、敷设安装、监测检查、维修养护等环节都要求较强的专业知识和操作技能,但黄浦区内经验丰富的一线作业人员年龄普遍偏大,年轻人才比较匮乏。最后,标准化工作专业人才队伍建设比较薄弱。目前黄浦区标准化专业力量主要集中在市场监管部门,其他部门和街道基本没有配备相应的标准化专业人员或具有一定标准化工作素养的人员,标准化专家库也有待进一步优化充实。

## 第三节　对黄浦区推进城市管理标准化的对策思考

面向加强城市精细化管理和深化标准化改革的要求,针对当前城市管理标准化存在的问题,结合既有工作经验,兹对未来一个时期黄浦区推进城市管理标准化工作提出如下对策性思考:

### 一、完善标准化工作推进体系

#### (一)强化标准化工作协调机制

一是建立区标准化办(区市场监管局)与区精细化办(区城管执法局)之间的工作协调机制,在业务科室、专职人员之间形成常态化、长效化的联系联动制度。二是在区标准化工作领导小组的组织框架内,建立区城市管理标准化工作联席会议制度。各相关职能部门、街道办事处、地区管理办设标准化人员或工作联络员,定岗定责,以方便加强标准化工作的理论指导和业务协调。三是推进标准化工作协调制度的标准化。在各项管理标准中进一步明确细化部门单位职责和分工合作要求,在标准实施环节强化对各部门单位协调联动的评价和考核。

#### (二)加强标准化工作的市场和社会力量建设

一是营造标准化服务业发展政策环境,积极激发区内相关企业、行业组织、科研机构以及相关标准化专业组织等主体建立标准化工作机制,鼓励市场主体和社会力量提供和参与标准化服务,努力培育一批城市管理标准化服务机构。二是建立标准化工作社会单位联系制度,形成相关企事业单位、科研机构、社会组织参与标准化工作的长效机制,积极建设一批城市管理区级标准试点基地，在此基础上探索构建黄浦区标准化工作（含城市管理）社会联盟。三是依托本市标准化技术组织、科研院所及高等院校，吸纳一批标准化高层次人才和有发言权的标准化专家，在全市率先制定和实施标准化专家库管理制度，打造具有黄浦区特色和较大专业影响力的标准化工作（含城市管理）智库。

## 二、优化城市管理区级标准体系

### （一）推出城市管理区级标准3.0版

一是修订完善现行区级标准。根据区级标准试点工作推进计划，2021年年底黄浦区完成约40个区级管理标准的制定和发布。按照3—5年的标准修订周期要求，"十四五"期间，拟全面完成已有区级标准的复审修订工作。二是新编一批管理标准。具体包括（见附表10-3）：政务服务类标准、业务管理类标准、行政执法类标准、综合考评类标准。其中业务管理类标准包括"美丽景区"管理标准、"美丽家园"创建管理标准、"美丽街区"创建管理标准等区域综合管理标准及若干行业专项标准。由此，在全市率先基本形成涵盖城市管理全领域、标准化工作全链条，与城市管理精细化和深化标准化改革相适应的新版区级标准体系。

### （二）完善标准编制和实施的配套文件

一是在《黄浦区区级标准管理规范（试行）》的基础上，制定《黄浦区区级标准编制工作流程》或《黄浦区区级标准编制工作手册》，明确综合类标准、专项类标准的编制程序和内容要素，为相关部门和单位编制标准提供操作路线图和任务表。二是编写《黄浦区城市管理区级标准汇编》，增写标准的有关解释说明和操作案例，形成展示城市管理标准化工作成果的系列文字和影像资料，方便培训宣传和标准实施、评估等工作。三是建立标准实施信息反馈和管理机制，及时开展标准复审和维护更新，有效解决标准缺失、滞后老化、合法性瑕疵等问题。

### （三）探索区级管理标准的地标转化工作

结合"进博会"等重大活动保障工作，着力推进若干重点区级管理标准的编制和实施工作，力争将若干（3—5个）区级标准上升转化为上海市地方标准,进一步扩大区级标准试点效应,为全市城市管理标准化工作贡献可复制、可推广的黄浦经验。

## 三、强化区级标准实施评价和保障

### (一)完善标准实施效果评价办法

一是制定通用版的《黄浦区区级管理标准实施办法》,明确标准发布生效之后,相关责任部门单位组织标准实施的具体要求、工作流程、评价方式和奖惩办法。二是编制《黄浦区城市管理区级标准实施评价指标体系》,结合市政市容环境质量第三方测评、文明城区创建评价、市民(居民)满意度评价、12345 热线等方式,对标准实施效果定期组织评估,并与相关部门单位的行政绩效考核挂钩。

### (二)创新标准实施保障机制

探索标准管理定额化改革,根据标准要求的变动进行科学测算,适当调整人财物的配置和投入量,保障因管理服务标准提升之后所产生的人财物等资源需求的缺额,尽量减少或消除标准实施部门和单位的后顾之忧。探索建立标准实施效果和保障力度挂钩的激励机制,逐步形成“城市管理标准化、标准管理定额化、定额管理考核化、考核管理长效化”的工作模式。

## 四、加强标准化管理文化建设

### (一)加强标准化工作培训

一是组织开展一轮全覆盖培训。由区标准化办和区精细化办牵头,编写专门教材,精选专业师资,对各相关职能部门、街道办、地区管理办分管领导,以及责任科室负责人、标准化工作联络员分批次开展一轮全覆盖培训,以较快提高从事标准化工作的人员队伍专业素养。二是加强标准发布生效后的培训。总结部分区级职能部门的工作经验,采取开班专题讲解、现场观摩交流、组织调研考察等方式,推动标准意识和标准要求深入人心、落地生根。

### (二)创新标准宣传方式

一是完善区级标准发布、查询、意见征询制度,优化相关媒介手段,运维好区级标准化工作网页（或网站栏目）、微信公众号。二是明确各部门单位相关责任科室的宣贯职责，加强城市管理标准宣传的规划和组织工作。三是拓宽城市管理标准的宣传渠道，首先，可以创设城市管理标准知识竞赛、小区城管标准讨论会等活动形式，吸引居民群众广泛参加学标准活动；其次，可在新闻媒体、社区刊物开设城市管理标准规范宣传栏目。

### （三）提高社会参与程度

一是建立标准化工作奖评制度。结合质量工作奖评活动，以荣誉表彰、经济激励等多种形式，探索开展黄浦区城市管理标准化工作先进单位、先进个人、优秀市民年度奖评工作，打造一批黄浦标准化工作标杆行业、模范群体和品牌项目。二是聘请人大代表、政协委员、新闻工作者及社会人士等担任城市管理标准实施监督员，组织引导市民群众全过程参与标准的编制、实施、监督和检验工作。三是发挥现有的市民巡访团、社区文明志愿者队伍的作用，广泛开展文明宣传、文明评议、文明劝导活动，提高广大市民关心、参与和支持城市管理工作的积极性和主动性。

**附表 10-1　《黄浦区城市综合管理标准》（2016 版、1.0 版）构成框架**

| 3 个大类 | 23 个标准 |
|---|---|
| 基础设施管理标准（7 个） | 1. 城市道路综合管理工作标准 |
| | 2. 住宅小区环境管理工作标准 |
| | 3. 绿化管理工作标准 |
| | 4. 市政公用设施管护工作标准 |
| | 5. 建筑物管理工作标准 |
| | 6. 户外广告、店招、景观灯光管理工作标准 |
| | 7. 公共厕所管理工作标准 |
| 特定区域管理标准（8 个） | 8. 风景区管理工作标准 |
| | 9. 老城厢管理工作标准 |
| | 10. 菜市场及周边管理工作标准 |
| | 11. 校园周边管理工作标准 |
| | 12. 医院周边环境管理工作标准 |
| | 13. 公共交通集散点周边环境管理工作标准 |
| | 14. 工地周边环境管理工作标准 |
| | 15. 水域管理工作标准 |

续表

| 3 个大类 | 23 个标准 |
| --- | --- |
| 专项业务管理标准(8 个) | 16. 创建文明城区管理工作标准 |
| | 17. 网格化管理工作标准 |
| | 18. 沿街单位责任区管理工作标准 |
| | 19. 固定经营场所无证无照整治工作标准 |
| | 20. 违法建筑治理工作标准 |
| | 21. 车辆停放管理工作标准 |
| | 22. 暴露垃圾管理工作标准 |
| | 23. 环境保护工作标准 |

**附表 10-2 《黄浦区城市综合管理标准》(2018 版、2.0 版)构成框架**

| 2 个大类 | 23 个标准 |
| --- | --- |
| 综合管理类(2 个) | 1. “一带一路一环”区域管理标准 |
| | 2. 老城厢地区生态环境综合治理标准 |
| 专项管理类(21 个) | 3. 违法建筑拆除及无违建居委(街道)创建标准 |
| | 4. 电梯安全监督检查标准 |
| | 5. 加油站安全管理标准 |
| | 6. 环境保护工作标准 |
| | 7. 建设工程管理标准 |
| | 8. 地下空间管理标准 |
| | 9. 无证无照经营整治工作标准 |
| | 10. 小型餐饮服务提供者管理标准 |
| | 11. 菜市场管理工作标准 |
| | 12. 市政公用设施管护工作标准 |
| | 13. “三乱”清除工作标准 |
| | 14. 城市道路架空线管理工作标准 |
| | 15. “共享单车”管理标准 |
| | 16. 停车场(库)管理标准 |
| | 17. 环境卫生保洁养护作业标准 |
| | 18. 市容环境卫生责任区管理标准 |
| | 19. 公共厕所管理工作标准 |
| | 20. 生活垃圾分类减量工作标准 |
| | 21. 绿化管理标准 |
| | 22. 户外广告、店招店牌、景观灯光管理标准 |
| | 23. 优秀历史建筑管理标准 |

**附表 10-3　《黄浦区城市综合管理标准》（2025 版、3.0 版）构成框架**

| 四大板块 | 次级分类 | 共约 100 个标准 |
| --- | --- | --- |
| 政务服务类（10+N 个） | 政务服务岗位工作标准 | 服务窗口负责人工作标准 |
| | | 服务窗口工作人员工作标准 |
| | | 服务窗口绩效考核工作标准 |
| | 政务服务管理标准 | 行政审批工作标准 |
| | 政务服务提供标准 | 户外广告设置许可标准 |
| | | 城市生活垃圾经营性服务许可标准 |
| | | 建筑垃圾处置许可标准 |
| | | 公建配套设施审查标准 |
| | | 需要消纳建筑垃圾场地行政告知标准 |
| | | 市容环卫门责制行政告知标准 |
| | | 户外广告设置施工质量检验合格文件备案标准 |
| 业务管理类（50 个） | 行业专项管理或作业标准 | 城市运行安全标准 |
| | | 市政设施管护标准 |
| | | 生态环境保护标准 |
| | | 街面秩序管理标准 |
| | | 保洁作业标准 |
| | | 绿化管理标准 |
| | | 城市景观管理标准 |
| | | 网格化数字化城管工作标准 |
| | 区域综合管理标准 | “美丽景区”管理标准 |
| | | “美丽街区”创建管理标准 |
| | | “美丽家园”创建管理标准 |
| | | 其他重点或特定区域综合治理标准 |
| 行政执法类（14 个） | 执法指导标准 | 街道办事处城管工作标准 |
| | | 基层执法中队规范化建设标准 |
| | | 执法队员行为标准 |
| | | 拆违控违工作标准 |
| | | 户外广告设施拆除工作标准 |

续表

<table>
<tr><th>四大板块</th><th>次级分类</th><th>共约 100 个标准</th></tr>
<tr><td rowspan="9">行政执法类<br>(14 个)</td><td rowspan="7">执法审理标准</td><td>城管执法立案管理标准</td></tr>
<tr><td>调查取证管理标准</td></tr>
<tr><td>案件审理管理标准</td></tr>
<tr><td>行政处罚听证程序管理标准</td></tr>
<tr><td>处罚执行管理标准</td></tr>
<tr><td>行政强制程序标准</td></tr>
<tr><td>档案管理标准</td></tr>
<tr><td rowspan="2">执法监督和督察标准</td><td>城管执法电子监察系统实施和监督管理标准</td></tr>
<tr><td>督查工作标准</td></tr>
<tr><td rowspan="6">综合考评类<br>(6 个)</td><td>综合考评总体实施标准</td><td>城市管理综合考评工作实施规范</td></tr>
<tr><td rowspan="2">内部业务考评标准</td><td>行业专项管理内部考评通用版标准</td></tr>
<tr><td>区域综合管理内部考评通用版标准</td></tr>
<tr><td rowspan="3">外部社会评价标准</td><td>12345 服务热线投诉办结标准</td></tr>
<tr><td>市民群众满意度调查实施标准</td></tr>
<tr><td>社会监督实施标准</td></tr>
</table>

# 第十一章
# 闵行党建引领打造社区综合服务治理新平台

闵行区地区工作办公室

为贯彻落实党的十九大关于加强社会治理的总体要求和市委“创新社会治理，加强基层建设”的工作部署，闵行区坚持党建引领，不断夯实党的群众基础，在街镇与居村之间的片区层面搭建党服务、凝聚和引领居民群众的综合性社区服务治理平台——邻里中心，走出了一条“民心在基层凝聚、资源在基层整合、问题在基层解决、服务在基层拓展”的党建引领社会治理新路。

## 第一节 背景与起因

闵行区位于上海市地理版图的正中心，是上海通向长三角地区的重要门户，区域面积 372 平方千米，下辖 9 个镇、4 个街道、1 个市级工业区，常住人口超 265 万人。随着城市化进程的加快，本地人口生产生活方式加速转变，“新上海人”、外来人口大量导入，新社会组织、居民自治组织大量涌现，居民区类型分化明显，尤其是市区动迁大居、动迁房小区、老旧小区，公共服务资源比较欠缺。在这样的背景下，如何将党的组织优势、群众工作优势转化为社会治理优势，成为闵行区亟须面对的新课题。为此，闵行区进行了深入分析，主要从三个方面考虑，提出推进邻里中心建设，打通服务群众的“最后一公里”，满足社区居民日益增长的美好生活需要。

### 一、要补齐民生短板

闵行区大街大镇比较多，如果把服务资源全部配置到街镇层面，离群众太远；如果配置到居委层面，资源就会太分散形不成规模效益。为了解决服务半径过大的问题,闵行区决定按照4—5个居委、1公里左右的范围布局邻里中心,既提升群众获取社区服务的便捷性,又兼顾经济性和规模效益,实现公共资源的合理有效配置。

### 二、要夯实基层基础

社会治理的基础在居村,把居村群众工作的终端做实做强了,各级党委、政府的方针政策才能真正落地。邻里中心就是巩固居村基础的平台,做好邻里中心工作既为居民服务,也为社区服务,是做好群众工作的重要支撑。

### 三、要激发群众活力

邻里中心是一个参与的平台,不能让群众只得益不出力,这是不可持续的,也是不符合社会治理创新的理念和要求的。通过邻里中心建设,把社会资源、市场资源和内生资源汇集到邻里中心,让社区居民主动参与邻里中心活动和建设管理,引导群众自治共治,密切群众关系、干群关系,改善群众心态和心理。

## 第二节　做法与经过

闵行区自2015年下半年开始探索邻里中心建设,根据《闵行区社会治理“十三五”规划》,全区拟建设100家左右邻里中心,基本实现对闵行城市化地区的全覆盖。经过5年的工作推进,闵行区高标准严要求地完成了邻里中心建设目标任务,2016年建成27家,2017年建成35家,2018年建成25家,2019年建成11家,2020年建成3家,建设总面积达16万平方米。

### 一、持续完善制度框架

区级层面制定出台《闵行区关于推进邻里中心建设的实施方案》,从规划布局、功能定位、资源配置、运行机制和实施步骤等方面对邻里中心建设提出了具体要求,特别是在治理架构上,采取党组织引导下多元主体参与的模式,从组织架构上保障党建引领下多元主体参与邻里中心建设。同时,每年制发《闵行区邻里中心建设工作要点》,明确年度工作任务和要求,并制定《闵行区邻里中心建设阶段性验收工作实施方案》,形成了“党建引领、规划布局、治理架构、服务项目、运行机制、特色亮点”等6个大类26项建设验收标准及评估流程。

## 二、因需设置服务项目

各邻里中心在功能布局和服务项目设置上坚持居民需求导向,形成了“4+X”服务项目体系。一是医疗健康类。通过设置家庭医生工作站,为居民就近提供助医、助药、助康、助老及中医药保健服务。二是生活服务类。以为老服务为重点,按需设置日间照料服务、助餐服务等项目,为居家养老、居家养护提供专业支撑。同时,面向全体居民的日常需求,提供各类生活服务。三是文体教育类。合理设置多功能文体活动空间、室内外健身场所以及百姓课堂等,以培育文体教育骨干为重点,为社区居民提供喜闻乐见的文体教育服务。四是公益互助类。重点扶持植根于社区、服务于社区的生活服务类、公益慈善类、专业调处类社区社会组织,培育和激发群众的志愿服务精神。支持和发展社区群众性团队,提升其公益性和互助性功能。五是个性化服务类。各街镇、莘庄工业区以服务民生为导向,加强需求调查,充分借助区域化党建资源辐射作用,整合服务圈内社会资源,因地因需增设个性服务设施和服务项目。

## 三、建立健全运行机制

为确保邻里中心有效运行,闵行区建立了四项工作机制:一是服务清单机制。区级层面建立公共服务资源对接机制,街镇层面根据社区居民的需求,就近有效地整合各类服务资源,围绕“4+X”服务项目,形成邻里中心服务清单,定期向社会公布。二是多方协同机制。在党建引领方面,101家邻里中心全部设立党员服务岗和党员先锋岗,积极引导驻区单位、“两新”组织以及党员个人在邻里中心开展服务和活动,切实履行社会责任、服务社区居民。在为老综合服务方面,会同闵行区民政局联合出台《闵行区关于依托邻里中心进一步深化为老服务功能的指导意见》,对托养服务、助餐服务、医养康养等七项为老服务功能进行深化完善,全面提升为老服务能力。在志愿管理方面,结合新时代文明实践中心建设,搭建邻里守望服务平台,构建形成“1+14+56+101”志愿者服务培育体系,组成四支志愿服务项目队伍,有效发挥志愿者在基层社会治理中的引领带动作用。三是建立品牌引领机制。出台《关于打造邻里中心特色品牌项目的实施方案》,通过不断深化项目内涵、总结提炼机制模式、加强宣传推广展示的方式,优选出 65 个邻里中心特色项目,汇集、深化、推广邻里中心加强服务治理的阶段性成果。四是骨干培育机制。区级层面每年将邻里中心骨干培训纳入全区党建引领社会治理培训中,重点围绕当前社区治理的焦点、难点问题开展专题培训。各街镇、莘庄工业区因地制宜建立骨干力量培育机制,通过志愿者岗位认领、积分奖励等方式,不断完善邻里中心社工和志愿者的培育、管理和激励措施,引导其参与运行管理。

## 四、有效落实保障措施

一是在财力保障方面,制定下发《闵行区邻里中心建设专项资金使用管理办法》,坚持规范管理、专款专用、注重绩效的原则,对每个建设验收合格的邻里中心给予 100 万元的财政补贴资金,支持其硬件建设、软件提升和项目开发。二是在人力保障方面,给予每个邻里中心 2 个额度的社区工作者,充实邻里中心管理运行队伍。三是在资源保障方面,充分用好三种资源。首先是公共资源,按照“部门提供资源,基层按需对接”的原则,每年汇总梳理公共服务资源、区域化党建及“两新”资源,供邻里中心按需选择与对接;其次是社会资源,通过区域化党建联建,引导驻区单位、各类社区组织履行社会责任,为邻里中心提供资源支持;最后是内生资源,结合邻里守望服务平台和群文团队培育机制,扶持和培育植根于社区、服务于社区的社区社会组织、草根团队,让居民、志愿者、社区群文团队等在邻里中心发挥重要作用。

## 第三节　成效与反响

### 一、服务资源逐步集聚

通过建立资源对接机制，实现了公共资源、社会资源、内生资源等三类资源的统筹。一是自 2016 年以来，区、街镇两级每年梳理公共服务资源、区域化党建及“两新”资源，共形成《公共服务下沉至邻里中心资源清单》240 项、《“两新”资源下沉至邻里中心资源清单》223 条。二是发挥区域化党建联建作用对接社会资源，在提升居民素质，丰富居民生活，引导多元参与等方面做出了积极探索。邻里中心运行以来，陆续开展了航海文化进社区、垃圾分类讲座、智能手机课程、公共卫生安全、民法典宣讲、中风 120 康复管理进邻里中心等十余类区级配送项目，共计配送近 1 200 场次，服务居民 28 800 余人次，深受居民好评。三是充分调动内生资源和社区居民热情，连续四年开展“欢乐邻里幸福同行”系列活动，共评选出书画、手工、摄影、文艺节目等 342 个获奖作品，线上访问量累计超过 190 万人次。

### 二、工作作风逐步转变

邻里中心的建设过程，一方面，是职能部门转变思想观念、打破传统工作方法、破解服务群众“最后一公里”难题的一次突破。通过建立资源下沉保障机制，取消职能部门向基层下达任务指标和进行考核的传统工作方法，改由居民自主运行和评价等自下而上举措，使职能部门“眼睛向下”的意识得到进一步增强，“一切围着基层想、一切围着基层干、一切围着基层转”的工作格局逐步形成。另一方面，把邻里中心的人力、资源和项目交由居民区党组织统筹运行，确保邻里中心平台在党组织的引领下有序运行，让居民区党组织手中有资源、有能力、有项目，提高了社区服务治理的精准度。据统计，每家邻里中心月均服务 5 000 余人次，月均开展覆盖老中青少幼等不同群体的服务项目 100 余项。

### 三、自治共治有序推进

邻里中心以服务为纽带,通过党委、政府的体系化设计、社区群众性团队的规范化管理、社会力量的项目化运作、志愿服务的平台化组织,既发挥了基层党组织凝聚群众、服务群众的核心作用,又提高了社区群众性团队、居民参与自治的热情和能力,完善了区域党建联建、服务需求对接、社会协同治理等工作机制,使“邻里中心”不仅成为一公里“服务圈”,更成为推动居民自治、社区共治的一公里“自治圈”和“共治圈”。如通过让居民共同商讨解决服务项目是否满足需求,如何有序开展活动项目等问题,让居民群众学会议事、学会协商、学会达成共识。促进居民群众之间的情感交流和关系融合,充分激发了居民群众的自治活力。

### 四、社会大众普遍好评

为切实提高邻里中心运行质量,闵行区深入开展居民满意度测评,充分听取党员群众、“三长”、群文团队负责人等居民代表的意见和建议,从统计数据分析,超过九成的居民代表表示满意。如莘庄康城一位老阿姨说的:“邻里中心就好比是我们社区居民的第二个家,走进邻里中心笑声不断,大家在邻里笑声中感受到了闵行城区的温度。”闵行区还连续 3 年将邻里中心建设列入区政府实事项目,纳入区人大绩效听证项目,得到区人大代表的好评。闵行区邻里中心被评为“2017 中国(上海)社会治理十大创新实践案例”“上海市第三届社会建设十大创新项目”。

## 第四节　经验与启示

### 一、要坚持党建引领,鼓励党组织引导下的多元参与

邻里中心的核心点在于它的治理结构,成立了邻里中心理事会,由居委会书记担任理事长,社区群众团队、驻区单位、群众骨干、非公经济组织和社会组

织担任理事,负责把好邻里中心服务项目的入口关、重大事项的决策关、服务质量的评议与监督关等。同时,街镇层面区域化党建片区与邻里中心辐射片区对应,充分凝聚、整合邻里中心辐射区域化党建资源,将邻里中心做成区域化党建的有形载体;并借助"工作融合""党建联合""资源整合"等手段,积极引导各类社会资源进邻里中心。

## 二、要坚持需求导向,让百姓在自己的舞台唱戏

邻里中心的项目运作,主要有两大机制:一是资源对接机制,二是服务项目准入、评估与动态调整机制。各邻里中心在充分做好片区内居民需求调查的基础上,因地制宜设置服务项目。医疗健康、生活服务、文体教育、公益互助等四大类服务项目只是给大家一个指引,具体的服务项目以居民需求为导向,邻里中心百花齐放,各具服务特色。服务项目的设置并非一成不变,在运作的过程中,在听取群众意见的基础上,理事会对服务项目进行调查评估与动态调整,切实增强群众的获得感。

## 三、要坚持协同治理,打造基层群众工作大平台

获得不等于获得感,传统的让群众被动地去接受服务,群众的获得感是不强的。邻里中心作为一个协同参与的自治平台,主角是"居民",我们不是让群众被动接受服务,而是充分激发群众性团队和社区志愿者的自治活力,倡导人人出力、人人尽力、人人得益。

# 第十二章
# 长宁区“一街一品”的基层治理模式研究

李世樑　罗新忠　马汝玉　盛　婕　刘晅之*

面对基层社区治理工作机制效率不高的情况，创新社区治理工作推进机制至关重要。本章应用外部性理论，借助实地调研与座谈的一手资料，剖析长宁区“一街一品”案例对于创新社区治理工作机制的重要意义。研究发现，若是将社区治理项目由过去的“摊派”给街镇变为街镇自主申报，就相当于给各个街镇赋予了一定程度上的“私有权益”，而若进一步对各街镇申报项目实施的结果进行评估，就做到了对街镇的“私有权益”进行“权益确属”与“规定产权”。若在此基础上进行绩效考核与奖惩，根据外部性理论，街镇必然会改进工作方法，创新社区治理工作机制，形成有利于工作推进和“私有权益”保护的新型社区治理工作机制。因此，依据外部性理论，对社区治理的街镇进行“权益划分与确属”，引入市场经济适度“外部经济”的竞争机制，能够在一定程度上激发街镇的积极性和主动性。进而，通过培育顶级标杆与加强街镇区域条块联动，就有可能推动基层社区治理工作机制创新，从而促进整个社会收益达到资源配置的帕累托最优状态。

## 第一节　引　言

从经济学微观经济理论来讲，对于市场经济中的主体如果不引入适度的竞争机制并明晰其经济产权，该经济主体的行为就不具有经济性。市场机制

---

* 李世樑，上海市长宁区地区工作办公室党组书记、主任。罗新忠，上海浦东政和社会治理研究院院长。马汝玉，上海市长宁区地区工作办公室党组成员、副主任。盛婕，上海市长宁区地区工作办公室地区科科长。刘晅之，上海浦东政和社会治理研究院研究员。

中的自动调节市场失灵的“看不见的手”①的原理，其成立依赖于一个隐含的假定，即单个消费者或生产者的经济行为对社会上其他人的福利没有影响，即不存在所谓的“外部性”。长期以来，社区治理领域，往往被看成是具有一定“非竞用性”②与“非排他性”③的“准公共物品”的非市场经济领域。也正因为如此，在开展基层社区治理时，往往习惯性不使用市场经济理论进行工作指导，而改用福利经济学的理论框架，其结果往往会出现一定程度的“搭便车”现象。换句话说，区县及街镇不积极开展社区治理或开展社区治理不能取得积极成效也不会被惩罚或者对本区县和街镇也不会造成不利影响。而这种问题，显然不适宜用法律手段或通过法律服务途径来解决。因此，如何寻找一个较为合理的理论框架来揭示这种经济现象背后的理论逻辑，并寻求一个合适的解决途径，成为中国基层社区治理模式创新的重要挑战。

## 第二节　外部性理论框架与本章的研究逻辑

中国基层社区治理长期以来存在效率不高的问题，该问题解决的首要前提就是要明晰其“权益归属”，因为长期以来，中国基层社区治理被看成是具有一定“非排他性”和“非竞用性”的“准公共物品”，但当我们重新回归“准公共物品”的本源时，可以发现准公共物品与政府提供的纯公共物品是有区别的。政府在提供国防、法治、环境保护等不具有排他性和竞用性的纯公共物品的同时，也提供其他一些诸如养老金、失业补助、邮政服务等具有一定“非竞争性”和“非排他性”的准公共物品。而本章所分析研究的对象即基层社区治理显然不是完全满足“非排他性”和“非竞用性”等典型特征的纯公共物品。

---

① “看不见的手”原理指的是给定一些理想条件，单个家户和厂商在完全竞争经济中的最优化行为将导致帕累托最优状态。

② “竞用性”(rivalness)指的是如果某人已经使用了某个商品，如某一火车座位，则其他人就不能再同时使用该商品，“非竞用性”其内涵则与此相反。

③ “排他性”(exclusiveness)是指一种物品具有可以阻止其他人使用该物品的特性，“非排他性”则与之相反。

## 一、外部性理论框架

既然基层社区治理不具有纯公共物品的性质,那可以将其看成是具有一定程度的或者说适度“经济权益”的“准公共物品”。可以说,基层社区治理已经具有一定的“经济权益”,于区县或街镇而言,可以被看成是具有一定“私人产权”的“私人物品”。“私人物品”在引入适度的市场竞争机制的条件下就会出现“外部经济”或“外部不经济”的现象。

首先,我们来考察外部经济的情况。假定某个人采取某项行动的私人利益为 $V_p$,该行动所产生的社会利益为 $V_s$。由于存在外部经济,故私人利益小于社会利益:$V_p<V_s$。如果这个人采取该行动所遭受的私人成本 $C_p$ 大于私人利益而小于社会利益,即有 $V_p<C_p<V_s$,则这个人显然不会采取这项行动,尽管从社会的角度看,该行动是能够增进社会整体利益的。显而易见,在这种情况下,帕累托最优状态①没有得到充分实现,还存在帕累托改进的余地。如果这个人采取这项经济行动,则他所受损失部分为($C_p-V_p$),社会上其他人由此而得到的好处为($V_s-V_p$)。由于($V_s-V_p$)大于($C_p-V_p$),故可以从社会上其他人所得到的好处中拿出一部分来补偿行动者的损失。结果是使社会上的某些人的状况变好而没有任何人的状况变坏。一般而言,存在外部经济的情况下,私人活动的水平常常低于社会所要求的最优水平。

其次,我们再来考察外部不经济的情况。假定某个人采取某项活动的私人成本和社会成本分别为 $C_p$ 和 $C_s$。由于存在外部不经济,故私人成本小于社会成本:$C_p<C_s$。如果这个人采取该行动所得到的私人利益 $V_p$ 大于其私人成本而小于社会成本,即有 $C_p<V_p<C_s$,则这个人显然会采取该行动,尽管从社会的观点看,该行动是不利的。显而易见,在这种情况下,帕累托最优状态也没有得到实现,也存在帕累托改进的余地。如果这个人不采取这项行动,则他放弃的好处即损失为($V_p-C_p$),但社会上其他人由此而避免的损失却为($C_s-$

① 帕累托最优状态又称经济效率,满足帕累托最优状态就是具有经济效率的,反之,则是缺乏经济效率的。按照社会生产的过程,又可以划分为交换的帕累托最优状态和生产的帕累托最优状态。

$C_p$)。由于($C_s-C_p$)大于($V_p-C_p$),故如果以某些方式重新分配损失的话,就可以使每个人的损失都减少,亦即使每个人的“福利”增大。一般而言,在存在外部不经济的情况下,私人活动的水平常常要高于社会所要求的最优水平。①

### 二、本章的研究逻辑

本章基于外部性的理论框架,提出如下研究的基本逻辑:在对基层社区治理的区县或街镇赋予一定的旨在调动其积极性和能动性的“权益”之后,当基层社区治理出现街镇或区县的本身“权益”小于基层社区治理工作推进的全社会“权益”时,即使该项基层社区治理工作表现出一定的外部经济性,那么该区县或街镇也未必会采取积极的行动,因而会出现效率低下与水平不高的情况。在此种情况下,就应当适度引入竞争机制,并建立科学的评价和结果应用评估机制,开展绩效考核,推动街镇之间形成“比学赶超”的局面。在此基础上,进一步形成各街镇之间的联动机制和着力培育行业领域内的顶级标杆,在增进经济社会整体的一体化发展趋势的同时以经济个别主体的私人收益大于社会收益的外部经济性来引导全社会全社区积极向顶级标杆学习,从而促进全社会收益的提升。

本章以下篇幅就使用微观经济学“外部性”理论框架来对上海市长宁区“一街一品”项目创新社区治理工作机制的案例进行分析。

## 第三节　基于外部性理论框架的“一街一品”案例分析

### 一、上海市长宁区“一街一品”社区治理项目概况

为能够持续深化基层社区治理创新,提升社区服务水平,优化社区服务能力供给,夯实基层社会治理基础,积极提升全市社区治理外部经济性的同时,提升长宁区级街镇的外部经济性,上海市长宁区积极探索开展创新社区治理

① 参见高鸿业主编:《西方经济学(微观部分)》,中国人民大学出版社 2011 年版,第 327、328 页。

工作机制与治理模式的“一街一品”项目,即在坚持和完善共建共治共享的社会治理制度的基础上,针对不同居民需求、地域特色等,资助一个街镇至少重点打造一个品牌项目。2019—2020 年,长宁区级财政每年投入 2 000 万元资金,先后资助了 10 个街镇的 23 个“一街一品”项目,其中 2019 年资助了全区 6 个街镇共 8 个项目,2020 年资助了全区所有街镇共 15 个项目。两年来,长宁区通过“一街一品”项目不仅在创新社会治理工作抓手方面进行了积极探索,还有效解决了基层社区治理的外部不经济问题,有力地带动了社区治理体制机制创新。

## 二、长宁区“一街一品”项目的外部经济性案例分析

### (一) 明晰街镇权益,引入适度市场竞争机制,变“要我干”为“我要干”

#### 1. 改“摊派制”为确属街镇自主权益的“申报制”

自 2019 年“一街一品”项目推进开始,各街镇须紧紧围绕区委、区政府的年度社会治理重点工作,从区委、区政府获批具有街镇一定私有确属“权益”的“一街一品”项目。在此基础上,区地区办结合立项申报单和区域实际,组织专家召开立项评审会,通过优中选优,最终遴选出资助的项目。“一街一品”项目不是搞摊派,也不是“撒胡椒面”,而是要把有限的财政资金用于培育最有潜力、最具价值的项目,以最小化的街镇私有“权益”换取最大化的全区公有“权益”,最大程度实现外部经济性。2021 年,各街镇结合自身权益,共申报了 17 个项目,涉及“15 分钟社区美好生活圈”、延伸拓展社区治理空间体系、全国全市性试点工作等重点内容。实行申报机制,进一步推动各街镇之间形成“比学赶超”的生动局面,有力调动了各街镇在项目推进工作过程中的主动性和积极性。

#### 2. 建立权益绩效评估及评估结果应用机制

长宁区把绩效评估作为激发街镇内生动力的抓手,编制三级评估指标体系,涵盖项目投入、项目过程、项目产出、项目可持续发展四个方面,从专业力量参与度、资源整合有效性、项目预算执行率、服务对象满意度等多个层次对项目进行全面评估,并将评估结果纳入各街镇年度绩效考核。对优秀项目予

以表彰，组织市、区相关媒体进行宣传推广，优先推荐其参加市级及以上社会治理相关评选活动。不达标的项目需在一个月内进行整改，并再次申请评估。绩效评估推动"一街一品"项目工作机制形成了闭环，在有效提升长宁区社区治理的街镇自身权益最大化的同时，还从整体上提升了长宁区的外部经济性。

### （二）建立外部经济性条块联动机制，变"单打独斗"为"联合作战"

#### 1. 建立条块联合申报机制

为最大化社会的外部经济性权益，各街镇可选择自己单独申报项目，也可选择联合一个或多个条线部门联合申报。比如，华阳路街道联合区虹桥办共同申报了"武夷路街区治理共同体建设"项目，北新泾街道联合区司法局共同申报了"'一站式'公共法律服务项目"，新华路街道联合区规划资源局、区文化旅游局共同申报了"'最'新华：百岁新华新风貌"项目。联合申报机制进一步推动形成了全区"一盘棋"的工作合力，在最大程度保障各街道自身权益的同时，也通过条块联动，促进了整个街区的社会治理效益最大化，实现外部经济性。

#### 2. 建立条块共同推进机制

在项目的实施过程中，注重发挥街镇外部性整体优势和条线部门专业优势。街镇借助区域化党建联建平台，积极调动属地企业、社会组织、社区群众共同参与社会治理的积极性，为"一街一品"的项目打造献计出力。区相关部门主动配合街道，提供专业指导，深入参与项目调研、项目实施和项目评估的全过程。比如，新泾镇就"周浦撷阳文化滨水公共空间"项目主动对接区水务局、区河道所，共同协商解决项目遇到的施工难点和政策难点。针对江苏路街道"愚园路社区岐宏 U 型板块深化街区共治"项目，区建交委、区房管局、区绿化市容局积极搭建平台，深度参与架空线入地、加装电梯、社区花园改造等方案设计，为项目的顺利实施提供有力保障。

#### 3. 建立条块相互考核机制

将"一街一品"工作推进配合支持情况和评估结果，纳入区职能部门对街镇权益绩效考核以及街镇对职能部门考核的内容，打造条块"共同体"，推动"条的业绩在块体现，块的成绩靠条实现"。通过创新条块协同工作机制，打破了条块分割,构建了全区域统筹、多方面联动、多领域融合的“一街一品”工作推进格局。

### (三)培育社区外部经济性顶级标杆,在“高原”上建“高峰”

#### 1. 在全国整体外部经济性格局中谋划机制创新

创新“一街一品”项目的工作机制,不仅要追求“一街一品”项目的区级层面的外部经济性,而且要把“一街一品”放在上海乃至全国发展格局中谋划更大格局的社会整体外部经济性,推出更多体现标志性改革、引领性开放、突破性创新的项目,重点关注全国或全市试点、首创机制或方法的项目。比如,江苏路街道围绕全国居家和社区养老服务改革试点,建立了全国第一套认知症整合式照护标准。北新泾街道“AI+社区”开放生活应用场景,作为上海市首批人工智能应用场景中的社区项目,在世界人工智能大会、全市智慧城市体验周活动中,向海内外展示了场景建设的成果。

#### 2. 在对标最高外部经济性标准中打造高水平标杆

谋划“一街一品”社区治理机制创新,不仅要放眼全国整体性格局,更要对标全市、全国乃至全球最高标准、最好水平,找准短板和差距,将“一街一品”项目打造成为相关领域的标杆,以“一街一品”项目自身的外部经济性提升全市乃至全国整体社区治理效益的外部经济性。比如,新华路街道通过“一街一品”项目制定了《新华街道十五分钟社区生活圈建设三年行动计划(2020—2022年)》,为长宁区乃至全市“15分钟社区美好生活圈”建设提供了“样板”。周家桥街道打造了全市首家区级既有多层住宅加装电梯服务中心,服务范围覆盖长宁、辐射全上海,推动长宁区在加装电梯工作中成为全市的“特长生”。

#### 3. 在实现自身外部经济性过程中塑造独特文化内涵

“一街一品”不是“搞创投”,而是要在实现自身外部经济性过程中塑造具有独特文化内涵的“长宁经验”。各街镇在设计项目时,既体现创新,能够“颜值夺人”;更要有基础,具备在“高原”上建“高峰”的基本条件。比如,程家桥街道建设完成全市首个“社区参与式博物馆”,充分展现了虹桥机场新村的航空元素,通过艺术形式彰显机场人的记忆,发掘社区独特的文化内涵。虹桥街道通过打造“黄金城道”街区治理共同体,深化“融”工作法,探索形成国际社区治理的新模式。从已经实施开展的“一街一品”项目来看,部分项目通过学习借鉴先进经验,实现了取各地之长、创长宁之“特”。

## 第四节　研究结论

本章应用微观经济学的外部经济性理论框架分析了长宁区“一街一品”项目这一案例。本章的主要结论是:中国现阶段的基层社区治理,由于基层工作推进的主体区县及街镇难以实现自身外部经济性的同时促进整个社区乃至社会的整体外部经济性,换言之,即便区县及街镇能够通过开展基层社区治理,促进基层社区良性发展,而开展基层社区治理的区县及街镇本身收益小于社会收益或本身成本高于社会成本,则相关区县及街镇很难积极有效开展基层社区治理工作。外部经济性原理告诉我们,只有明晰社区治理的基层区县及街镇的治理权益主体地位,引入适度的市场竞争机制和权益绩效评判机制,培育行业或业内外部经济性顶级标杆权益主体的引领和带动势能,并在充分调动单个街镇及区县的权益主体积极性和主动性的同时,注重整体外部经济性条块的协同联动机制建立,才能够在有效促进街镇或区县自身配置资源实现帕累托最优状态的同时,更有效增进社会整体的经济效益和社会效益。

# Ⅵ

# 重要政策附录

# 上海市“一网通办”平台运行管理暂行办法

## 第一章　总　则

**第一条**（目的依据）

为加强本市“一网通办”全流程一体化在线政务服务平台（以下简称“一网通办”平台）运行管理，确保“一网通办”平台规范、高效、安全、平稳运行，根据《国务院关于在线政务服务的若干规定》和《上海市公共数据和一网通办管理办法》等，制定本办法。

**第二条**（适用范围）

本办法适用于各接入单位（包括各区、各市级部门、管委会以及其他相关单位）、市大数据中心等通过“一网通办”平台，开展政务服务事项管理、服务管理、数据管理、安全管理等相关工作。

**第三条**（基本原则）

“一网通办”平台运行管理，遵循“集约高效、规范有序、安全可控”的原则，以促进本市政务服务更高效、更便捷、更精准。

**第四条**（平台定位）

“一网通办”平台是本市政务服务的在线办事服务平台，向企业市民等提供电脑端、移动端、自助终端等多渠道政务服务，“一网通办”总门户、“随申办”分别是电脑端和移动端的总入口。

**第五条**（平台构成）

“一网通办”平台由统一受理平台、统一身份认证、统一总客服、统一公共支付、统一物流快递、电子证照、电子印章、电子档案、市民主页、企业专属网页等基础模块组成。

各接入单位的相关业务系统与“一网通办”平台对接融合，实现政务服务事项全流程、多渠道、一体化运行以及业务跨区域、跨部门、跨层级办理。

**第六条**(职责分工)

市政府办公厅负责统筹规划、协调推进和指导监督本市“一网通办”平台运行管理工作。市审改部门负责“一网通办”平台政务服务事项管理工作。市大数据中心具体负责“一网通办”平台运行,建立“一网通办”平台的标准规范体系、安全保障体系和运行管理体系,指导各接入单位做好对接工作。

各接入单位应当明确业务牵头部门和技术保障部门,负责协调落实本单位或本区域与“一网通办”平台相关的政务服务事项管理、服务管理、数据管理、安全管理等工作。

## 第二章　事项管理

**第七条**(政务服务事项)

政务服务事项包括行政权力事项和公共服务事项。各接入单位应当按照市审改部门统一要求,依托本市政务服务事项管理系统,对本单位政务服务事项进行日常管理。本市政务服务事项清单及办事指南通过“一网通办”平台,统一对外发布。

**第八条**(事项接入范围)

各接入单位的政务服务事项,原则上全部接入“一网通办”平台。

提供公共支付和物流快递的事项,还应当按照有关技术标准,分别接入统一公共支付模块和统一物流模块。

**第九条**(事项开通条件)

各接入单位开通政务服务事项,应当确保事项符合以下条件:

(一)按照“一网通办”政务服务事项办事指南编制规范,完成政务服务事项基本信息及办事指南的编制。

(二)按照减材料、减时间、减环节、减跑动的要求,对政务服务事项进行优化。

(三)按照“一网通办”统一受理平台对接技术规范,完成政务服务事项相关业务系统改造，并通过联调测试。

**第十条**（事项开通与变更）

各接入单位开通政务服务事项，应当向市审改部门提出申请；市审改部门应当在收到申请后2个工作日内完成审核；审核通过后，由市审改部门通知市大数据中心在5个工作日内完成测试评估和上线开通工作。未通过测试评估的，接入单位应当进一步完善并提交复测。

各接入单位需要变更政务服务事项的，参照政务服务事项开通流程办理。

**第十一条**（事项暂停、恢复或终止）

各接入单位根据业务需要暂停、恢复或终止政务服务事项的，应当向市审改部门提出申请；市审改部门应当在收到申请后2个工作日内完成审核；审核通过后，由市审改部门通知市大数据中心在1个工作日内实施。

各接入单位因系统维护而需要暂停政务服务事项的，应当提前5个工作日向市大数据中心报备；特殊情况需立即暂停的，应当通过“一网通办”平台统一发布公告，并同步向市大数据中心报备。

**第十二条**（下沉社区事务受理服务中心事项）

下沉社区事务受理服务中心的政务服务事项，由市民政局统一管理。各接入单位向市审改部门提出上述事项的开通、变更、暂停、恢复或终止申请，需事先经市民政局审核通过。

## 第三章　服务管理

**第十三条**（在线服务）

各接入单位应当依托“一网通办”平台统一提供的智能引导、身份认证、在线客服、公共支付、物流快递、电子证照、电子印章、电子档案等服务能力，不断提高政务服务事项网上办理比例，逐步实现政务服务事项全流程在线办理。同时，推进政务服务应用向移动端拓展，通过“随申办”提供服务。

**第十四条**（服务受理）

申请人在线提交政务服务申请后，对于实施全程网办的政务服务事项，各接入单位应当在受理期限内在线出具受理意见;对于提供网上预审服务的政务服务事项,各接入单位应当在2个工作日内出具网上预审意见,并告知后续办理流程。

**第十五条**(线上线下融合)

各接入单位应当依托“一网通办”平台,推进线上线下深度融合,做到线上线下统一服务标准、统一平台办理,实现实体大厅、电脑端、移动端、自助终端等服务渠道深度融合。

**第十六条**(投诉建议)

“12345”市民服务热线按照《上海市“12345”市民服务热线工作管理办法》,受理和处置“一网通办”平台政务服务类咨询、建议和投诉。

## 第四章　数据管理

**第十七条**(数据汇聚)

各接入单位应当向市大数据中心实时汇聚“一网通办”平台相关的办件信息、办理材料、政务服务知识等数据,并建立日常保障机制,落实数据更新工作。

**第十八条**(数据治理)

市大数据中心应当会同各接入单位依托市大数据资源平台,建设“一网通办”主题数据库,并开展数据清洗、整合、加工、治理,形成政务服务事项库、办件库、材料库、知识库等数据库。

**第十九条**(数据质量)

各接入单位应当按照“一网通办”相关标准规范要求,对本单位数据质量严格把关,确保本单位汇聚的数据及时、完整、准确。对于不符合相关标准规范、质量不达标的数据,市大数据中心应当退回数据责任单位进行整改。市大数据中心持续开展数据质检和对账,定期通报各接入单位数据质量情况。

**第二十条**(数据共享)

各接入单位按照有关数据共享标准规范向市大数据中心提出数据需求。

市大数据中心会同相关单位，以共享为原则、不共享为例外，通过市大数据资源平台及时共享数据，为"一网通办"平台运行管理提供支撑。

## 第五章　安全管理

**第二十一条**（安全管理机制）

"一网通办"平台的安全保障纳入全市网络安全整体防护体系。市政府办公厅、市大数据中心与市网信、公安等部门建立多部门联动的工作机制，联合开展安全检查、风险评估、监测预警、信息通报、应急处置、安全培训和安全事件调查等工作。

**第二十二条**（市大数据中心安全管理职责）

市大数据中心负责"一网通办"平台日常安全管理，建立安全管理制度，采取安全措施，保障"一网通办"平台整体安全；指导监督各接入单位落实"一网通办"平台的安全管理机制，定期通报有关情况，并及时将有关情况报送相关主管部门。

**第二十三条**（接入单位安全管理职责）

各接入单位具体负责本单位与"一网通办"平台对接的业务系统和应用、数据交换通道等重要节点的安全工作，明确本单位网络安全工作的管理部门和负责人，并以书面协议形式，明确相关服务供应商的安全责任。同时，按照全国一体化在线政务服务平台网络安全等级保护要求，进行安全建设，并通过等级保护测评；建立安全自查、漏洞修复、监测预警等管理制度，确保接入的业务系统和应用无安全漏洞。

**第二十四条**（应急保障）

市大数据中心、各接入单位应当建立"一网通办"平台安全应急保障制度，组织制定完善本单位的安全应急预案，定期开展应急演练。在发生危害"一网通办"平台运行的事件时，立即启动应急预案，采取相应的补救措施。

接入单位出现系统安全问题，影响或可能影响"一网通办"平台正常运行的，市大数据中心有权中断其与"一网通办"平台的连接。

**第二十五条**(安全责任追究)

对因未能履行安全管理责任而导致“一网通办”平台发生重大网络安全事件的单位、服务供应商等,由相关部门按照规定,追究有关责任。对于未能履行安全责任的服务供应商,依法将其相关信息纳入市公共信用信息服务平台。

## 第六章 保障措施

**第二十六条**(培训机制)

市大数据中心会同相关业务主管部门建立常态化培训机制,加强对工作人员的业务和技术培训,提高服务水平和能力。

**第二十七条**(经费保障)

市大数据中心在“一网通办”平台运行管理过程中涉及的服务优化、运行维护、设施配套、升级改造、人员培训、安全管理等经费,纳入市级财政预算;本市财政预算单位在“一网通办”平台对接保障过程中所需的经费,纳入同级财政预算;非本市财政预算单位在“一网通办”平台对接保障过程中所需的经费,原则上由接入单位自行承担。

**第二十八条**(监督考核)

市政府办公厅建立运行数据发布机制,定期发布各接入单位事项数量、办件数量、网办比例等,全面反映各接入单位运行情况。

市政府办公厅将各接入单位运行情况纳入“一网通办”年度考核评估指标体系,每年可结合国家相关考核要求,动态调整相关考核评估指标内容。

## 第七章 附 则

**第二十九条**(解释权)

本办法由市政府办公厅负责解释。

**第三十条**(施行日期)

本办法自 2020 年 10 月 1 日起施行。

# 关于推进本市社会组织参与社区治理的指导意见

为贯彻落实习近平总书记考察上海重要讲话精神和十一届市委九次全会精神，认真践行“人民城市人民建，人民城市为人民”的重要理念，按照《关于进一步提升社区治理规范化精细化水平的若干意见》（沪委办发〔2020〕24号）要求，在认真总结本市创新社会治理加强基层建设经验的基础上，现就深入推进社会组织参与社区治理提出以下意见。

## 一、总体目标

紧紧围绕国家治理体系和治理能力现代化的总目标，充分发挥社会组织在共建共治共享的社会治理格局中的独特作用，着力提升社会组织参与社区治理的系统性、专业性和针对性，助力提升社区治理规范化、精细化水平。到“十四五”末，本市深耕社区提供各类专业服务的社会组织得到充分发展，作用发挥更加明显，成为基层社会治理创新的有力支撑。

## 二、基本原则

（一）坚持加强党的领导。加强社会组织党建，强化政治引领，确保社会组织正确的发展方向。引导社会组织主动融入党组织领导下的社区治理体系，积极配合和协助基层群众性自治组织，有序参与社区治理。

（二）坚持转变政府职能。着力优化社区治理方式，将适合由社会组织提供和社会组织具有专业优势的社区事务和公共服务，通过政府购买服务等方式交由社会组织承担，政府发挥好统筹、协调、指导和监督等作用。

（三）坚持因地制宜。社会组织应当根据社区发展实际和居民需求，发展富有实效的服务项目，助力解决社区治理的瓶颈和难点。鼓励社会组织立足本地社区，深耕服务领域，做强属地化精品；鼓励社会组织探索社区治理共性规律,跨区域输出专业能力和品牌,复制推广社区治理优秀项目。

(四)坚持发挥社会组织系统功能。注重发挥社会团体、社会服务机构、基金会三类社会组织的各自优势,整合枢纽型、资源型、支持型、专业服务型等社会组织的各自资源,协同社区各类主体和力量,形成社区治理的资源链、服务链和创意链。

## 三、重点领域

(一)社区服务供给领域。支持社会组织在养老服务、助残服务、托育服务、家庭服务、健康服务、法律服务等领域积极承接项目,提供专业服务。鼓励社会组织为社区特殊困难群体提供生活照料、综合帮扶、权益维护以及关怀关爱等服务。支持社会组织协助开展社区健康教育和健康促进,宣传健康生活方式,普及公共卫生知识。支持社会组织参与社区服务综合体和家门口服务体系建设。引导农村社区社会组织开展生产互助、邻里互助活动,增强农村社区服务能力。

(二)社区精细化管理领域。鼓励社会组织协助开展社区矛盾调处,在物业纠纷、家庭纠纷、邻里纠纷调解和信访矛盾化解等工作中积极发挥专业作用。鼓励社会组织积极参与社区物业治理,在业委会组建和换届、老旧公房加装电梯、文明养宠、停车管理等工作中发挥独特优势。支持社会组织参与改善社区人居环境,协助做好垃圾分类、制止餐饮浪费、社区美化绿化净化等环保活动。

(三)社区公共安全领域。支持社会组织参与社区群防群治、联防联控,协助做好社区矫正、社区戒毒、刑满释放人员帮扶、社区防灾减灾、精神障碍患者社区康复等工作,积极参与、协力建设平安社区。支持社会组织参与社区应急体系建设、应急预案编制和应急志愿者团队培育,协助开展社区防灾减灾科普宣传、突发事件应急演练,帮助社区提高应对自然灾害、事故灾难、社会安全事件的预防和处置能力。

(四)社区自治共治领域。鼓励社会组织协助基层党组织和群众性自治组织围绕社区公共议题,开展协商和讨论,广泛联系和动员社区居民参与社区公共事务和公益事业，促进现代社区共同体建设。鼓励社会组织协助制定社区自治章程、居民公约、村规民约、住户守则，拓展流动人口有序参与居住地社区治理，促进流动人口社区融入。

（五）社区精神文明领域。发挥社会组织在丰富群众性文化活动、提升社区居民文明素养方面的作用。引导社会组织在开展文化、教育、体育、科普、慈善等活动中积极培育和践行社会主义核心价值观，弘扬时代新风。鼓励社会组织参与社区文明创建活动，弘扬优秀传统文化，维护公序良俗，形成向上向善、孝亲敬老、与邻为善、守望互助的良好社区氛围。

## 四、主要举措

（一）为社会组织参与社区治理提供机会。积极搭建各类平台，畅通社会组织进入社区的渠道。鼓励将符合条件的社会组织负责人吸纳为社区代表大会、社区管委会成员。街道办事处、乡镇人民政府制订社区发展规划、年度工作规划、社区实事项目时，主动听取相关社会组织的意见。重视发挥社区群众活动团队作用。鼓励街道办事处、乡镇人民政府积极承担业务主管单位职责，为立足社区、服务社区的社会组织依法登记创造条件。（责任单位：各区人民政府）

（二）抓好“两会一中心”平台建设。按照实体化、标准化、专业化的要求，做实做强社区社会组织联合会、社会组织服务中心和社区基金会，发挥党建引领、综合服务和资源集聚功能，为社会组织有序参与社区治理发挥“龙头”牵引作用。促进“两会一中心”协同健康发展，对于不具备条件独立运营的，可合署办公、交叉任职，精干人员、提升素质、形成合力。（责任单位：市民政局、各区人民政府）

（三）优化政府购买社会组织服务。完善政府购买服务目录管理制度，落实在同等条件下优先向社会组织购买。用好“上海市政府购买社会组织服务供需对接平台”，推动项目信息应上尽上。尊重社会组织的运作规律和人才价值，合理确定政府购买服务项目价格，为社会组织发展和人员待遇提升留下空间。加强政府购买服务的合同管理，对符合条件适合长期持续购买的服务性项目,预算单位可采取一次采购三年享用、分年签订合同的方式实施。政府部门加强对购买服务项目的全程指导,完善从需求调研、项目立项、组织实施和绩效评价的全程管理,合力提升项目水平。(责任单位:市民政局、市财政局、其他相关部门和单位,各区人民政府)

(四)大力提升社会组织的社会工作能力。鼓励社会工作专业人才发起举办社区社会组织,支持在社区治理中引入专业社会工作理念和方法。支持社会工作服务机构综合运用社会工作专业知识、方法和技能,开展困难救助、人文关怀、心理疏导、行为矫治、关系调适等服务。重视发掘和激励具有一技之长的社区“达人”参与社区治理,通过创新社会组织载体,为其提供相关服务、支持和保障。(责任单位:市民政局、各区人民政府)

(五)加大对重点领域社会组织的扶持。有条件的区和街镇要继续设立社会组织发展专项资金,用于重点扶持和表彰奖励。继续深化社会组织孵化基地建设,可单独设立或依托社区综合服务设施设立,为初创期、成长期的社会组织提供综合支持。鼓励街镇将闲置的办公用房、公共设施等存量资源,通过无偿使用等优惠方式提供给社会组织开展公益活动。公益性社会组织开展日常服务活动发生的由城市管网供应的水、电、气按现有价格优惠政策执行。(责任单位:各区人民政府)

## 五、工作要求

各级政府要把推进社会组织参与社区治理列入重要议事日程,加强领导,细化工作措施,加大扶持力度。要督促、指导街道办事处、乡镇人民政府建立健全工作机制,落实工作经费,积极扶持社会组织发展,并将推进社会组织参与社区治理成效纳入对街镇党政领导班子和领导干部绩效考核。各级民政部门要积极发挥牵头作用,多方争取政策支持,加强系统谋划,形成整体合力。

各区可按照本意见精神,结合实际制定落实方案,切实予以推进。

本意见自 2021 年 1 月 1 日起施行,有效期至 2025 年 12 月 31 日。

# 关于全面推进上海城市数字化转型的意见

为深入贯彻习近平总书记关于网络强国、数字中国、智慧社会的重要思想,践行“人民城市人民建、人民城市为人民”重要理念,巩固提升城市能级和核心竞争力,构筑上海未来新的战略优势,现就全面推进上海城市数字化转型提出如下意见。

## 一、深刻认识上海进入新发展阶段全面推进城市数字化转型的重大意义

全面推进数字化转型是面向未来塑造城市核心竞争力的关键之举。数字化正以不可逆转的趋势改变人类社会,特别是新冠肺炎疫情进一步加速推动数字时代的全面到来。数字化越来越成为推动经济社会发展的核心驱动力,深刻变革全球生产组织和贸易结构,重新定义生产力和生产关系,全面重塑城市治理模式和生活方式。随着数据资源在链接服务国内大循环和国内国际双循环中的引领型、功能型、关键型要素地位不断突出,全面推进城市数字化转型成为上海主动服务新发展格局的重要战略。

全面推进数字化转型是超大城市治理体系和治理能力现代化的必然要求。作为超大城市,上海人口多、流量大、功能密,具有复杂巨系统的特征,城市建设、发展、运行、治理各方面情形交织、错综复杂,必须充分运用数字化方式探索超大城市社会治理新路子,回应人民对美好生活的新期待。上海重点推进政务服务“一网通办”、城市运行“一网统管”,加快建设新型智慧城市,大力发展在线新经济,打造一流数字基础设施,为城市数字化转型打下了坚实基础。面对新发展阶段的新机遇新挑战,要认清形势、抢抓机遇、乘势而上,牢牢把握城市数字化转型这项事关全局、事关长远的重大战略,进一步增强坚定性和紧迫感,坚持整体性转变、全方位赋能、革命性重塑,全力做好全面推进城市数字化转型这篇大文章,奋力创造新时代上海发展新奇迹。

## 二、明确城市数字化转型的总体要求

以习近平新时代中国特色社会主义思想为指导,全面贯彻党的十九大和党的十九届二中、三中、四中、五中全会精神,深入贯彻习近平总书记考察上海重要讲话和在浦东开发开放30周年庆祝大会上重要讲话精神,把数字化转型作为上海“十四五”经济社会发展主攻方向之一,主动顺应和掌握数字化时代带来的新趋势新机遇,科学遵循城市运行和发展规律,持续深化上海各领域数字化发展的先发优势,从“城市是生命体、有机体”的全局出发,统筹推进城市经济、生活、治理全面数字化转型。率先探索新经验,用数字化方式创造性解决超大城市治理和发展难题;率先应用新技术,用数字化场景牵引技术创新和广阔市场空间;率先转换新动能,用数据要素配置链接全球资源、大力激发社会创造力和市场潜力,全面提升城市治理能力和治理水平现代化,创造人民城市数字化美好生活体验,打造城市高质量发展的强劲引擎,为加快建设具有世界影响力的社会主义现代化国际大都市奠定扎实基础。

到2025年,上海全面推进城市数字化转型取得显著成效,国际数字之都建设形成基本框架。数字化基础设施国际一流,数字经济全国领先,数字贸易国际枢纽港功能完善,建成世界级数字产业集群,成为具有全球竞争力的金融科技中心和数字经济创新高地。数字生活成为新风尚,公共服务质量和效率进一步提升,构建充满活力的数字生活服务生态,形成人人享有更具品质、更加美好的数字生活新范式。治理能力全面跃升,数字规则更加完备,数据要素高效流动,形成引领全国的超大城市数字治理新模式。到2035年,将其建设成为具有世界影响力的国际数字之都。

## 三、坚持整体性转变,推动“经济、生活、治理”全面数字化转型

强化系统集成、整体提升,实现经济数字化形成新供给、生活数字化满足新需求、治理数字化优化新环境,推动三大领域相互协同、互为促进,整体推进城市数字化转型。

(一)推动经济数字化转型,提高经济发展质量。加快推动数字产业化、

产业数字化，放大数字经济的辐射带动作用，做优做强城市核心功能，助力“五型经济”发展。加快建设集成电路、人工智能等世界级数字产业集群，以数据流动牵引资金、人才、技术、知识等要素的全球化配置，建立跨地域科技资源的协作网络，疏通基础研究、应用研究和产业化双向链接快车道。加快生产制造、科技研发、金融服务、商贸流通、航运物流、专业服务、农业等领域的数字化转型，推动产业互联网和消费互联网贯通发展，推进智慧口岸建设，大力发展数字贸易，助力提升产业链供应链的安全性、稳定性。引领在线新经济蓬勃发展，全力打响新生代互联网经济品牌，大力发展新应用、创造新业态、探索新模式、培育新职业，做大新兴消费市场，以互惠互利为价值导向，形成数字经济的竞争新优势。

（二）推动生活数字化转型，提高城市生活品质。满足市民对美好生活的向往，打造智能便捷的数字化公共服务体系，加强政府、企业、社会等各类信息系统的业务协同、数据联动。结合新技术和新制度的供给，以数字化推动公共卫生、健康、教育、养老、就业、社保等基本民生保障更均衡、更精准、更充分，打造智慧医院、数字校园、社区生活服务等一批数字化示范场景。发挥社会和市场活力，推进商业、文娱、体育、出行、旅游等质量民生服务数字化新模式、新业态健康发展，加快城市公共设施的数字化转型，构建数字商圈平台、社区智慧物流网络、新能源设施终端等生活“新基建”。加快新闻出版、广播影视等行业融入数字化进程，不断丰富数字文创、数字内容等相关服务供给。着力解决“数字鸿沟”问题，倡导各类公共服务“数字无障碍”，面向老年人和残障人士推进相关服务的适应性改造，创造无处不在、优质普惠的数字生活新图景。

（三）推动治理数字化转型，提高现代化治理效能。把牢人民城市的生命体征，打造科学化、精细化、智能化的超大城市“数治”新范式。以“云网端边安”一体化数据资源服务平台为载体，形成“一网通办”“一网统管”互为表里、相辅相成、融合创新的发展格局。拓展“一网通办”建设，围绕企业群众实际需求，深化“高效办成一件事”，实现“一件事”基本覆盖高频事项，构建全方位、全覆盖服务体系。深化“一网统管”建设，聚焦公共安全、应急管理、规划建设、城市网格化管理、交通管理、市场监管、生态环境等重点领域，实现态势全面感知、风险监测预警、趋势智能研判、资源统筹调度、行动人机协同。以党建为引领,加强数字赋能多元化社会治理,推进基层治理、法治建设、群团组织等领域数字化转型。

## 四、坚持全方位赋能,构建数据驱动的数字城市基本框架

加快构筑数据新要素体系、数字新技术体系和城市数字新底座,充分释放数字化蕴含的巨大能量,以数字维度全方位赋能城市迭代进化、加速创新。

(四)以数据要素为核心,形成新治理力和生产力。以城市治理与民生服务为导向,全闭环、系统性优化数据采集、协同、共享、应用等各流程环节,推动公共数据和社会数据更大范围、更深层次开放共享,逐步建立完善城市数据资源体系,实现政府决策科学化、公共服务高效化、社会治理精准化。加快释放数据要素改革红利,建立数据要素市场,健全数据要素生产、确权、流通、应用、收益分配机制,构建具有活力的数据运营服务生态,积极完善数字贸易要素流动机制,探索形成信息便利化体系,引导建立数据治理和安全保障体系,促进数据价值最大化发掘,进一步提升社会生产力和运行效率。

(五)以新技术广泛应用为重点,大力提升城市创新能级。加快建设数字基础设施,推动千兆宽带、5G、卫星互联网等高速网络覆盖,建设高性能公共算力中心,打造人工智能、区块链、工业互联网等数字平台,坚实支撑经济发展、市民生活和城市治理等各领域的数字化应用。支持下一代信息通信、高端芯片、核心软件、V2X 车路协同等新技术在城市数字化转型中先试先用,率先规模化落地,进一步巩固数字技术优势。聚焦类脑智能、量子通信等前沿技术重点领域,与城市数字化转型深度融合,加强关键核心技术攻关、功能型平台建设,大力提升城市数字化创新策源能力。

(六)以数字底座为支撑,全面赋能城市复杂巨系统。按照“统筹规划、共建共享”的原则,打造“物联、数联、智联”的城市数字底座。构建城市运行生命体征指标体系,纳入地理空间、生态环境、建筑结构、物品标识、人员活动、车辆状态、安全监测、能源状态、设施设备运行等数据。系统规划“城市神经元系统”,科学部署视频图像、监测传感、控制执行等感知终端,实现城市要素全面

AIoT化。搭建“轻量化、集中化、共享化”的城市智能中枢,围绕数据协同、技术协同、业务协同,汇聚政务服务、城市运行感知、市场与社会主体等多源异构数据,制定统一的数据标准、接口规范、调用规则,实现跨部门、跨行业的系统平台数据对接。

## 五、坚持革命性重塑,引导全社会共建共治共享数字城市

以全面数字化转型,推动城市各领域全方位的流程再造、规则重构、功能塑造、生态构建,创造全新的生产生活方式和发展路径。

(七)再造数字时代的社会运转流程。引导企业实现基于数据的“决策革命”,化解复杂市场环境的不确定性,优化资源配置效率,构筑新型数字化能力和竞争优势。引导市民重塑数字时代的认知能力与思维模式,更加注重自身数据管理、信用维护、隐私保护、协同共治,使人人都成为数据的生产者、治理者、使用者、获益者,以数字化激发城市生命体每一个细胞的活力。推动政府以数据驱动流程再造,践行“整体政府”服务理念,以数据为基础精准施策和科学治理,变“人找政策”为“政策找人”,变被动响应为主动发现。

(八)重构数字时代的社会管理规则。深入落实“管行业也要管数字化转型”的新理念新要求,推动管理手段、管理模式、管理理念变革。实施包容审慎、支持创新的监管制度,试点“监管沙箱”等创新支持机制,着力消除数字化转型过程中新技术、新业态、新模式发展的政策性门槛,为千行百业的数字化转型提供制度保障。全面审视数字化发展的法治问题,建立健全相关制度规范,完善数字规则,强化知识产权等保护力度。开展伦理道德等社会规则研究和风险防范干预。加强数据、系统、网络、产品、安全等标准体系建设。围绕数据安全、网络安全,加快构建与城市数字化转型相适应的大安全格局。

(九)塑造数字时代的城市全新功能。融合应用数字孪生城市、大数据与人工智能等技术,推动城市“规建管用”一体化闭环运转,实现城市决策“一张图”、城市治理“一盘棋”,为城市精细管理和科学决策提供“说明书”。推进城市建筑、市政设施和地下管线的数字化管理系统建设和信息备案,实时监测感知建筑设施运行态势,利用城市运行数据,前瞻规划和动态推演,科学设计、合

理布局城市公共基础设施,逐步实现城市可视化、可验证、可诊断、可预测、可学习、可决策、可交互的“七可能力”,使城市更聪明、更智慧。

(十)重建数字时代的城市运行生态。从企业市民和城市运行高频急难的问题难点中发现数字化转型的应用场景,形成“揭榜挂帅”的建设机制,引导市场主体参与数字化转型场景运营,全面激发社会创造力和市场活力。大力引导、支持建设各类数字化公共平台,吸引各类创新要素、创新资源集聚,打造成为链接协同创新的开放平台,链接产业发展的赋能平台,链接城市治理的智慧平台,链接美好生活的服务平台,形成共建共治共享的数字城市创新生态圈。

## 六、创新工作推进机制,科学有序全面推进城市数字化转型

强化动态调整和供需匹配,通过数字化转型,将各领域堵点难点转化为发展亮点,形成政府引导、市场主导、全社会共同参与的城市数字化转型工作格局。

(十一)健全组织实施机制。充分发挥上海市城市数字化转型工作领导小组作用,充实领导小组办公室工作力量,建立健全统筹协调和推进机制,做好重大政策举措的统筹推进和考核评估,加强跨区域、跨部门、跨层级的组织联动。形成城市数字化转型专家咨询机制,成立社会化专业研究机构和应用促进中心。各区、各部门要强化责任落实,充分整合、归并原有的相关领导机制和议事协调组织,参照成立本地区、本部门数字化转型工作领导小组,加强工作专班,通过深入开展大调研,科学制定行动方案,强化各级财政资金等要素保障,系统规划、分步实施、扎实推进,避免低水平重复建设。

(十二)提高专业能力本领。各级领导干部要提高专业化能力,增强补课充电的紧迫感,不断学习数字化新知识新本领,掌握和遵循超大城市发展规律,培养运用数字化思维解决实际问题的能力,自觉赶上时代潮流。各级党校(行政学院)要增加城市数字化转型的培训内容,各部门要加强相关专业培训。强化全民“数字素养”教育,鼓励高校、社会机构等面向各类群体建立数字化技术终身学习平台和培训体系。

（十三）激发市场主体活力。充分发挥市场主导作用，将场景和数据开放作为育商招商的重要力量，不断培育壮大数字化转型标杆企业。进一步整合资源，引导金融资本有效支持数字化转型，加强具有国际视野的高素质专业人才培育和引进。强化载体建设，打造一批特色鲜明、功能错位、相对集聚的数字产业特色园区和在线新经济生态园，形成生态链强大吸附力。鼓励面向数字化的创新创业，支持解决方案集成商快速发展，为各行业数字化转型提供有力支撑。

（十四）加大先行先试和示范建设力度。加快重点区域率先数字化转型，支持自贸试验区临港新片区建设国际数据港，开展国际合作规则先行先试，积极参与数字技术、贸易、税收等国际规则制定，推动五大新城、长三角生态绿色一体化示范区等重点地区数字化建设更新。支持企业共建"数字长三角"和"数字丝绸之路"，深化国内国际合作交流。支持各区因地制宜、凸显特色，打造一批综合性强、带动面广的应用场景，形成一批可复制可推广的示范案例，为全市乃至全国数字化转型创造经验、提供样板。

（十五）营造浓厚社会氛围。坚持面向市民、基层、市场，更多运用群众喜闻乐见的方式、更多搭建群众便于参与的平台，最大限度调动各方面的主动性、积极性、创造性，以数字化转型践行"人民城市人民建，人民城市为人民"重要理念。加强宣传报道力度，及时总结推广各方面的经验创造，不断提升广大主体的获得感、幸福感、安全感，奋力谱写人民城市建设的新篇章。

# 中共上海市委关于厚植城市精神彰显城市品格全面提升上海城市软实力的意见

习近平总书记提炼概括了上海城市精神和城市品格，对提升软实力作出一系列重要论述，为上海加快打造同具有世界影响力的社会主义现代化国际大都市相匹配的城市软实力指明了前进方向。为深入贯彻习近平总书记重要指示要求，进一步激发新时代上海发展的不竭动力和澎湃活力，进一步增强城市核心竞争力和世界影响力，更好向世界展示中国理念、中国精神、中国道路，现就厚植城市精神、彰显城市品格，全面提升上海城市软实力提出如下意见。

## 一、深刻认识弘扬城市精神品格、提升城市软实力的重大意义

习近平总书记2007年在上海工作期间概括了“海纳百川、追求卓越、开明睿智、大气谦和”的上海城市精神，2018年在首届中国国际进口博览会开幕式主旨演讲中指出“开放、创新、包容已成为上海最鲜明的品格”，强调“这种品格是新时代中国发展进步的生动写照”。习近平总书记提炼概括的上海城市精神和城市品格，是民族精神与城市个性、历史传承与时代进步、内在价值与外在形象的有机统一，是上海发展生生不息的力量源泉，已深深融入这座城市砥砺奋进的发展史、奋斗史。在新时代新征程上，我们必须更加自觉地厚植城市精神、彰显城市品格，为创造新奇迹、展现新气象提供强大精神动力。

精神品格是软实力的内核所在。当今世界，软实力越来越成为一个国家、一个地区、一座城市综合实力的重要标识。从全球发展大背景看，面对百年未有之大变局，上海要更好代表国家参与国际合作与竞争，必须在持续增强硬实力的同时全面提升软实力，更好向世界展示中国理念、中国精神、中国道路，努力成为更高水平改革开放的开路先锋、全面建设社会主义现代化国家的排头兵、彰显“四个自信”的实践范例。从上海发展内在需要看，随着国际经济、金融、贸易、航运、科技创新中心建设的不断推进，全市经济总量迈入了全球城市

前列，但在软实力方面，按照“具有世界影响力”的定位要求，还有较大提升空间。特别是当前城市发展的环境条件、格局形态、动力机制、治理模式等都发生了深刻变化，必须从科学把握新发展阶段、坚决贯彻新发展理念、服务构建新发展格局、深入推动高质量发展的战略要求出发，更加重视把握软实力建设的特点和规律，充分发挥软实力的“加速器”作用，全面推动软实力与硬实力互动并进、相得益彰，加快建设成为具有世界影响力的社会主义现代化国际大都市，成为具有全球影响力的长三角世界级城市群的核心引领城市，为实现“两个一百年”奋斗目标和中华民族伟大复兴中国梦作出新的更大贡献。

## 二、明确全面提升城市软实力的总体要求

### （一）指导思想

以习近平新时代中国特色社会主义思想为指导，深入贯彻落实习近平总书记考察上海重要讲话和在浦东开发开放30周年庆祝大会上重要讲话精神，增强“四个意识”、坚定“四个自信”、坚决做到“两个维护”，科学把握新发展阶段，坚决贯彻新发展理念，服务构建新发展格局，以提升城市能级和核心竞争力为战略牵引，以培育和践行社会主义核心价值观为根本任务，以弘扬“海纳百川、追求卓越、开明睿智、大气谦和”的城市精神和“开放、创新、包容”的城市品格为价值引领，以用好用活红色文化、海派文化、江南文化资源为关键支撑，以增强城市凝聚力、吸引力、创造力、竞争力、影响力为主攻方向，全面提升引领全国、辐射亚太、影响全球的城市软实力，奋力打造向世界展示中国理念、中国精神、中国道路的城市样板，为加快建设具有世界影响力的社会主义现代化国际大都市提供不竭力量源泉。

### （二）目标取向

坚持面向全球、面向未来，始终胸怀“两个大局”、心系“国之大者”、立足“四个放在”，把上海打造成为引领未来超大城市发展的典范标杆，成为全面展现建设社会主义现代化国家新气象的重要窗口，成为我国连接和影响世界的重要纽带。

——让核心价值凝心铸魂。培育和践行社会主义核心价值观走在前列，

市民文明素质和城市文明程度全面提升,城市精神品格不断彰显新的光彩。

——让文化魅力竞相绽放。文艺创作精品迭出,文艺名家群星荟萃,文化潮流引领风尚,历史文脉延续传承,公共文化服务体系日臻完善,文化生活更加多彩,文化竞争力更加强劲。

——让现代治理引领未来。城市治理现代化水平全面提升,城市的安全、韧性全面增强,国际数字之都引领潮流,国际一流营商环境享誉全球。

——让法治名片更加闪亮。社会主义法治观念深入人心,尊法学法守法用法蔚然成风,形成人人参与法治建设、获得平等保护、感受公平正义、共享法治成果的生动局面。

——让都市风范充分彰显。黄浦江两岸物阜民丰、流光溢彩,世界会客厅商通四海、人聚万邦,人民城市绚丽多姿、活力四射,大国大城形象更富感召力、更有亲和力、更具全球吸引力。

——让天下英才近悦远来。人的全面发展更好实现,城市成为品质生活的高地、成就梦想的舞台,使在上海者引以为豪、来上海者为之倾心、未到过上海者充满向往。

全面提升上海城市软实力,是在坚持和发展中国特色社会主义道路上的具体实践,必须充分展现中国特色城市发展道路的政治优势和制度优势,充分彰显中国特色社会主义制度的巨大优越性和蓬勃生命力,并在此基础上着力打造具有鲜明标识的城市软实力特质,在上海这座城市,就是要形成既讲规则秩序又显蓬勃活力,既有国际风范又有东方神韵,既能各美其美又能美美与共,既可触摸历史又能拥抱未来,既崇尚人人奋斗出彩又体现处处守望相助,那样一种干事创业热土、幸福生活乐园的生动图景。

## 三、着力弘扬社会主义核心价值观,铸牢城市软实力的精神内核

习近平总书记强调,“核心价值观是文化软实力的灵魂”。上海作为党的诞生地、初心始发地,必须在培育和践行社会主义核心价值观上走在前列,大力弘扬民族精神和时代精神,大力弘扬城市精神和城市品格,以不懈的追求、澎湃的活力、宽广的胸怀,奋力创造新时代新奇迹、不断展现现代化新气象。

（一）坚守共产党人的精神家园。坚持用共产党人的精神谱系感染人、激励人，让建党精神在上海永放光芒，让革命先辈的崇高精神薪火相传。在全社会广泛开展党史、新中国史、改革开放史、社会主义发展史宣传教育。充分用好用活上海丰富的红色资源，引导人们走进红色旧址遗址和设施场馆，追寻初心之路，感悟理想之光、信仰之力，把红色传统发扬好、红色基因传承好。充分运用改革开放的生动场景特别是浦东开发开放的显著成就，引导人们真切感受发展的变化，深切感悟党的创新理论的实践力量、真理力量，进一步增进对中国特色社会主义的情感认同、价值认同，不断增强奋斗新征程、共筑中国梦的自豪感和责任感。

（二）焕发昂扬奋进的精神风貌。推动习近平总书记考察上海重要讲话精神深入人心，把习近平总书记的殷切嘱托化为全市上下奋力攻坚的强大动力和善作善成的生动实践，推动上海在新时代奋楫争先、勇立潮头。大力弘扬浦东开发开放以来形成的精气神，不断增强敢跟全球顶级水平对话的志气，强烈渴望建功立业的心气，艰苦奋斗、忘我工作的朝气。引导广大干部群众志存高远、追求卓越，以更加开阔的视野放眼全球、放眼全国，敏锐把握发展的趋势和潮流，更好地集世界之智、学各地之长、创上海之新。大力弘扬奋斗有我的主人翁精神，形成劳动最光荣、劳动最崇高、劳动最伟大、劳动最美丽的社会氛围，充分调动人们干一行、爱一行、钻一行的积极性，让敬业、乐业、专业成为每个人的自觉追求。充分发挥党员干部的先锋模范作用，营造比学赶超、干事创业的浓郁风气，勇于挑最重的担子、啃最难啃的骨头，更好彰显充满激情、富于创造、勇于担当的上海干部队伍特质，自觉做负重前行的人、披星戴月的人、鞠躬尽瘁的人。

（三）塑造新时代市民的新形象。大力推动社会主义核心价值观落细、落小、落实，深入推进群众性精神文明创建活动，深化市民修身行动，厚植责任意识、契约精神、科学观念、人文素养，倡导重信守约、专业精细、认真务实、理性自律，把城市精神品格内化于心、外化于行，更好展现新时代上海市民充满家国情怀、引领风气之先、更加开放包容的形象。推动人人起而行之，在风雨来袭时同舟共济、共克时艰，在承平顺境时毫不懈怠、奋发进取，在日常岗位上精益求精、追求极致,在平时生活中友爱友善、和睦和谐,真正把城市精神品格化为每个市民精神成长的丰厚滋养,化为城市发展进步的不竭动力。

## 四、着力提升文化建设品位,塑造城市软实力的神韵魅力

习近平总书记强调,“文化自信是更基本、更深沉、更持久的力量”。必须紧紧围绕大力提升文化软实力,锚定建设具有世界影响力的社会主义国际文化大都市的目标,坚持不忘本来、吸收外来、面向未来,在做强“码头”、激活“源头”、勇立“潮头”中打响“上海文化”品牌,使红色文化、海派文化、江南文化在交相辉映中激发创造活力,在世界文化交融激荡中绽放独特光彩,打造更富独特魅力的人文之城,让世人更好地感知中国风、东方韵。

(一)构筑更具国际影响力的文化高地。以海纳百川的胸怀推进中外文化交流交融,营造开放包容的文化环境,集聚世界一流的文创企业、文化机构、领军人才,打造更高水准的文化地标集群、更高人气的文化交流舞台、更高能级的文化交易平台,加快建设全球影视创制中心、国际重要艺术品交易中心、亚洲演艺之都、全球电竞之都、网络文化产业高地、创意设计产业高地。持续打响中国上海国际艺术节、上海国际电影节、上海电视节、上海旅游节、上海之春国际音乐节、上海时装周、上海书展、上海国际马拉松赛、F1 中国大奖赛、上海 ATP1000 网球大师赛等节展赛事品牌,推动海内外优秀文化作品首发、首演、首映、首展,提升世界著名旅游城市和全球著名体育城市的影响力、吸引力,建设近悦远来的国际“文化会客厅”和“旅游首选地”。鼓励各类文化流派百家争鸣、文艺创造百花齐放,让前沿的对话、高雅的艺术、新潮的剧目、先锋的作品在上海登场亮相,努力成为世界文化艺术发展的一个重要风向标。

(二)培育涌现更多原创性的文化精品。实施“上海文艺再攀高峰工程”,聚焦时代命题和重大主题,在文学、电影、电视、舞台、美术、群众文化、网络文艺等领域推出更多“上海原创”“上海制作”“上海出品”的传世之作,推动开发更多演绎上海故事、传播上海精彩、镌刻上海印记的文化“爆款”。完善尊重原创、鼓励“冒尖”、呵护创新的激励机制,加大对文化“精品、优品、新品”的支持力度,引导促进青年文化艺术人才、网络原创作者、街头艺人等健康发

展，培育更多具有世界眼光、家国情怀的名家大师，让更多的人在上海实现艺术梦想。大力推进数字化深度赋能，加快文创产业与科技、商务、旅游、体育等融合发展，培育更多有竞争力的文化领军企业、“小巨人”企业，让人们获得虚拟现实、交互娱乐、智慧旅游、数字文博等文娱新体验。

（三）保护传承“最上海”的城市文脉。以珍爱之心、尊崇之心善待历史遗存，加强对历史建筑、风貌街区、革命遗址、工业遗迹的保护利用，探索传统历史文化更富创意的“打开方式”，推动更多“工业锈带”变为“生活秀带”“文化秀带”，让人们更好感受“里弄小巷石库门、梧桐树下小洋房”的独特气质。推进城市记忆工程，传承发展戏曲曲艺、民间艺术、手工技艺等非物质文化遗产，留存好古意古韵的水乡古镇，保护好吴侬软语的本土方言，努力使典籍中的上海、文物中的上海、遗迹中的上海在穿越时空中活态呈现。促进公共文化服务体系社会化、专业化发展，深入实施建筑可阅读、街区可漫步、滨水可游憩，大力推进文化场馆、体育设施、公园绿地等向社会开放，培育打造市民可亲近、可参与、可展示的文化新空间和休闲好去处，让人们拥有诗意栖居、浪漫生活的美好家园。

## 五、着力构建现代治理体系，展现城市软实力的善治效能

习近平总书记强调，上海要“不断提高社会主义现代化国际大都市治理能力和治理水平”，“探索具有中国特色、体现时代特征、彰显我国社会主义制度优势的超大城市发展之路”。必须推动治理手段、治理模式、治理理念创新，率先构建经济治理、社会治理、城市治理统筹推进和有机衔接的治理体系，把制度优势转化为治理效能，走出一条符合超大城市特点和规律的治理新路子。

（一）全力打造善治城市典范。依托政务服务“一网通办”和城市运行“一网统管”两张网建设，以智能化为突破口，推动城市治理模式创新、治理方式重塑、治理体系重构，让城市运行更有序、管理更高效、服务更精准，形成可复制可推广的超大城市治理方案。以绣花般功夫推进城市管理精细化，坚持高标准引领，在细微处下功夫、见成效，深入推进美丽街区、美丽家园、美丽乡村建设，把服务管理的触角延伸到城市的每一个角落，努力打造精细极致、富

有温度的超大城市管理精细化样本。做实社区综合管理服务体系,做强家门口服务功能,做优共治自治平台,激活基层社区每一个细胞单元,让人人有序参与治理的生动实践处处可见。

(二)坚持把法治作为最根本的治理方式。彰显法治固根本、稳预期、利长远作用,着力推进全面依法治市,让人民群众在每一项法律制度、每一个执法决定、每一宗司法案件中感受到公平正义,使法治环境好成为上海的重要标志。完善社会信用体系建设,形成重契约、讲诚信的良好社会氛围。坚持把全过程民主贯穿到城市生活的各个方面,加强经济社会重大问题和涉及群众切身利益问题的协商,及时有效化解社会矛盾,营造更加和谐稳定的社会氛围。坚持把安全作为城市软环境的硬指标,构筑城市安全预防体系,加强韧性城市建设,全面提升城市功能韧性、过程韧性、系统韧性,强化风险防控和应急处置能力,不断提升市民的安全感,使上海始终位于全球最安全城市前列。

(三)积极参与全球治理体系变革。以推进浦东高水平改革开放、落实“三大任务、一大平台”、打造虹桥国际开放枢纽、全面深化“五个中心”建设为载体,以强化全球资源配置功能、科技创新策源功能、高端产业引领功能、开放枢纽门户功能为引领,着力推动规则、规制、管理、标准等制度型开放,积极参与国际规则、标准制定。更好发挥自贸试验区及临港新片区试验田作用,实行更大程度的压力测试,在若干重点领域率先实现突破。持续打造市场化、法治化、国际化营商环境,全面优化综合服务环境,把上海建设成为贸易投资最便利、行政效率最高、服务管理最规范、法治体系最完善的城市之一。吸引更多国际机构组织、会议、活动入驻,塑造、提升城市的国际竞争力和国际交往能力。进一步打响虹桥国际经济论坛、世界顶尖科学家论坛、浦江创新论坛、世界人工智能大会、陆家嘴论坛、上海市市长国际企业家咨询会议等品牌,主动设置全球城市议题,积极传递中国声音和中国主张,为促进全球开放合作提供更多国际公共产品。

## 六、着力优化创新创业生态,焕发城市软实力的发展活力

习近平总书记强调,“抓创新就是抓发展,谋创新就是谋未来”。必须坚

持创新在发展全局中的核心地位，打造更具澎湃活力的创新之城，让这座城市遍布想创造、能创造、善创造的主体，充满先进的思想、优秀的作品、璀璨的文艺、前沿的科技，持续不断地创造发展的奇迹、涌现英雄的人物、演绎动人的故事。

（一）打造引领未来的创新策源地。敢创世界和未来之新，推动学术新思想、科技新发明、产业新模式、文化新潮流持续涌现，努力实现更多“从 0 到 1”的突破。聚焦张江科学城，加大对前沿领域、基础研究的力量布局，发起和参与国际大科学计划和大科学工程，创造更多颠覆性技术、原创性成果。深化跨界融合创新，大力发展创新型经济、服务型经济、总部型经济、开放型经济、流量型经济，加快实施集成电路、生物医药、人工智能三大“上海方案”，推动中国芯、创新药、智能造、蓝天梦、未来车、数据港等蓬勃发展，引领未来都市经济的发展方向。建设一批享誉国际的学术高地和新型智库，成为全球智慧交融之地。

（二）建设开放共享的创新试验场。集聚高端创新元素，包容多元创新互动，让先进理念率先在这里应用、未来生活率先在这里体验。坚持走开放创新之路，提升重大创新平台能级，构建更高水平全球创新网络，促进人才流、信息流、科技流、文化流等充分流动，为创新创业提供最全要素。推动资源优先向创新配置，全力打造国际知识产权保护高地，更好利用资本市场支持创新创造，提供精准扶持政策，联动全球创新资本，为创意生长提供丰厚土壤。积极探索未来城市形态，全面推动城市数字化转型，持续推进场景开放、数据赋能、制度供给，鼓励新设计、新技术、新模式广泛应用，创造最具未来感的都市生活。

（三）营造英才汇聚的创新“强磁场”。聚天下英才而用之，向各类创新主体敞开大门，为探索未来、成就梦想提供更大舞台。实施更加开放更加便利的人才引进政策，打响“海聚英才”品牌，建设世界顶尖科学家社区。加快一流大学和一流学科建设，加大基础研究领域青年人才梯队扶持力度，提升上海教育的国际影响力，努力成为青年人的向往之地。坚持创新不问“出身”，建立科技攻关“揭榜挂帅”机制，大力发展新型研发机构，完善以增加知识价值为导向的激励机制,打破一切制约创新的束缚,让创造活力竞相迸发。大力弘扬科学家精神、企业家精神、工匠精神,提升市民科学素养,鼓励创新、宽容失败,让城市处处涌动创新创业的激情。

## 七、着力打造最佳人居环境,彰显城市软实力的生活体验

习近平总书记强调,“人民城市人民建,人民城市为人民”,希望上海“开创人民城市建设新局面”。必须坚持把人的感受度作为最根本的衡量标尺,把宜居、宜业、宜学、宜游的城市环境建设摆在突出位置,把最好的资源留给人民,全方位营造舒适生活、极致服务和品质体验,打造更加和谐宜居的生态之城,让越来越多的人向往上海、来到上海、留在上海、喜欢上海、宣传上海。

(一) 塑造打动人心的“城市表情”。加强城市规划和设计引领,塑造注重人情味、体现高颜值、充满亲近感、洋溢文化味的“城市表情”,让城市更有温度、更为雅致、更有韵味。强化小尺度、开放式理念,让街区更加宜人。使“城市家具”兼具功能必备品和耐看艺术品的双重属性,让设计感、时尚潮、文艺范涌动在城市大街小巷,营造更多让人看一眼就喜欢、越细品越有味道的城市意境。聚焦功能品质提升,完善“一江一河”沿岸公共设施配套。坚持高起点规划建设,打造环城生态公园带,提升人城相融、园城一体的城市公园与游憩绿地系统。持续加大生态环境整治力度,全面提升城市生态环境品质,使绿色成为城市发展最动人的底色。积极践行低碳城市理念,让低碳绿色和生态友好成为城市形象、品质和责任感的重要标志。

(二) 打造满足品质生活的服务体系。着眼于满足人们对美好生活的多元多样多层次需求,在提供普惠均衡的基本公共服务基础上,大幅增加高质量和国际化的教育、医疗、养老、文旅、体育等优质资源和制度供给,推进15分钟生活圈建设,用优质公共服务吸引人才、满足市民。提高突发公共卫生事件应急处置能力,建设全球公共卫生体系最健全的城市之一。打造上海国际消费中心城市,提升“五五购物节”全球影响力,让上海成为全球消费目的地和“购物天堂”。深入推进食品安全示范城市建设,打造具有全球吸引力的美食之都。坚持“房住不炒”定位,优化“四位一体”住房保障体系,推进保障性租赁

住房建设。深化就医、交通等生活领域数字化转型,创造内容丰富、便捷可及的数字化新体验。

（三）构建引领未来生活的城市空间。发挥空间布局对城市发展的导向作用,以优化城市空间格局引领未来城市生活。统筹城市有机更新和历史风貌保护,坚持留改拆并举,加快推进旧区改造、城中村改造、城市更新,把更多的城市更新区域变成绽放地带,打造生产、生活、生态相互融合,功能、形态、环境相互促进的新空间。按照最现代、最生态、最便利、最具活力、最具特色的要求,把嘉定、青浦、松江、奉贤、南汇等五个新城建设成为引领潮流的未来之城、诗意栖居之地,让工作、生活、扎根在新城成为人们的优先选项。坚持生态立岛兴业惠民,把崇明打造成为具有国际影响力的世界级生态岛。发挥好大都市乡村靓丽底板功能,凸显农业农村的经济价值、生态价值、美学价值,把乡村打造成为大都市的后花园,让珍视乡村、回归乡村、建设乡村成为新潮流。

## 八、着力增强全球叙事能力,扩大城市软实力的国际影响

习近平总书记强调,要“下大气力加强国际传播能力建设,形成同我国综合国力和国际地位相匹配的国际话语权”。必须全面提升国际传播能力和国际影响力,更好向世界展示传统与现代交融、本土与外来辉映、有序与灵动兼具、文明与活力并蓄的社会主义现代化国际大都市形象。

（一）塑造城市品牌形象。以“上海元素”为核心,构筑城市战略品牌,让独具特色的都市魅力精彩绽放。提炼体现独特内涵的上海城市形象视觉符号体系,精心设计城市地标、城市天际线、城市徽标、城市标语等形象标识。持续打响“上海服务”“上海制造”“上海购物”“上海文化”等“上海品牌”,树立一批有口皆碑的新时代品牌标杆。建设上海城市形象资源共享平台,打造展示上海城市形象的优秀案例和品牌。支持鼓励方方面面使用上海城市形象对外推广标识、标语。

（二）讲好精彩城市故事。以“上海实践”为题材,加强国际传播能力建设,传播好中国精神和中国价值观。深化国际传播理论研究,掌握国际传播规律,创新全球叙事方式,充分展示人民城市建设、超大城市治理等成功实践,讲

好中国共产党治国理政的故事、中国人民奋斗圆梦的故事、中国坚持和平发展合作共赢的故事。打造具有国际影响力的媒体集群,提升国际传播的话语权和影响力,提升上海城市的知名度和美誉度。发挥“感知上海”平台作用,建强适应新时代国际传播需要的专业人才队伍,鼓励和支持各类民间主体参与对外传播,营造“人人都是精彩故事传播者”的良好氛围。

(三)构筑对外交流平台。以“上海主场”为载体,构建国际交流体系,加强多层次文明对话,增进国际社会对上海的了解和认同。用好中国国际进口博览会、世界城市日等重大平台,通过举办国际赛事、会展、节庆、论坛等重大活动,提升上海城市国际形象。积极开展“中华文化走出去”,开展“魅力上海”城市形象推广。推进城市外交、民间外交和公共外交,深化友城交流,加强教育、文化、旅游、卫生、科技、智库等多领域合作,扩大海外“朋友圈”。优化长三角传播资源,联合开展对外交流合作,合力提升长三角城市群的国际影响力。

## 九、切实加强对城市软实力建设的组织领导

弘扬城市精神品格、提升城市软实力是一项关乎长远的复杂系统工程。必须把方方面面的资源和要素调动起来、活力和创造力激发出来,形成系统谋划、整体推进、久久为功、全面提升的强大合力。

(一)强化党的全面领导。党的领导是中国特色社会主义制度的最大优势,必须加强党对城市软实力建设各领域各方面各环节的领导,建立健全党委领导、各方面齐抓共管、全社会共同参与的工作格局。各级党委(党组)要坚持软硬实力一体谋划、一体部署、一体推进,把城市精神品格融入改革开放和现代化建设全过程各方面,强化责任、狠抓落实。各级领导干部要带头弘扬和践行城市精神品格,提高领导城市软实力建设的政治能力和专业化水平。

(二)强化全方位支撑保障。强化理论研究,充分发挥高等学校、科研院所、智库等智力资源作用,深化软实力建设的理论和实践研究。强化制度保障,建立健全长效机制,研究制定针对性政策,形成系统完备、有效管用的政策制度体系。强化投入支撑,建立软硬实力统筹建设的财政保障机制,积极探索

多元化、多渠道、多层次的投入机制，确保城市软实力建设有力有序有效推进。

（三）强化全社会广泛参与。软实力建设是事关人人的“人心工程”，必须充分激发方方面面参与的积极性、主动性、创造性，最大限度凝聚全社会共识和力量。鼓励各区、各部门发挥比较优势，整合提升一批城市软实力资源要素，打造一批有显示度的城市软实力建设亮点，形成一批可复制可推广的经验做法。加强典型引领和舆论引导，营造“人人参与软实力建设”的浓厚氛围，形成“人人都是软实力”的生动局面。

# 上海市城市管理精细化“十四五”规划

为提高上海城市管理精细化水平,根据《上海市国民经济和社会发展第十四个五年规划和二〇三五年远景目标纲要》,制定本规划。

## 一、发展基础

### (一)工作成效

“十三五”以来,上海按照习近平总书记“城市管理应该像绣花一样精细”的要求,对标最高标准、最好水平,综合运用法治化、标准化、智能化、社会化手段,努力实现管理的全覆盖、全过程、全天候,着力提升市民群众的认同感、获得感、幸福感和安全感,初步形成了安全、干净、有序的市容市貌和城市管理格局。

1. 持续推进“四化”建设,精细化管理体系初步确立

(1)建立健全精细化管理总体架构。合并市政市容管理、数字化城市管理等8个议事协调机构,成立市城市管理精细化工作推进领导小组和区、街镇精细化管理机构。(2)制订实施“三年行动计划”。出台关于加强城市管理精细化工作的实施意见和第一轮三年行动计划(2018—2020年),42项主要实施内容全部完成,其中50%以上内容超额完成。(3)深入推进法治化、标准化、智能化、社会化建设。法治建设有序开展,修订《生活垃圾管理条例》等7部地方性法规,建成全市城管执法基层服务网络体系,城管执法基层基础、社会基础、群众基础进一步夯实。标准体系逐步完善,出台《上海市市政道路建设及整治工程全要素技术规定》《城市容貌规范》等近50部城市管理标准规范。智能化建设初见成效,聚焦高频多发城市管理问题,上线违法建筑治理、玻璃幕墙安全监管等一批应用场景,完成了市、区、街镇“1+3+N”网格化系统2.0版开发升级和部署应用。社会参与形成氛围,累计组建9 894个住宅小区业主大会,创新路管会、弄管会等一批自治组织,推动同济大学、上海交通大学等多

家高校成立了城市治理相关研究机构。

2. 以“三个美丽”为主要抓手，人居环境品质大幅提升

（1）环境治理增效显著。连续开展三轮“五违四必”区域环境综合整治，累计拆除量达到1.6亿平方米，“五违”问题集中成片区域基本消除。全市河道水质已基本消除劣Ⅴ类，重要河湖水功能区达标率达到98%。基本完成约1 500条（段）“内部道路”治理。（2）人居环境品质持续提升。“美丽家园”建设实施各类旧住房更新改造5 300余万平方米。建设市级“美丽乡村”示范村124个。（3）城市景观更具魅力。完成第一轮352个“美丽街区”创建。完成360公里道路架空线入地和合杆整治，平均减杆率达到60%。实现黄浦江核心段45公里和苏州河中心城段42公里滨水岸线贯通，公共空间品质不断提升，世界级滨水区框架初步形成。

3. 运行安全保障能力显著增强，服务效率效能持续提高

（1）韧性城市建设有序推进。聚焦燃气、房屋安全等重点领域，加强重大风险排摸管控，制定完善安全风险防范和应急处置预案。强化各类管网安全隐患管理，完成高危供水管网改造1 240公里以及燃气地下隐患管网更新253公里、老旧住宅立管改造21.9万户。推进16个市级海绵城市试点区建设，临港新片区试点被联合国南南合作办公室发布的可持续城市发展专题报告作为典型案例推介。（2）城市运行服务能级有效提升。完成道路交通缓拥堵项目313个，创建精品示范路222条，中心城区骨干轨道交通线路高峰时段最小运行间隔缩短至1分55秒，交通服务水平不断提高。实现生活垃圾100%无害化处理，完成2.1万余个生活垃圾分类投放点规范化改造，居民区和单位生活垃圾分类达标率均达到95%以上，垃圾综合治理效能持续增强。

“十三五”时期，本市城市管理精细化工作取得了一些成效，但是依然在一定程度上存在着体制机制的系统性建构不充分、“四化”支撑有待进一步加强、对日益增长的民生需求仍缺乏快速响应机制和解决手段等不足。

（二）面临形势

一是城市管理进入新发展阶段。我国社会主要矛盾已经转化为人民日益增长的美好生活需要和不平衡不充分的发展之间的矛盾，对城市管理的要求

从“有没有”逐步上升成为“好不好”,进而“精不精”。城市管理体系有待系统性的改造提升,并将“人民城市”理念贯穿于城市管理全过程、各方面,在补齐民生短板、解决民生难题上下更大功夫。二是城市管理开启新发展模式。上海已迈入从增量扩张转向增量与存量并重的发展转型期,新发展模式将更注重有机更新和内涵提升,城市管理的重点必然从数量导向转向品质导向,从重物质保障转向重文化传承和机制建设,在增强城市韧性基础上,进一步聚焦规划、建设、管理之间重叠并行的复杂关系。三是城市治理面临新发展要求。城市数字化转型的必然发展趋势和新基建行动的全面推进,既为城市治理现代化提供了重要技术支撑和新动力,又对城市管理的机制变革、流程再造提出了新要求。

## 二、总体思路

### (一) 指导思想

以习近平新时代中国特色社会主义思想为指导,深入贯彻习近平总书记考察上海系列重要讲话和在浦东开发开放 30 周年庆祝大会上重要讲话精神,深入践行“人民城市人民建,人民城市为人民”重要理念,坚持以人为本,坚持“三全四化”,把“精细化”的理念和要求贯穿到城市管理的全过程和各方面,以城市数字化转型为契机,以“全要素、一体化、做减法”为手段,提升城市治理体系和治理能力现代化水平,让广大市民感受到市容市貌常新、景观靓丽常在、城市温度常留。

### (二) 基本原则

一是坚持以人为本、问题导向。把握人民城市的根本属性,服务民生需求,聚焦群众反映强烈的突出问题、难题顽症和瓶颈短板,坚持源头治理与常态长效治理相结合,坚持重点区域和一般区域、中心城区和郊区农村全覆盖,分级分类、精准施策,努力提升市民群众的获得感、幸福感、安全感。

二是坚持系统观念、智慧赋能。加强前瞻性思考、全局性谋划、战略性布局、整体性推进,以城市数字化转型为契机,依托“一网统管”,加强各环节、各平台、各部门、各主体之间的紧密衔接与协同,实现高效处置一件事、“观管防”有机统一，将城市管理精细化贯穿城市有机体的全生命周期。

三是坚持创新驱动、示范引领。坚持创新引领发展，聚焦重点领域，发挥敢于担当、主动作为的精神，加强在体制机制、技术方法、行动实践等各层面的全方位创新突破，加快形成示范标杆，以点带面、点面结合，补短板、锻长板、树样板，提升城市管理的精细化水平。

四是坚持基层基础、共治共享。坚持放权赋能增效、做强做实基层，结合网格化管理的赋能升级，全面激发社会活力和参与度。汇聚人民智慧和力量，做优“党建引领、社会动员、协商共治”的多方参与基层治理格局，让人民群众真正成为城市管理的积极参与者和最大受益者。

（三）发展目标

到 2025 年，建成以“一网统管”为标志、具有一定国际影响力的超大城市精细化管理中国典范，成为国内超大城市管理的先行示范标杆，为推动国家治理体系和治理能力现代化贡献上海智慧、上海样本，为世界超大城市建设和治理提供中国经验、中国方案。

——基本建成规划、建设、管理一体化协同、条线块面无缝隙衔接的全覆盖、全过程、全天候精细化管理总体架构；

——基本建成以数字化转型为驱动，以网格化管理赋能升级为抓手，线上智慧场景应用与线下业务流程再造相融合，全域感知、全息智研、全时响应、全程协同、全面统筹的精细化综合管理平台；

——初步建成在党建引领下，聚焦基层基础，以高社会参与度和高社会凝聚力为标志，政府、社会、市民共建共治共享的精细化多元治理模式；

——初步建成以体系健全、良法善治的社会主义法治建设为基础，以刚弹结合、分级分类的标准规范为支撑，以合理精准、定量定性结合的考核机制为保障的精细化管理标准规范与科学评估体系。

通过不断创新体制机制，不断完善支撑手段、不断推进行动计划，建设一批宜居、宜业、宜乐、宜游的人民城市精细化管理示范区，汇聚起共建美好城市、共创美好生活的强大合力，全面提升上海在风险预测预判、问题及时发现、事项快速处置、资源统筹调配等各环节的城市治理体系和治理能力现代化水平,让城市运行更安全、更干净、更有序、更便捷、更智慧,奋力创造新时代上海发展新奇迹,共同谱写新时代“城市,让生活更美好”的新篇章。

**上海市城市管理精细化“十四五”规划指标**

| 类别 | 序号 | 指 标 名 称 | 单位 | “十四五”目标 | 属 性 |
|---|---|---|---|---|---|
| 安全韧性 | 1 | 老旧燃气管道更新改造 | 公里 | ≥300 | 约束性 |
| | 2 | 老旧供水管网更新改造 | 公里 | ≥2 000 | 预期性 |
| | 3 | 增设集中充电设施小区数 | 个 | ≥2 500 | 预期性 |
| | 4 | 城市建成区达到海绵城市建设要求面积比例 | % | ≥40 | 预期性 |
| 整洁有序 | 5 | 生活垃圾分类综合达标率 | % | ≥95 | 预期性 |
| | 6 | 生态清洁小流域建设数 | 个 | ≥50 | 预期性 |
| | 7 | 架空线入地和杆箱整治 | 公里 | ≥600 | 约束性 |
| 便捷温馨 | 8 | 既有多层住宅加装电梯 | 台 | ≥5 000 | 约束性 |
| | 9 | 绿道建设 | 公里 | ≥1 000 | 约束性 |
| | 10 | 口袋公园建设 | 个 | ≥300 | 约束性 |
| | 11 | 绿色社区创建率 | % | ≥70 | 预期性 |
| 智慧转型 | 12 | 智能快件箱建设 | 万组 | ≥1.4 | 预期性 |
| | 13 | 燃气计量表智能化改造户数 | 万户 | ≥200 | 预期性 |
| | 14 | 研发或升级改造精细化管理智能应用场景 | 个 | ≥150 | 预期性 |
| 综合管理 | 15 | 新编或修订城市管理标准 | 部 | ≥50 | 约束性 |

## 三、主要内容

### (一)完善管理体制机制,全面推动精细化管理总体架构建设

#### 1. 完善市、区、街镇三级精细化管理体制机制

完善市、区、街镇的事权分工,明确各级工作职责与重点,强化条线与块面间的综合协同能力,实现市级层面定战略抓总体重指导、区级层面定方案抓协调重推进、街镇层面夯基础强治理重落实的基本格局。(1)市级层面,负责制定总体战略,对各区开展指导和评估工作,重点推进制定跨部门法规体系和城市管理标准体系,建立健全多部门协同常态长效管理体制机制和全市精细化管理工作动态评估机制。(2)区级层面,做实做强常态化的区级城市管理精细化专门机构。“因区制宜”,细化工作框架,针对本区痛点短板,拟定综合解

决方案。充分利用区级平台联通上下、衔接左右的系统枢纽和作战平台功能，有效实现条块统筹。定期对街镇工作开展调研评估和综合指导，实现条线部门的专业化优势与属地管理部门的综合管理优势最大程度的结合。（3）街镇层面，强化力量全面下放、资源高效下沉、保障有效下倾以及街镇综合协同治理能力建设。加强党建引领下住宅小区综合治理“三驾马车”的合力效应。培育孵化属地化专业社团与第三方机构。推进街道城管执法中队下沉，完善基层综合执法体制，形成基层综合执法和联勤联动新机制。

2. 探索规划-建设-管理有机协同的全生命周期精细化管理路径

针对临港新片区、虹桥商务区、北外滩、五个新城等重点地区，结合城市更新、海绵城市和重大项目建设，探索待建储备土地综合管理、地下空间综合开发、无障碍环境等重点领域规划、建设、管理有机协同的机制建设。（1）提高规划弹性和包容性。提高控制性详细规划的指标弹性和调整效率，为城市建设管理动态发展需求预留空间。探索在规划审批中加入编制“运营规划”的要求。（2）建立建设与管理要求前置、规划要求落地与复核的机制。通过政策性文件、导则标准等形式，将建设和运维管理的要求体现在规划编制和土地出让环节，并通过后期项目的初步设计审查、竣工验收等环节确保规划阶段的要求得到精准落地实施。（3）完善重大工程项目协同推进机制。针对重大工程项目交叉影响等问题，探索形成跨行业、跨部门、跨区域统筹推进机制，综合协调优化项目立项、用地、规划、施工、竣工验收等各阶段管理工作。（4）探索成立开发建设运营一体化的专项功能性平台，优选国内外高水平的规划设计、开发建设和运营管理团队，编制高质量规划建设方案，开展高能级运营管理，确保实现高品质发展。

（二）强化智慧赋能和流程再造，系统推进精细化综合管理平台升级

1. 打造数字城市底座，精准辅助管理主体决策研判

（1）加快数字孪生城市建设。围绕治理要素“一张图”，加快城市空间、城市部件、城市运行动态的数字化，推动建立将建筑信息模型（BIM）、地理信息系统（GIS）和物联网（IoT）等多项技术统一集成的城市信息模型（CIM）。（2）加快城市管理主题数据库建设。做好数据的全域全量汇聚和实时汇集更

新,建立面向城市管理应用的数据治理体系,实现各类数据资产的有效管理。(3)推进城市生命体征监测分析系统建设。细化生命体征指标颗粒度,不断补充拓展生命体征指标体系,不断丰富城市体征的表述和应用。

2. 落实智能化管理,全面推动网格化系统广泛应用

(1) 做强三级平台功能。市级平台强化协调指挥、监督评价作用,通过大数据分析和运用,研判热点难点和趋势规律。区级平台重在枢纽统筹,通过标准基础平台汇聚数据、集成系统、强化管理。街镇平台强在处置,充分依托网格化系统,实现城市管理的全域覆盖、智能派单、依责承接、高效处置。(2)整合基层资源力量。夯实责任网格,配置网格内的力量资源,打造一支 7×24 小时响应的城市运行管理和应急处置队伍。强化力量全面下放、资源高效下沉、保障有效下倾以及治理综合协同的能力建设。(3)推进数字管理流程再造。实现管理要求、技术运用和处置流程的紧耦合,逐步形成动态感知敏锐、任务生成智能、指令派发扁平、承接处置高效、评估考核科学的管理闭环。从传统人工处理向“机器派单、智能管理”转变,探索实现“指令到人”,做好内部事项处理“小闭环”。探索打通跨部门跨层级指挥调度系统,各职能部门和区、街镇第一时间依责响应、协同治理、就近处置,做好跨部门事项的“大循环”。(4)加强智能设施统筹建设。加快城市智能化终端设施建设和改造,构建神经元感知网络,实现城市公共安全、交通、生态环境等重点领域信息规范采集和全量接入。加快布设新型充电基础设施和智能电网设施。建设一批智慧微菜场、共享充电桩示范小区。完成不少于 200 万户燃气计量表智能化改造,新建 20 万个新能源汽车智能充电桩,落实 1.8 万根综合杆建设,新增不少于 1.4 万组智能快件箱。(5)推进各类公共插件广泛引用。融合各类发现渠道,实现自主发现、状态甄别、智能分流处置,提升高效联动处置能力。

3. 立足智慧化预防,系统推进应用场景研发和迭代升级

(1) 构建城市安全预警体系和预警模型。聚焦城市运行风险,将散落于行业管理中的重点风险、隐患进行实时汇聚、系统集成,全面融合各类公共安全数据资源,实现分级分类精准预警和响应。加强大数据分析力度,探索智能化发现机制,实现快速发现和高效处置的闭合管理。(2)提高行业智慧管理

能级水平。加快推进智慧城管、智慧物业、智慧工地等管理体系和系统建设。针对高频多发、市民群众反映强烈的城市管理难题,研发或升级改造150个以上精细化管理智能应用场景。

### (三) 构筑共建共治共享格局,积极引导精细化多元治理模式建设

#### 1. 加强党建引领,建立“三个美丽”共建共治共享制度和公众参与平台

(1) 依托“美丽家园”建设管理,深化物业管理行业党建工作,培育不少于30家党建品牌物业服务企业。推行和完善社区多主体自治共治机制,深化推进业委会建设,有效发挥城管执法社区工作室的服务功能。(2)依托“美丽街区”建设管理,加强路管会、弄管会等共管共治,搭建协商平台,形成议事规则和管理制度。(3)依托“美丽乡村”建设管理,深化村民自治实践机制,完善村民自治章程和村规村约,探索村民议事会、理事会等协商平台。实施“阳光村务工程”,拓宽服务村民和民主监督途径。(4)拓展市民参与城市管理的途径,探索市民参与城市更新、公共空间文化内涵建设等方式,开展绿化提升、垃圾分类等城市管理金点子评选活动,鼓励市民参与城市治理。

#### 2. 充分发挥社会化专业团队和第三方服务的作用

(1) 完善社区规划师制度。依托社区更新项目,探索形成由城市规划、建筑设计、景观设计、工程建造、法律咨询等多方力量和第三方社会组织共同参与的多专业联合团队,更好地倾听居民诉求,提供咨询服务,营造具有设计感和艺术性的空间环境。中心城区社区规划师覆盖率达到90%。(2)加强对社会第三方服务的管理。在积极引入第三方服务的同时,健全管理考核和激励制度。

### (四) 深化标准化和法治化,加快推动精细化管理标准规范与科学评估体系建设

#### 1. 推进科学立法,建立健全城市管理政策法规体系

(1) 建立健全法规体系。建立涵盖住房保障和房屋管理、绿化市容管理、水务管理、交通管理,以及城管执法和城市管理信息化等领域的“N+1+1”法规框架体系。(2)完善各领域政策法规。推动《上海市黄浦江、苏州河滨水区域管理条例》1部地方性法规、《上海市城市地下管线管理办法》等10部政府

规章的制定,《上海市市容环境卫生管理条例》等7部地方性法规、《上海市城市架空线管理办法》等11部政府规章的修订等。(3)健全法治建设协作机制。加强行政管理部门与立法部门的沟通协作,促进管理要求和执法手段相匹配,提升立法质量。

2. 加强管执衔接和协同协作,提升执法成效

(1)推行“城管执法建议”工作制度。将行政执法工作中发现的问题和建议通报相关行政管理部门,推动管理部门和执法部门的良性互动和有机互补。(2)健全管理部门与执法部门的协作机制。在户外广告设施、户外店招店牌、户外景观灯光设施、生活垃圾、物业管理、房地产市场等多领域建立健全管执联动系统,协同推进源头治理、系统治理。

3. 强化顶层设计和对标对表,系统优化城市管理标准体系

(1)注重顶层设计,形成动态更新的长效管理机制。健全完善现有城市管理标准体系框架,形成常态长效的标准体系优化更新机制,定期评估。(2)对标国际一流,提升城市管理标准的先进性和适用性。依托“世界城市日”等平台,学习借鉴国内外城市发展经验。根据管理对象的区位差异和不同的发展要求,建立城市空间分级分类框架,推进中心城区、近郊地区、远郊地区、重点示范区等不同区域的标准体系建设。(3)对照现有标准体系,查漏补缺、新编修编。新编或修订城市管理标准50部以上,与规划建设标准紧密对接、有机结合,为规划、建设、管理一体化提供有力支撑。

4. 开展城市体检,构建支撑超大城市精细化建设和治理的科学评估体系

围绕城市生命体征,优化体检指标,形成科学合理精准、定量定性结合的科学评估体系,建立“一年一体检,五年一评估”的城市体检评估制度。通过城市体检,全面掌握生命体征,为防治城市病提供客观指引,全面推动城市治理由经验判断型向数据分析型转变。

### (五)加强综合治理和环境建设,全方位提升生活环境品质

1. 进一步推动“三个美丽”创新升级

坚持“全要素、一体化、做减法”,推动“美丽街区”建设创新升级。巩固深化第一轮“美丽街区”建设成果,并向后街及背街小巷延伸。每年建设100个

高品质“美丽街区”，进一步提升“美丽街区”覆盖率。(1)强化街面秩序短板治理。坚决遏制新增无序设摊聚集点，积极探索夜间经济带动下的规范设摊管理模式，加强“外摆位”管理。(2)全面推进架空线入地和杆箱整治。完成不少于600公里架空线入地和杆箱整治，基本实现全市重点区域架空线全部入地。以架空线减量化为目标，优化无轨电车线路设置。进一步推进各类箱体的减量化、小型化、隐形化、规范化，减量50%以上。各区创建至少1个无架空线全要素整治示范片区。(3)持续加强城市保洁。加大新型保洁车辆和小型作业机具的引入和使用，有序扩大高标准保洁区域覆盖范围，全市道路机械化清扫率达到100%，道路冲洗率达到95%，镇级以上(含镇级)河道水域市容环境卫生质量周优良率达到88%以上，全市环卫公厕服务优良率达到95%以上。(4)强化户外广告、招牌和景观照明管理。提高户外广告和招牌设施的设置品质，全市创建300条以上户外招牌特色道路(路段)。全市核心区域、重要区域景观照明纳控率达到90%以上。(5)完善公园、绿道系统建设。持续完善城乡公园布局，新建或改造提升口袋公园不少于300座、社区公园50座。健全绿道体系，建设衔接区域、串联城乡、覆盖社区的绿道不少于1 000公里，其中骨干绿道500公里。推进“一街一景”工作，建成绿化特色道路50条，推广应用新优行道树树种道路150条。(6)加强无障碍环境建设。重点聚焦南京路等重要商圈的道路设施和公共建筑的无障碍环境建设改造，注重无障碍设施人性化。(7)保护利用历史文化遗产。向社会新开放200处经保护修缮后的文物保护建筑和优秀历史保护建筑，突出激活功能有效利用，传承历史记住乡愁。

聚焦民生实事，统筹升级“美丽家园”建设管理。推动创建1 000个“美丽家园”特色小区和100个“美丽家园”示范小区，绿色社区创建率不低于70%，使住宅小区的运行更加安全、环境更加宜居、服务更加便捷、治理更加高效。(1)保障基本民生，补齐居住区生活需求短板。结合城市更新工作和绿色社区建设，继续推进旧改和旧住房更新改造工作，多措并举消除中心城区“拎马桶”现象。加快推进旧区改造，2022年年底前，全面完成约110万平方米中心城区成片二级旧里以下房屋改造；2023年年底前，完成约48万平方米中心城区零星二级旧里以下房屋改造。实施约 5 000 万平方米旧住房更新改造,丰富旧住房更新改造内涵,提高改造标准和水平。统筹推进社区足球场地设施建设工作,推进学校体育场地开放共享,丰富市民健康生活方式。结合“有爱无碍”城市建设,加快推进既有多层住宅加装电梯工程,确保完成电梯加装 5 000 台,力争完成 10 000 台以上,并加强使用管理。加快末端投递网络布局,推动集中建设快递公共服务站,每个区每年至少新增 1 个快递公共服务站。(2)健全小区综合治理体制。加强综合协调,充分发挥街镇基层组织管理功能,形成跨行业、跨部门的运行机制,推动城市管理服务向居住社区延伸。落实街镇房屋管理工作职责,结合城管社区工作室平台,建立健全城管、物业、公安、居委会、业委会、居民“六位一体”小区环境治理机制,及时查处破坏房屋承重结构、“居改非”、毁绿占绿、占用公共空间等小区治理难题顽症。积极探索创新治理群租新路径,推进“无群租小区”创建。(3)推动物业服务高质量发展。健全按质论价、质价相符、优质优价的物业服务市场机制,完善物业服务价格信息发布机制,推行物业服务收费价格评估制度,推进物业收费电子化。完善小区维修资金管理制度,健全公共收益管理制度,打造优秀物业服务项目,鼓励物业服务企业兼并重组,引导小微小区合并管理,推动物业服务规模化、品牌化经营,提升行业管理集中度和市民群众满意度。加强物业行业行政监管,全面实施住宅物业服务合同网签备案,强化物业服务企业评价结果在物业管理招投标和项目评优等方面的应用,促进形成履约守信、优胜劣汰的竞争机制。积极发挥物业行业协会作用,持续培育 100 个综合能力五星级物业服务企业,创建 100 个以上的物业管理优秀示范项目。

聚焦农村人居环境整体优化,有序推进“美丽乡村”升级建设。贯彻落实乡村振兴战略,累计建设 300 个以上市级“美丽乡村”示范村、150 个以上“乡村振兴”示范村,形成一批可推广、可示范的乡村建设和发展模式。(1)提高基础设施配置水平,持续整治和改善农村人居环境。推进农村生活垃圾治理全覆盖。加快就近就地型湿垃圾处理站和可回收物点、场、站建设,实现农村湿垃圾就近就地资源化利用和“两网融合”,继续开展农村生活垃圾分类示范村创建。有序推进农村生活污水处理老旧设施提标改造工作,实施 5 万户农村生活污水治理新建或续建项目,农村生活污水处理率达到90%以上。推动城镇污水管网向周边村庄延伸覆盖,有条件的农村区域就近接入城镇排水与污水处理设施。完成农村公路提档升级改造1 500公里,创建100条“四好农村路”示范路。(2)推进农民相对集中居住,加快引导培育都市乡村风貌。继续推动农民相对集中居住,重点解决“三高两区”周边农民以及规划农村居民点范围外的分散户的居住问题,规范管理农民按规划设计建房,加强风貌保护和引导,注重保留乡村自然肌理,保护和传承优秀传统文化,推进乡村建筑风貌与乡村色彩协调统一,体现乡村韵味,彰显时代特征,展示地域特色。

2. 进一步加强城市环境综合治理

持续推进薄弱环节薄弱区域环境问题综合整治。开展地铁出入口、医院、学校、集贸市场和老旧小区等“五个周边”环境治理。加强“内部道路”以及流浪猫狗治理等工作。开展镇区环境整治达标行动,重点整治镇政府所在地、撤制镇区的乱占道、乱停车、乱拉线、乱张贴、乱搭建、乱堆物、乱扔垃圾、乱设招牌等行为。

加强违法建筑综合治理力度。坚决遏制新增,有效治理存量。全面排查梳理存量违法建筑现状,强化分类管理,落实动态监管要求,促进违建治理常态长效。加强对重点类型违法建筑的彻底整治,开展“申”字形高架沿线违建等专项整治,切实消除安全隐患,释放公共空间,提升城市环境品质。持续推进无违建先进街镇复评,开展无违建示范街镇创建工作,每个区每年至少创建1个示范街镇。

加强水环境综合治理力度。(1)推动河湖系统治理。完善骨干河网水系,实施骨干河湖综合整治工程,连通河湖水系,提高水体循环和自净能力。集中连片开展以街镇为单元的河道水系生态保护与治理,重点推进不少于50个生态清洁小流域建设,打造“幸福河”样板,逐步恢复景观生态服务功能。有序推进全市重要河湖健康评价。深化省际边界地区水葫芦等有害水生植物防控协作机制。(2)加大河道管理养护。探索推进上下游、左右岸、区界界河连片养护、河湖区域化养护、一体化养护等模式,进一步提高河道管理养护水平。进一步落实“清四乱”属地责任,细化完善“清四乱”问题认定和整治标准,加大考核力度。(3)加强河道水质管控。完成全市入河排污口排查,建成统一的入河排污口信息管理系统和监测网络,强化入河排污口规范化建设。对3 000余条镇管以上河湖的约4 000个断面每月水质监测数据进行整合和分析,强化对河湖水质恶化等问题的监督。

加强大气环境综合治理力度。(1)加大移动源污染控制力度。健全各部门工作协调机制,促进各部门间数据源的互联互通,实现移动源管理的全生命周期、闭环管理,环境空气质量(AQI)优良率大于80%。(2)推进扬尘等面源治理。加强扬尘在线监测,加大执法力度。修订文明施工标准和拆除作业规范,加强预湿和喷淋抑尘以及施工现场封闭管理,严格约束线性工程的标段控制,确保文明施工措施落实到位。(3)深化社会源排放综合治理。强化油烟气治理日常监管,城市化地区餐饮服务场所全部安装高效油烟净化装置,并加强设施运行监管。

### (六)加强安全监管和运维效能,系统性提升城市韧性和运行管理水平

#### 1. 系统提升城市运行安全保障

强化城市运行风险综合防控机制建设。(1)全面强化城市安全运行的风险统筹治理。优化应急管理方式,推动职能整合优化、业务流程重塑、社会治理协同,更大范围、更深层次推动应急资源进一步整合。探索跨行业、跨区域系统性风险的动态监测,实施跨部门、跨层级协同联动,确保城市运行安全风险管控的各领域、各环节、各方面工作更精细、更顺畅、更高效。(2)创新城市运行系统性风险会商研判机制。健全涉灾部门、专家团队、属地政府等多方参与的监测预警、评估论证和联合会商工作机制,推动多灾种和灾害链风险综合研判,完善重大安全风险监测预警和联防联控。

全面排摸管控城市运行安全隐患。(1)开展城乡房屋安全隐患排查整治。建立房屋安全检查、周期检测及限制使用等制度,加强房屋使用全生命周期管理。全面排摸掌握房屋安全隐患底数,推进落实治理措施,着力解决“头顶上的安全”“小火亡人”等问题。对1.3万台使用满15年的老旧住宅电梯开展安全风险评估工作。继续加强小区电动自行车集中充电设施建设,为不少于2 500个小区增设集中充电设施,为老旧小区内既有的1 500个电动自行车

集中充电场所加装消防设施。对全市高层住宅消防设施实施全覆盖安全检测，加快推进消防设施隐患整改，形成长效机制。(2)加强地下空间安全管理。强化民防工程、轨道交通站点地下空间等的安全管理，加强商业和公共建筑地下室、半地下室燃气报警设施安全运行维护，落实地下空间权属、使用和管理单位的主体责任，加强日常巡检、专业检测、安全评估、预警以及应急管理。加强废旧防空洞安全管控，妥善处置废弃民防工程。(3)强化城市生命线系统的保护和更新改造。完善地下管线综合管理体制机制，加大供水、供气、供电等各类“生命线工程”保护力度。全面推进老旧管网改造，完成不少于300公里地下老旧燃气管道更新和20万户老旧居民住宅燃气立管更新，落实不少于2 000公里老旧供水管网改造。(4)加强铁路沿线安全综合治理。健全完善覆盖全域铁路的“双段长”制，完善协同推进机制，深化安全隐患问题排查整治。

提升城市排水防涝保障能力。(1)推进排水监管平台建设。完善排水设施监测网络，加强排水设施运维监管，形成运行信息全收集、运行状态全显示、运行监管全覆盖的监测网络。构建一体化运管平台，稳步提高厂站网一体化运行调度能力。提升城市排涝能力，实施50个以上的道路积水点改造。检测1万公里排水主管，修复或改造1 000公里雨污水管道，基本完成现状管龄超10年以上排水主管的检测、修复或改造。(2)加快推进海绵城市规划建设。健全市、区、区块三级海绵规划体系，加快编制海绵城市建设专项规划，与国土空间规划、城市绿地系统规划等各专项规划体系衔接，落实海绵城市建设要求。全面推进16个海绵城市建设试点区，城市建成区达到海绵城市建设要求面积比例不低于40%，尽快形成一批可复制可推广的示范项目。

提升交通管理安全保障能力。(1)加强城市道路安全隐患治理。实施公路生命防护工程，因地制宜增设城市道路安全防护设施。强化桥下空间日常动态监管，落实属地化管理责任，消除管理盲点。(2)提升交通风险防控与应急处置能力。针对轨道大客流、设施高负荷、异常天气等重大风险情形，提升风险管控全过程的管理水平。细化不同场景下应急处置方案，缩短响应时间。推进下立交安全管理，实现主要道路视频监控覆盖率100%。强化应急联动机制,完善预警封交防控设施。制定在不同分级状态下交通控制策略管理标准,细化消毒、通风、设施运行、车辆通行、人员调度等方面规范。(3)加强营运企业及车辆管理。突出企业主体责任,推动企业主动落实安全生产责任体系建设。加强安全风险分类分级管控,重点加强危险货物运输、轨道交通运营、交通工程建设、游览船航行、港口监管等领域的安全管理。

提升建设工程质量安全保障能力。(1)全面加强工程质量责任体系。落实建设单位首要责任,强化勘察设计质量源头治理,健全从材料、过程验收到竣工交付全过程的质量责任落实机制。(2)强化安全生产风险防控机制。健全各类房屋建筑安全生产重大隐患清单制和整改责任制。建立深基坑等危险性较大分部分项工程风险预警、联防联控机制。完善重大危险源辨识、申报、登记、监管制度。(3)提升文明施工作业标准和水平。推行多维度文明施工管控措施,促进企业文明施工“形式化—行事化—习惯化”演变,建设工地文明施工达标率达到98%以上。(4)大力推进工程保险制度。构建围绕建设工程全寿命周期的工程保险制度,推行“保险+服务”模式,强化事前、事中风控管理,推动针对多险种的全过程综合风控管理服务,促进保险制度与监管体系的深度融合。

2. 系统提升城市运行服务效率效能

提升垃圾综合管理效率效能。推进生活垃圾分类提质增效。(1)构建垃圾分类常态长效机制。持续完善约束为主、激励为辅的垃圾分类政策体系和垃圾分类达标(示范)街镇测评体系,实现垃圾分类综合治理常态化,达标率稳定在95%以上。(2)完善生活垃圾全程分类体系。提升“两网融合”回收体系,完善可回收物资源利用产业布局,促进可回收物源头分类实效进一步显现。全面实现源头分类投放点建设标准化,建立生活垃圾分类全程计量体系。(3)建立生活垃圾源头减量工作机制。建立商品包装物、快递包装物减量及回收机制,提高包装物减量及回收使用率。加大净菜上市工作推进力度,降低湿垃圾产生量。将光盘行动、适度点餐的落实情况纳入餐饮服务单位文明创建的指标体系。

推进建设领域绿色生态高质量发展。(1)推动绿色建筑与生态城区高标准高品质发展。新建民用建筑全面按照绿色建筑基本级及以上标准建设和运行，其中机关办公建筑、大型公共建筑及其他由政府投资且单体建筑面积5 000平方米以上的公共建筑按照绿色建筑二星级及以上标准建设。推动分布式光伏发电建设，鼓励在新建住宅、既有住宅更新改造中安装光伏发电设施，探索推进整村一体化建设分布式光伏发电设施。创建绿色生态城区项目25个以上，其中更新城区类5个以上，力争建成2个绿色生态城区示范项目。(2)持续提升建筑能效水平。建立建筑设计用能限额标准和管理体系，城镇新建建筑能效水平比2020年提升20%。建立建筑可再生能源综合利用量核算标准和管理体系，推进新建建筑高质量应用可再生能源。完成既有建筑节能改造面积1 000万平方米以上，建设一批既有建筑绿色化改造示范工程。大力推进超低能耗建筑试点示范。(3)深化建筑用能监管服务。强化本市机关办公建筑和大型公共建筑能耗监测平台运行实践和数据应用，纳入市级平台监测的公共建筑面积达到1亿平方米以上。

提升交通服务管理效率效能。(1)提升道路设施品质。完成城市精品示范路建设500条。优化交通标志标线、隔离栏等设置，加强交通设施养护，完善道路养护标准。加强行道树穴管理，重要道路、重要区域行道树树穴铺装完好率达到100%，其他道路完好率达到95%以上。强化市政道路掘路计划统筹管理。加强对利用人行道设施停车的备案管理。推进预防性养护工程。(2)完善慢行交通环境。人行道整治面积不低于750万平方米，推行人行天桥加装电梯工程，完善轨交站点“最后一公里”慢行接驳通道建设，提升慢行通道的连续性和功能性，实现步行和非机动车的出行连续成网。(3)加强交通组织和秩序管理。加强电动自行车安全使用管理，整治乱占慢行通道的违章现象。规范互联网租赁自行车经营服务，引导车辆有序投放，强化停放秩序管理。加强对行人和非机动车交通违法行为监管。(4)推进停车设施挖潜利用。创建100个停车综合治理先行项目，新增重点服务老旧小区、医院停车需求的公共停车泊位10 000个，停车资源错峰共享泊位利用率达到80%以上。(5)持续提升轨道交通服务水平。推进高峰大客流项目的增能和其他补短板项目，缩短高峰发车间隔，提高轨道大客流应急水平，促进安检、支付和信息服务便利化。中心城区以外地区适度发展轨道交通 P+R 设施,提高站点接驳便利性。(6)持续提升地面公交服务水平。优化公交线站点设置,轨道交通站点与公交站点换乘距离在 50 米以内的占比达到 80%。推进公交专用道和中运量系统建设,提升利用效率。推进公交电子站牌建设,提升车辆到站信息预报服务体验。缩短车辆发车间隔,完善公交出行时刻表应用。(7)提升道路系统和节点运行效率。开展常发性交通拥堵点改造,完成道路拥堵交通堵点改善项目 250 个,提升路网整体通行效率和服务能力。

(七)打造人民城市精细化管理示范区,率先探索“中国典范”建设路径

坚持示范引领,围绕“4+5+N”区域,打造一批特色鲜明的高品质“精细化管理示范区”。

1. 四大区域

聚焦长三角绿色生态一体化发展示范区、临港新片区、“一江一河”两岸贯通区域、虹桥商务区四大重点区域,实现交通组织效率、市容面貌形象、街道空间品质、人居环境水平的全要素、高标准、一体化提升,并依托各区域的功能特色,形成各有侧重的市级“精细化管理标杆示范区”。(1)长三角绿色生态一体化发展示范区依托长三角智慧协同管理平台,围绕淀山湖和太浦河等水生态绿色资源,开展环境综合整治行动,构建一体化长效管理机制,重点打造环湖岸线和亲水走廊,系统提升区域整体环境品质和管理服务水平。(2)临港新片区着重打造“1+1+6”(1 个统一运行管理门户、1 个城市运行综合管理中心,以及“云大物智移”技术赋能支撑平台、“空天地海人”全域感知采集平台、“上下左右中”全程业务协同平台、“快准实顺强”城市安全管理平台、“净畅宁和美”城市运行管理平台、“工商外民学”精准服务平台 6 大平台)的临港特色城市运行管理体系,探索规划、建设、管理协同机制,将“+海绵”理念和方式全方位融入海绵城市建设。(3)“一江一河”两岸贯通区域以打造“世界级会客厅”为抓手,继续推进黄浦江和苏州河两岸公共空间贯通以及公共空间向腹地拓展,全面提升滨水公共空间环境品质,建立多方共治的社会治理模式,以北外滩、杨浦滨江、徐汇西岸、世博文化公园区域等核心区段为重点,以点带面,打造以人为本的世界级滨水公共空间精细化建设与管理示范,推进不同区

段空间特色的差异化发展。(4)虹桥商务区聚焦一体化和高质量发展,在绿色生态空间打造、河道分类治理模式建构、城市景观照明规划、公共交通转换衔接体系建设和市政综合养护一体化管理等方面创建虹桥标准体系。

2. 五个新城

聚焦嘉定、青浦、松江、奉贤、南汇五个新城,率先确立绿色低碳、数字智慧、安全韧性的空间治理新模式,全面提升新城精细化管理水平和现代化治理能力。全面倡导绿色低碳的生活方式和城市建设运营模式,新建城区100%执行绿色生态城区标准,绿色交通出行比例达到80%,污染地块安全利用率达到100%,全面实现原生生活垃圾零填埋。形成优于中心城区的蓝绿交织、开放贯通的“大生态”格局,骨干河道两侧和主要湖泊周边基本实现公共空间贯通,每个新城至少拥有一处面积100公顷以上的大型公园绿地,绿地公园500米服务半径覆盖率达到90%以上。深化新城数字化转型工作,统筹新城发展的物质资源、信息资源和智力资源,实现资源共享和业务协同。围绕市民生活服务、文化休闲、交通出行等需求,推进应用场景研发和迭代升级。每个新城打造出不少于1个“精细化管理新城示范区”。

3. 特色片区

聚焦黄浦老城厢地区“蓝绿丝带”公共空间、徐汇“四态融合”衡复历史文化风貌区等特色片区,以及陆家嘴金融城都市旅游区、环国家会展中心都市旅游区等全域旅游特色示范区,有机结合市民自治与社会共治机制建设,持续深耕细作,探索城市管理的客观发展规律,总结经验和做法,形成可推广可复制的长效管理机制和规范标准,打造一批超大城市管理精细化“双最”特色示范样板。每个区打造出不少于1个“精细化管理特色示范区”。

## 四、保障措施

### (一)编制三年行动计划,压茬滚动推进

发挥城市管理精细化工作推进领导小组及办公室的统筹协调功能,对落实情况加强监督与考核,形成评估报告,确保规划任务落地。市、区、街镇的城市管理精细化平台要持续制订三年行动计划并组织落实,编制细化年度工作

计划,加强统筹推进,落实工作责任。相关部门要组织编制专项三年行动计划,针对各类短板问题精准施策。

(二)推动城维改革创新,完善投入机制

改革城市维护经费使用管理制度,修订完善城市维护资金管理办法,加强城市维护资金的统筹安排,健全城市维护标准定额,发挥好城市维护资金对城市管理精细化工作的保障支撑和引导推动作用。优化完善监督评估机制,建立健全体现市管设施区监管、区管设施市监管、所有设施市民管的考核评价体系。以城市管理精细化项目为基础,开展综合养护试点,打破行业条块分割,将区域性较强的设施打包实施综合养护和管理。加大对社会资本参与城市管理的政策扶持力度,大力培育、发展城市维护产业。结合市与区财政事权和财政支出责任划分,加大对财力相对薄弱区域、生态保护区域和大型居住社区所在区域的财政支持力度。

(三)增强监督考核力度,健全问责机制

市城市管理精细化工作推进领导小组办公室要强化对各层级管理实效的监督考核工作,加强对重点工作推进情况的督促检查,定期通报考核结果。进一步完善城市管理工作评价指标体系,健全细化定量考核与定性评价相结合、分区域考核与分行业考核相结合的城市管理考核评价机制。依托城市运行“一网统管”平台,综合分析监测城市管理工作水平和发展变化,提高城市管理工作考核的精准性和科学性,充分发挥科学评估和绩效考核对城市管理精细化工作的推动作用。

(四)强化人才队伍建设,推进保障机制

建立梯度人才培养体系,加快培养懂城市、会管理、善治理的干部职工队伍,培育城市管理服务作业的工匠精神。建立定期培训机制,增强教育培训的针对性、操作性、实效性。探索建立城市管理精细化领域的人才分级分类评价标准和评价体系。健全城市管理相关从业人员收入正常增长和权益保护机制,维护队伍稳定。

(五)做好对标研究工作,加强合作交流

加强与国内外城市的合作交流,学习借鉴城市发展经验,继续办好“世界城市日”“全球城市治理论坛”等系列活动，努力将上海打造成为世界城市日“永久主场”。探索长三角一体化区域城市管理精细化合作机制，促进城市间的相互学习、相互交流和共同提高。

（六）加强社会宣传引导，营造良好氛围

把加强城市文明建设作为夯实城市管理精细化的重要基础性工作。综合运用报纸、广播、电视、网络等多种载体，多角度、多形式地开展宣传教育，提高广大市民的素质，增强参与城市管理的意识和能力。加强社会动员，提高企事业单位等社会各方参与城市管理的积极性，发挥新闻媒体、市民巡访团等的监督作用，深化政府主导、市场运作、社会协同、市民参与的城市管理格局。

**图书在版编目(CIP)数据**

上海城市治理报告 ：人民城市与“十四五”时期上海城市治理. 2021—2022 / 陶希东主编 .— 上海 ：上海社会科学院出版社，2022
ISBN 978-7-5520-3858-3

Ⅰ. ①上… Ⅱ. ①陶… Ⅲ. ①城市管理—研究报告—上海—2021-2022 Ⅳ. ①F299.275.1

中国版本图书馆 CIP 数据核字(2022)第 122159 号

**上海城市治理报告(2021—2022):人民城市与“十四五”时期上海城市治理**

主 编: 陶希东
责任编辑: 熊 艳
封面设计: 周清华
出版发行: 上海社会科学院出版社
上海顺昌路 622 号 邮编 200025
电话总机 021-63315947 销售热线 021-53063735
http://www.sassp.cn E-mail: sassp@sassp.cn
照 排: 南京理工出版信息技术有限公司
印 刷: 上海信老印刷厂
开 本: 710 毫米×1010 毫米 1/16
印 张: 17.5
字 数: 265 千
版 次: 2022 年 8 月第 1 版 2022 年 8 月第 1 次印刷

ISBN 978-7-5520-3858-3/F·701 定价: 98.00 元